职业 彩民丛书

U0571271

双色球 终极战法

（第二版）

刘大军◎著

经济管理出版社

ECONOMY & MANAGEMENT PUBLISHING HOUSE

第二版序言

2010年，随着本书第一版的发行，科学、高效、神奇地利用3D分析模式并低于3D中奖难度而"轻松玩赚"双色球的选号技术——"断区转换"从此公布于世。

随着超级强大的"断区转换"技术和神奇的、自动极度压缩号码率高达48%~98%的"断层覆盖算法"广为传播与实战应用，无数的彩民如获至宝，争相学习使用，中奖受益的双色球玩家数不胜数。

对于作者而言，最大的自豪和成就感是什么呢？不是被赞颂授予了读者"绝技"、"真理"，不是受到无数人的崇拜和赞叹，更不是被冠以"大师"、"专家"等名号，而是看到自己的"研究成果"能够得到深层次的理解和认识，看到读者在文字之上升华出了属于自己的智慧和更加强大的分析预测能力，终极目标是希望这本书可以将中奖的乐趣带给大家。

写作就像导演一部电影，不管当时多么倾注心血，过后看总是留有遗憾。很多导演说过，如果重新来一次会拍得更好，这也是我出版每一本书过后的感受。

世事虽难求完美，但不完美并不妨碍先做一些可以做到的事情。对于这本书，其实我早已有必胜的把握：若干年后如果这本书所说的东西还是有效的，那么我非常高兴自己现在是接近正确的；而如果那时我发现今天的一些思想存在着重大的漏洞和错误，那么我也很高兴，因为这说明在后面的几年中我依然在保持进步。

这么多年我一直保持着这样一种的心态，稍微有一些进步或研究成果，我会在第一时间与大家交流和分享。《双色球终极战法》也正是在这种思想的引导下迎来了第二个"春天"。

《双色球终极战法》第二版的修订，不但修改完善了第一版，而且还增加了"彩票合买"、"【彩霸王】双色球富豪版软件操作指南"等有价值的内容，尤其是增加了极其重要的"断区两码技术"，这也是第一版的广大读者呼声最高、最期望的精华技术。断区两码技术的增加，可以让原有超级强大的断区转换技术更加成熟完善，更加有的放矢，更加精准实用。

我希望与所有支持我的朋友分享每一个研究成果，更希望每一个读者不但能学以致用，而且能举一反三、融会贯通，在此基础上最大限度地提升自己的中奖能力。我相信，天道酬勤，大奖会留给做好准备的您！

也在此向编辑部的各位老师以及我的合作伙伴、软件工程师陈智润一并致谢，因为有了他们的帮助才有了本书与大家见面的机缘。

刘大军

2014 年 2 月 18 日于北京

第一版序言

　　到今天为止，"职业彩民"丛书系列已经出版了六本，依次为《3D/排列3精准选号大揭秘》、《双色球擒号绝技》、《3D中奖精妙战术》、《3D中奖精妙战术》（第二版）、《超级大乐透终极战法》以及《双色球终极战法》。在前五本书的序言中，我感谢了很多人，因为没有这些良师益友的帮助和广大喜爱我的读者的支持和鼓励，我不可能取得今天的成绩。今天，太多感谢的话不想多说。良师益友的鼎力帮助，我会在心里时刻牢记；广大读者的支持和鼓励，我更会用实际行动来回报，在每一本书中倾注我全部的心血，为广大彩民带去最真实的实战技术，让每个读者朋友都成为最大的受益者。我想，大家已经看到，这六本书也已经是最好的证明了。我在今后的创作中会不求最好，只求更好！

　　我的第一本双色球专著《双色球擒号绝技》出版后，好评如潮，很多读者朋友不断发来邮件和打来电话，传递他们学习的心得和中奖的喜悦，也有的读者提出好的建议和意见，更有无数的读者不断来信、来电，要求我出版最新的、最有价值的研究成果，使他们进一步学习实战。

　　为了满足大家的需求，帮助广大双色球爱好者降低实战中的选号难度，以及提高中奖概率，现在把最新研究成果公布于世，希望它带给大家的不仅仅只是最新的、最前沿的顶级选号技术，更希望它能帮您圆了心中"大奖"的梦想。

　　这本书也是《双色球擒号绝技》的姊妹篇，读者朋友如能在实战中结合使用，一定会威力无比，受益无穷！

刘大军

2009 年 12 月 28 日于北京

目　录

第一章 走进双色球

一、凭什么选择双色球

双色球是由中国福利彩票发行管理中心统一组织发行的乐透型电脑彩票品种之一，在全国 32 个省市联合销售，实行"五统一"：统一游戏规则、统一奖池、统一开奖、统一派奖、统一形象。

双色球于 2003 年上市，在短短的几年中，它用独特的魅力征服了中国数以亿计的彩民，也由此拥有了无数的双色球爱好者。双色球究竟凭什么牢牢地吸引了我们？

（一）头奖奖金高

经过财政部批准，中国福利彩票发行管理中心（简称"中彩中心"）决定从 2009 年 1 月 1 日起对双色球彩票的高等奖派奖规则做出部分调整，调整后的双色球一等奖单注奖金最高奖额可达 1000 万元。

根据财政部《关于调整中国福利彩票双色球游戏规则等有关事项的通知》（财办综〔2008〕81 号），此次双色球游戏规则的调整内容为将原《中国福利彩票双色球游戏规则》第四章第十七条中关于一等奖的奖金分配规则调整为：

"当奖池资金低于 1 亿元时，奖金总额为当期高等奖奖金的 70% 与奖池中累积的奖金之和，单注奖金按注均分，单注最高限额封顶 500 万元。

当奖池资金高于 1 亿元（含）时，奖金总额包括两部分，一部分为当期高等奖奖金的 50% 与奖池中累积的奖金之和，单注奖金按注均分，单注最高限额封顶 500 万元；另一部分为当期高等奖奖金的 20%，单注奖金按注均分，单注最高限额封顶 500 万元。"

在新的游戏规则下，一等奖单注奖金在奖池资金过亿元（含）的情况下可以超越 500 万元，达到封顶值 1000 万元。如果遇到每年 1~2 次的双色球派奖，理论上 2 元 1 注可中双色球一等奖 1500 万元。

据统计，截至 2014 年 1 月 1 日，双色球共计中出 9239 注 500 万元以上的大奖，造就了 17 个亿万富翁以及将近 800 个千万元级别以上的大奖得主。

2009 年 1 月 1 日开奖的第 2009001 期，单期中出 1 注一等奖，单注奖金高达 1400 万元，这是执行一等奖奖金新规则以来双色球单注奖金最高的一次。无独有偶，双色球第 2009003 期开奖，由于奖池奖金达 1.8 亿多元，当期销量达 1.9 亿多元，且仅中出 1 注头奖，当期的奖金又是 1 注 1400 万元巨奖。

值得一提的是，2011 年 12 月 20 日晚，双色球第 2011149 期开奖结果为：红球"04、05、06、07、23、31"，蓝球"16"。红球开出一组四连号"04、05、06、07"，这是当年第三次开出四连号。而蓝球"16"的开出，也使得 225 注二等奖与头奖擦肩而过，令全国仅中出 1 注一等奖。在"523"派彩措施的利好下，这注头奖本来就可以捧得 1000 万元奖金，再加上正值双色球派奖期间，这注头奖独揽当期 500 万元加奖奖金，单注总奖金达到 1500 万元，成为加奖盛宴开席以来首个足金一等奖。

双色球巨额的一等奖奖金、每年 1~2 次的亿元派奖，再加上超高的奖池，也使得彩民独中大奖、奖金不断被刷新并创出新的纪录！

2007 年 11 月 27 日，甘肃嘉峪关一彩民独中 1.13 亿元！这位彩民于第 2007139 期双色球勇中 1.138 亿余元奖金。中出大奖的投注站为嘉峪关市胜利南路的三合春彩民之家 62020119 号投注站。创造了中国彩票界第一个单人中奖过亿元的奇迹。

2009 年 10 月 9 日，双色球第 2009118 期开出 93 注一等奖，河南中了 88 注，单注奖金 409.0714 万元。据了解，河南 88 注一等奖出自同一站点，即安阳梅园庄建行楼下第 41050075 号福彩投注站，中奖彩票为一张 2 注的单式倍投票，两注一模一样的号码倍投 44 倍，投注金额为 176 元，中奖金额高达约 3.59 亿元。河南彩民独中双色球近 3.6 亿元，成为当时中国彩票史上的最大奖，创当时中国彩票史纪录！

但是，历史就是历史，终归会被超越和改写。

2011 年 7 月 26 日，双色球第 2011086 期中出一等奖 113 注，创下双色球单期一等奖中奖注数新高，其中浙江一彩民揽获 110 注，共获得奖金 5.65 亿余元。

2012 年 6 月 12 日，双色球第 2012068 期开奖，当期共中出一等奖 117 注，创下双色球单期一等奖中奖注数新高，其中北京一彩民独揽 110 注，揽获总奖金 5.7 亿元，成功刷新了双色球第 2011086 期浙江彩民创下的 5.65 亿元的历史纪录，成为双色球单期获得总奖金的最高值，是目前中国彩市最高奖金得主。

双色球中奖纪录不断被刷新，创造了一个又一个中国彩市的中奖神话！我们有理由相信，神话还会继续！双色球完全可以当之无愧地成为中国的"彩市航母"。

（二）二等奖奖金高

2009 年之前双色球有"倒三七"规定：当奖池资金过亿元时，二等奖奖金占当期高等奖奖金的 70%，一等奖奖金占当期高等奖奖金的 30%；当奖池资金为 2 亿元时，二等奖实现"全派奖"，即二等奖奖金总额为当期高等奖奖金的 100%，因此双色球二等奖会出现百万元以上大奖。2006 年 3 月 23 日，双色球中出 5 注单注奖金为 433 万余元的二等奖，这是双色球迄今为止"最值钱"的二等奖。

在第 2008116 期双色球投注中，一位彩民选择了两注同样的红号，分别以 5 和 15 为蓝号进行了 15 倍倍投，共花费 60 元，这张倍投彩票为该幸运彩民带来了 30 注二等奖，总奖金高达 1102.8 万元，刷新了全国双色球二等奖的纪录。

自 2009 年双色球新规则调整以来，在"523"新派奖政策的作用下，双色球千万元大奖的频频爆发令所有彩民欣喜若狂。然而，往往被彩民忽视的另一道同样亮丽的"风景线"是数量巨大的二等奖。据统计，截至 2009 年 9 月 3 日，双色球已累计开出 9437 注二等奖。在千万元大奖的光环背后，不断涌现的超级二等奖的得主们是双色球得奖的隐形冠军。

双色球二等奖往往被人忽略，殊不知二等奖同样也超值。双色球第 2009101 期，沈阳一位彩民一人独中 43 注二等奖！当期二等奖金额为 20 多万元，该彩民凭借 43 注二等奖便揽获了 860 多万元的奖金，甚至超过双色球一等奖的奖金。更令人称奇的是，双色球第 2009096 期，上海一位彩民以 76 倍投注，狂揽 1 注 1000 万元一等奖和 75 注二等奖，仅二等奖奖金就高达 1656 万多元，总奖金一跃成为 2656 万元！二等奖缔造的百万传奇数不胜数。

（三）大奖频率高

2003 年 2 月 16 日双色球正式在全国发行，截至 2009 年 1 月 1 日，双色球共计开奖 825 期，一等奖共中出 2343 注，平均每期中出 2.84 注。从 2009 年 1 月 1 日双色球新规则开始实施至 2014 年 1 月 1 日，双色球一等奖中出注数已经达到 6896 注，平均每期中出 10 注，远远超过以前，可以看出"523"新规则实施所带来的威力巨大。

2006 年双色球中出一等奖数量 406 注；

2007 年双色球中出一等奖数量 579 注；

2008 年双色球中出一等奖数量 650 注；

2009 年双色球中出一等奖数量 1014 注；

2010 年双色球中出一等奖数量 1241 注；

2011 年双色球中出一等奖数量 1239 注；

2012 年双色球中出一等奖数量 1662 注；

2013 年双色球中出一等奖数量 1740 注。

2003 年，双色球仅开出 190 注头奖，单期平均头奖数仅有 1.55 注。此后，该数据连续 10 年保持上涨趋势。到 2012 年，双色球头奖总数首次超过 1500 注，单期平均头奖数也首次超过 10 注。2013 年，双色球头奖数量再创新高，全年共中出 1740 注头奖，使得双色球全年头奖数连续 11 年上涨。

2013 年，双色球在头奖数量方面，更是突破 1700 注大关，堪称中国彩市一个新的"神话"。要知道，在 2008 年，全年的头奖中奖数量还只有 650 注而已，而在更靠前的 2007 年和 2006 年，这一数据还仅仅停留在 579 注和 406 注。由此可以看出，双色球大奖的中出频率越来越高，堪称"富翁生产线"。

更振奋人心的是，在 2012 年双色球共中出 6 个亿元大奖：第 2012014 期，四川一位彩民揽获奖金 2.60 亿元；第 2012068 期，北京一位彩民独揽奖金 5.7 亿元；第 2012075 期，山东一位彩民揽获奖金 1.14 亿元；第 2012119 期，山西一位彩民揽获奖金 2.2 亿元；第 2012136 期，河南一位彩民揽获奖金 1.39 亿元；第 2012152 期，广东一位彩民揽获奖金 1.68 亿元，成为全年中出的第 6 个超亿元大奖。在 2013 年双色球共中出 5 个亿元大奖：第 2013025 期，广东 1.08 亿元；第 2013033 期，广东 1.07 亿元；第 2013048 期，河南 1.09 亿元；第 2013069 期，湖北 2.8 亿元；第 2013132 期，山西 1.3 亿元。2013 年仅次于

2012 年的 6 个亿元大奖纪录。至此,从 2007 年在甘肃中出首个亿元巨奖以来,双色球在七年的时间内总共催生出 17 位亿万元富翁,催生亿万元富翁的速度真是惊人。

(四) 中奖概率高

双色球是红蓝双区组合的中大盘玩法,红区 33 选 6,蓝区 16 选 1,选中 6+1 就中一等奖,选中 6+0 即中二等奖。双色球一等奖中奖概率为 1/17721088,双色球二等奖中奖概率为 1/1107568。最吸引人的是,只要中一个蓝球,就可中得 5 元奖金,相对于每注彩票 2 元的投入也是翻倍还多的收益。

(五) 奖池累积快

历史上双色球曾有数轮大奖连出而使奖池被挖空的现象。但令人称奇的是,双色球奖池资金恢复迅速。例如,第 2007119 期奖池被挖空后,仅隔 6 期奖池资金又累积到 1.33 亿元,其间还中出 9 注 500 万元以上的大奖和 1 注 1100 万元大奖。第 2007148 期也是仅隔 6 期,奖池就累积到 1.11 亿元,其间也中出 14 注 500 万元大奖。据抽样统计,在历史开奖的 689 期中,有 338 期奖池资金过亿元,双色球由此被誉为亿元彩池的"彩市航母"。

在双色球"523"新规则的作用下,2012 年双色球一等奖就达到 1662 注,千万元大奖开出 187 个。在大奖频出的背后,我们发现的是双色球奖池资金居高不下。2011 年底至 2012 年初,双色球奖池一路连破 5 亿元、6 亿元、7 亿元关口,一度冲上 10 亿元历史最高点。奖池连续 145 期破 3 亿元,连续 31 期在 5 亿元以上,连续 8 期奖池破 9 亿元,2012 年全年 115 期奖池过 3 亿元。双色球新规则的实施以及时刻充足的奖池是千万元大奖的最佳保证。奖池不断飙升,不但直接带动了彩民的投注热情,也拉动了销量的不断提升。

在双色球"523"新规则的作用下,双色球不折不扣地成为了千万元大奖级别的超级"彩市航母"。

(六) 派奖更超值

福彩双色球从 2007 年开始,每年都进行 1～2 次、每次 30～40 期不等的亿元以上大派奖。在派奖期间,一般单期派奖 1000 万元,由当期一等奖注数平分,最高每注加奖 500 万元。结合双色球一等奖奖金分配规则,理论上 2 元单注可中的奖金最高可达 1500 万元。

从 2007 年 6 月 17 日启动第 1 次加奖开始，截至 2014 年 1 月 1 日，双色球在 7 年间共进行了 8 次加奖，派发奖金 14.74 亿元。下面让我们一起回顾亲历的双色球派奖，在回味双色球加奖活动创造的传奇时，共同期待未来的加奖诞生新的传奇。

第一次加奖 1.2 亿元，一张彩票两次中奖机会。

2007 年 6 月 17 日至 2007 年 8 月 23 日，双色球第一次加奖，每期双色球除正常开奖外，另摇出 6 个红球号码作为"欢乐奖"中奖号码。每期投入 400 万元，连续加奖 30 期，共投入 1.2 亿元。全国共产生"欢乐奖"1244 注，加奖首期中出 17 注附加奖，单注奖金超过 160 万元。

第二次加奖 1.02 亿元，首现亿元大奖。

2007 年 9 月 9 日至 2007 年 11 月 27 日，双色球第二次加奖，连续进行 35 期，总奖金 1.02 亿元，每期派奖 300 万元，2 元可中 800 万元。加奖最后一期，双色球爆出首个亿元巨奖：在双色球第 2007139 期开奖中，甘肃彩民独揽 21 注双色球一等奖，共获奖金 1.13 亿元。

第三次加奖 1.52 亿元，单注奖金最高 1400 万元。

2008 年 10 月 16 日至 2009 年 1 月 11 日，双色球第三次加奖，连续派奖 38 期，总金额达 1.52 亿元。值得一提的是，踏入 2009 年，双色球修改游戏规则，"倒三七"派彩改为"523"派彩，2 元中 1000 万元。加奖期间中出 2 注 1400 万元巨奖，创下双色球单注最高奖金纪录。

第四次加奖 2 亿元，彩民 2 元中得 1500 万元。

2009 年 10 月 15 日至 2010 年 1 月 14 日，连续派奖 40 期，每期加奖 500 万元，加奖总额 2 亿元。加奖期间共送出超级一等奖 272 注，16 注单注奖金超过千万元。双色球第 2009140 期，北京彩民 2 元单注中得 1500 万元头奖。

第五次加奖 2 亿元，"井喷"386 注头奖。

2010 年 10 月 12 日至 2011 年 1 月 11 日，连续派奖 40 期，每期加奖 500 万元，加奖总额 2 亿元。加奖期间中出一等奖 386 注，14 注单注奖金超过 1000 万元，最高单注奖金达到 1250 万元。

第六次加奖 2 亿元，诞生 55 注千万元大奖。

2011 年 10 月 20 日至 2012 年 1 月 19 日，连续派奖 40 期，每期加奖 500 万元，加奖总额 2 亿元。加奖期间共送出 305 注一等奖，共产生 55 注千万元大奖，是历次加奖期间产生千万大奖最多的一次。加奖期间，双色球40期销量全部在3亿元以上，双色球第2011148期还首次突破了4亿元大关，达到了4.03亿元，自此双色球进入了4亿元时代。双色球在2012年第1期的销量更是达到了4.33亿元，创下了双色球历史单期最高销量纪录。

第七次加奖2亿元，诞生35个千万元大奖。

2012年10月16日至2013年1月15日，连续加奖40期，每期加奖500万元，共使用双色球调节基金2亿元。加奖期间，双色球共产生了35个千万元大奖，以及2注亿元大奖，分别被广东和河南彩民中得。2012年11月18日，双色球第2012136期开奖，河南彩民以一张16倍单式票和一张11倍单式票揽获总奖金1.39亿元。12月25日，双色球第2012152期开奖，广东彩民揽获30注一等奖，总奖金达1.68亿元。在这次加奖活动期间，双色球共产生483注一等奖，平均每期中出12.075注。这是双色球历次加奖活动头奖中出最多的一次。比第六次派奖增加了178注，比第五次派奖增加了96注，比第四次派奖增加了211注。此外，本次加奖的二等奖和固定奖中出注数也是历来最多的。加奖40期，双色球共中出二等奖6455注，平均每期中出161注，其中第2012148期开出二等奖1293注，成为双色球上市以来二等奖中出注数最多的一期。加奖期间，双色球中出固定奖49516万余注，平均每期中出固定奖1237万余注。这次双色球加奖由于一等奖数量多，一等奖含金量较低，因此平均单注奖金为524万元，最高单注奖金1166万元。这个头奖平均金额是2008年以来最低的一次。此次派奖，单注奖金超过500万元的有38期，共394注；单注奖金超过1000万元的仅3期，共9注。

第八次加奖3亿元，史上最大力度派奖。

2013年是中国福利彩票双色球上市十周年，为回馈彩民对福彩、对双色球的关爱和支持，财政部下发《关于开展中国福利彩票双色球派奖活动有关事项的通知》（财办综〔2013〕49号），中彩中心从2013年10月24日至2013年12月31日，连续开展30期、每期派奖1000万元的双色球派奖活动，共使用双色球调节基金3亿元。

这是双色球自上市以来第八次大规模的派奖活动，也是派奖总金额最高、力度最大的一次派奖。

在派奖刺激下，销量飙升，期均销量达3.84亿元，比之前有较大增幅，中出了398注头奖，其中24注超过千万元。此外，派奖期间双色球销量有10

期突破了 4 亿元，更是出现了连续 9 个周末销量突破 4 亿元的现象。其中，最高期销量达到了 4.2 亿元，为第 2013132 期，当期还诞生了陕西神木 1.3 亿元巨奖；最低期销量为第 2013152 期的 3.53 亿元。

派奖期间双色球头奖频频"井喷"，共中出一等奖 398 注，共产生 24 注千万元大奖。统计结果显示，派奖期间中出的一等奖注数，虽然不是 8 次派奖期间中出头奖总数最多的一次，但从平均每期头奖数目看，3 亿元派奖期间平均每期中出 13.26 注头奖，为历次派奖最高。

双色球自 2003 年上市以来多次开展了丰富多样的营销活动，特别是 2007 年以来的亿元派奖活动，大大提升了双色球的品牌影响力。自 2007 年 6 月 17 日启动第一轮加奖开始，双色球在 7 年间进行了 8 次加奖，共使用调节基金 14.74 亿元，双色球用实实在在的行动回馈彩民，给彩民带来一个又一个惊喜。而经过每次加奖，双色球都会实现大跨越，不仅销量大幅攀升，大奖也频繁中出。

综上所述，双色球玩法所体现出来的六大优势和无穷魅力，但凡是彩民都无法抗拒！选择了双色球，也就选择了一个为之奋斗的梦想。人生只有拥有梦想，才会生活得更精彩！

二、双色球基本游戏常识

（一）双色球玩法

双色球投注方法多样化，广大彩民可以各取所需达到中奖效果，这也是该玩法的最大特点之一，同时也体现了双色球特有的娱乐性。双色球投注区分为红色球号码区和蓝色球号码区。每注投注号码由 6 个红色球号码和 1 个蓝色球号码组成。红色球号码在数字 01～33 中选择，蓝色球号码在数字 01～16 中选择。其投注方法可分为自选号码投注和机选号码投注，投注方式可分为单式投注、红区复式投注、蓝区复式投注、全复式投注、红区胆拖投注、红区胆拖蓝区复式投注 6 种投注方式。

1. 单式投注

单式投注是从红色球号码中选择 6 个号码，从蓝色球号码中选择 1 个号码，组合为 1 注投注号码的投注。

2. 红区复式投注

红区复式投注是从红色球号码中选择 7 ~ 20 个号码，从蓝色球号码中选择 1 个号码，组合成多注投注号码的投注。

3. 蓝区复式投注

蓝区复式投注是从红色球号码中选择 6 个号码，从蓝色球号码中选择 2 ~ 16 个号码，组合成多注投注号码的投注。

4. 全复式投注

全复式投注是从红色球号码中选择 7 ~ 20 个号码，从蓝色球号码中选择 2 ~ 16 个号码，组合成多注投注号码的投注。

5. 红区胆拖投注

红区胆拖投注是以红区为组合游戏的胆拖投注，蓝区为单式投注。在红区先选择 1 ~ 5 个号码作为红区胆号码，再从剩余号码中选择若干个号码作为与胆号码相配的拖号码。

6. 红区胆拖蓝区复式投注

红区胆拖蓝区复式投注是以红区为组合游戏的胆拖投注，蓝区为复式投注。红区先选择 1 ~ 5 个号码作为红区胆号码，再从剩余号码中选择若干个号码作为与胆号码相配的拖号码，最后再从蓝区选择 1 ~ 16 个号码。

（二）双色球设奖方案

双色球共设六个奖等，其中一、二等奖为高等奖，采用浮动设奖；三至六等奖为低等奖，采用固定设奖。如表 1-1 所示。

表 1-1　中国福利彩票双色球电脑福利彩票设奖方案

奖级	中奖条件		奖金分配	说　明
	红色球号码	蓝色球号码		
一等奖	●●●●●●	●	当期高等奖奖金的 70% 和奖池中累积的奖金之和；奖池资金超亿元时参看双色球"523"新规则	选 6+1 中 6+1
二等奖	●●●●●●		当期高等奖奖金的 30%	选 6+1 中 6+0
三等奖	●●●●●	●	单注奖金额固定为 3000 元	选 6+1 中 5+1

奖级	中奖条件		奖金分配	说　明
	红色球号码	蓝色球号码		
四等奖	●●●●●		单注奖金额固定为 200 元	选 6+1 中 5+0 或中 4+1
	●●●●	●		
五等奖	●●●●		单注奖金额固定为 10 元	选 6+1 中 4+0 或中 3+1
	●●●	●		
六等奖	●●	●	单注奖金额固定为 5 元	选 6+1 中 2+1 或中 1+1 或中 0+1
	●	●		
		●		

（三）双色球开奖兑奖

1. 开奖说明

双色球全国统一开奖，每周开奖三次，每周二、周四、周日晚上 20:30 在中国教育电视台现场直播开奖全过程。开奖时产生的 6 个红色球号码和 1 个蓝色球号码作为中奖号码，彩民根据自己所选号码与中奖号码相符个数多少，确定所中奖金。

2. 兑奖说明

根据国务院公布的自 2009 年 7 月 1 日起施行的《彩票管理条例》中第二十五条规定，彩票中奖者应当在自开奖之日起 60 个自然日内，持中奖彩票到指定的地点兑奖，彩票品种的规则规定需要出示身份证件的，还应当出示本人身份证件。逾期不兑奖的视为弃奖。

单注奖金超过 1 万元，须缴纳个人偶然所得税。

三、催生千万元大奖的"523"新规则

（一）双色球游戏规则的历次调整

第一次调整：推出"倒三七"规则。

2003 年双色球第 70 期的奖池资金首次超过 1 亿元。中彩中心根据财政部

（财办综［2003］221号），对《中国福利彩票"双色球"游戏规则》的相关条款做了相应修改，于2003年10月23日正式启用"倒三七"派彩规则。

双色球的"倒三七"规则只是针对其高等奖（一等奖和二等奖）而言，具体规则如下：

一等奖：当奖池资金低于1亿元时，奖金总额为当期高等奖奖金的70%与奖池中积累的奖金之和；当奖池资金高于1亿元时，奖金总额为当期高等奖奖金的30%与奖池中积累的奖金之和。

二等奖：当奖池资金低于1亿元时，奖金总额为当期高等奖奖金的30%；当奖池资金高于1亿元时，奖金总额为当期高等奖奖金的70%。

这里的"当奖池资金低于1亿元时……""当奖池资金高于1亿元时……"均指上一期开奖公告公布的奖池金额。

双色球设奖奖金为销售总额的50%，其中当期奖金为销售总额的49%，调节基金为销售总额的1%。双色球奖级设置分为高等奖和低等奖。一等奖和二等奖为高等奖，三至六等奖为低等奖。高等奖采用浮动设奖，低等奖采用固定设奖。当期奖金减去当期低等奖奖金为当期高等奖奖金。

用简单的一句话概括：在双色球奖池超过1亿元时，将一、二等奖占高等奖奖金的比例由原来的"7：3"调整为"3：7"。这就是人们常说的双色球"倒三七"派彩规则。

从以上的规则解释中可以发现，奖池过亿元时，在"倒三七"的作用下，二等奖的奖金会较未过亿元时增加很多。

双色球自实行"倒三七"以来，给无数的双色球彩民带来欢笑，同时也创造了彩市中超级百万二等奖的奇迹。

第二次调整：增加每周二开奖。

自2004年8月24日开始，双色球进行了该玩法上市以来的首次"周二开奖"，至此，双色球由一周两次开奖增加至一周三次开奖（周二、周四、周日），双色球进入了"三开时代"。

第三次调整：推出"全派彩"。

从2004年11月11日第101期开始，双色球奖池资金首次超过2亿元，有关部门及时调整游戏规则，即奖池资金高于2亿元时，当期高等奖奖金不再向一等奖派发，一等奖奖金总额为奖池金额，二等奖奖金总额为当期高等奖奖金的100%，这就是"全派彩"。

第四次调整：增加二等奖奖金最低限额，取消特别奖。

2007 年 11 月 22 日，财政部下发的《关于调整中国福利彩票双色球游戏规则有关事项的通知》规定，"当二等奖单注奖金额低于三等奖单注奖金额的两倍时，补足为三等奖单注奖金额的两倍"。也就是说，二等奖的最低奖金将调整至 6000 元。

与此同时，还取消了"快乐星期天"特别奖。

第五次调整：推出双色球"523"派奖新规则。

经财政部《关于调整中国福利彩票双色球游戏规则等有关事项的通知》（财办综〔2008〕81 号）文件批准，中彩中心自 2009 年 1 月 1 日起，对双色球游戏高等奖奖金派奖规则做出部分调整。

此次双色球游戏规则的调整，将原《中国福利彩票双色球游戏规则》第四章第十七条中关于高等奖的奖金分配规则做出调整：

"一等奖：当奖池资金低于 1 亿元时，奖金总额为当期高等奖奖金的 70% 与奖池中累积的奖金之和，单注奖金按注均分，单注最高限额封顶 500 万元。当奖池资金高于 1 亿元（含）时，奖金总额包括两部分：一部分为当期高等奖奖金的 50% 与奖池中累积的奖金之和，单注奖金按注均分，单注最高限额封顶 500 万元；另一部分为当期高等奖奖金的 20%，单注奖金按注均分，单注最高限额封顶 500 万元。

二等奖：奖金总额为当期高等奖奖金的 30%，单注奖金按注均分，单注最高限额封顶 500 万元。支付当期一等奖、二等奖后剩余的奖金滚入下一期奖池。"

也就是说，当奖池资金低于 1 亿元时，一、二等奖派奖实行"7：3"常规派奖；当奖池资金高于 1 亿元时，一、二等奖派奖实行"5：2：3"派奖，这样一等奖就由两部分组成，产生 2 元也中 1000 万元的可能。

推出"523"派奖新规则的同时，取消了"倒三七"、"全派彩"的规则。

（二）双色球"523"新规则的优势

双色球自 2009 年 1 月 1 日起开始实施"523"新规则，在 2009 年的 8 期开奖中，已经中出了 36 注一等奖，平均每期一等奖中出 4.5 注，每注奖金都在 500 万元以上，最高单注奖金曾经达到 1400 万元。

1. 双色球一等奖奖金有增无减

双色球首次亿元加奖在 2009 年 1 月 11 日结束，很多彩民曾经一度怀疑，每期一等奖少了 400 万元加奖后，双色球一等奖奖金"成色"是否会下降，"523"新规则能否超过加奖？但是双色球在加奖结束后的第一期，也就是在第 2009006 期开奖中，因为奖池资金超过 1 亿元，一等奖奖金由两部分组成，一部分为当期高等奖奖金的 50% 与奖池中累积的奖金之和，单注奖金按注均分，单注最高限额封顶 500 万元；另一部分为当期高等奖奖金的 20%，单注奖金按注均分，单注最高限额封顶 500 万元。这样，当期开出的两注一等奖奖金全部达到了封顶的 1000 万元。

不少彩民由此惊呼："'523'派彩真是牛，如果没有'523'派彩，即使在加奖期间，两注一等奖也不过单注 700 万元罢了，这相当于当时双色球一等奖有了 1000 万元的加奖，比 400 万元加奖翻了一番都不止。"

随着"523"派彩规则的实施，惊喜仍在继续。在紧随其后的双色球第 2009007 期开奖中，当期中出了 7 注一等奖，但是奖金居然仍高达 647 万余元，再度超越了 500 万元，相当于当期双色球一等奖加奖 1029 万多元。在这 7 注一等奖中，广东省独中了 6 注，其中有 5 注出自同一站点，中奖彩票为 5 倍单式，奖金总额为 3235.72 万元。

双色球实施"523"派奖新规则以来，每注一等奖奖金平均提高 180 万元。按照目前双色球期均销量 1.8 亿元计算，当期派送给彩民的奖金为其中的 49%（为了计算方便，我们暂且按照 50% 计算）。这样，每期派送给彩民的奖金金额就为 9000 万元。依理论值，固定奖奖金和高等奖奖金各占 50%，这样当期高等奖奖金就能占到 4500 万元。此时，高等奖按"5：2：3"的比例派奖，当期一等奖增加的奖金总额（20%）为 900 万元。这 900 万元分给 5 注（每期 1.8 亿元销量，产生头奖注数的理论值）一等奖，每注将比原来增加 180 万元。如图 1-1 所示。

2. 打造千万富翁的"生产线"

进入 2009 年，双色球实施"523"派彩，从而使得双色球成为制造千万富翁的"生产线"。在元旦开奖的第 2009001 期中，广西一位彩民便凭着 20 元的投入拿走 1400 万元巨奖；仅隔一期，1400 万元巨奖再度现身，湖南一位彩民仅花 4 元再创奇迹；在亿元加奖结束后的第 2009006 期，爆出 2 注 1000 万元一等奖；在随后的第 2009007 期，一位彩民倍投再揽 3235 万元的一等奖。双

```
                                              当期一等奖增加奖金总额(20%)
                                          ┌ 900万元(每注一等奖加180万元)
                              高等奖奖金(50%)  二等奖奖金总额(30%)
                                4500万元      1350万元
  当期销量 ___ 当期奖金        ┤            └ 进入奖池金额(50%)
  1.8亿元(50%)   9000万元                      2250万元

                              └ 固定奖奖金(50%)
                                4500万元
```

图1-1 双色球新规则奖金分布示意图（理论值）

注：

1. 双色球游戏期销量按1.8亿元计算。

2. 为了计算方便，在计算返奖奖金时，1%调节基金没有扣除。

3. 固定奖奖金总额与高等奖奖金总额在分配时按理论概率值计算（各占50%）。

4. 产生头奖数值按照理论值5注。

5. 一等奖单注奖金＝（奖池＋当期高等奖返奖奖金50%）/中奖注数＋（当期高等奖返奖奖金20%）/中奖注数（两次分配最高金额各为500万元，分配剩余资金进入奖池）。

色球在2009年开始的7期开奖中，已经制造了5位千万元巨奖得主！这一年千万富翁的"生产"速度远远超过了历史上任何一年。

10期内造就了11位千万富翁让双色球玩法获得"造富机器"之名。双色球第2009092期的广东4注633万元头奖分别被广州和深圳彩民揽得。广州的这位幸运彩民是对自选的2注单式号码分别进行2倍投注，花8元击中2注双色球头奖，揽得1327万元大奖。深圳的2注大奖也是一人对自选单式票进行的2倍投注中得。从第2009082期开出2个千万元大奖起，短短10期内，就诞生了11位千万富翁，由此不得不说双色球是一个"造富机器"。

双色球于2009年推出"2元冲击1000万"的口号，第2009001期就中出1400万元大奖，之后千万元大奖不断涌出。2009年全年共计中出92注千万元大奖，平均不到2期就会造就一位千万富翁。据统计，截至2014年1月1日，双色球造就了17位亿万富翁和将近800位千万元级别以上的大奖得主。双色球已成为不折不扣的"富翁生产线"，也让中国彩市进入了千万元巨奖时代。

3. 双色球奖池累积更快

"倒三七"与"全派彩"的"退役"，不仅不会给双色球带来不利因素，而且会促使奖池奖金增长。奖池奖金过亿元后，一等奖名义上拿走70%，实际上是被当期一等奖和奖池共同瓜分。在"倒三七"之下，双色球一等奖平均出奖注数不过5注，而一般情况下当期奖池累积不仅能够满足单注500万元的足额奖金，更可以产生一定盈余，保证奖池奖金略有上涨。新规则实施后，如果出奖注数基本不变，那么一等奖奖金的盈余就会越来越多，滚入奖池后奖金累积速度会越来越快。

奖池奖金累积速度快，奖池充盈。也正因为如此，2009年10月9日双色球第2009118期开出93注一等奖，单注奖金409.0714万元，每注一等奖奖金"成色"十足，造就了河南彩民独中双色球头奖奖金总计近3.6亿元，创当时中国彩票历史纪录！

4. 双色球"523"派彩规则或可成为常态

"523"派彩规则启动的前提条件是奖池奖金超过亿元。从目前的开奖情况来看，双色球连续两期开出8注一等奖都没有将奖池奖金拉到亿元以下，仅仅使奖池奖金降低了1000余万元，而双色球单期开出1注一等奖，奖池奖金可以迅猛上升3000余万元。对于奖池奖金经常维持在1.5亿元左右的双色球来说，奖池奖金要再想回到亿元以下，几乎不太可能，即使偶尔出现，也会迅速回升到亿元以上。所以，有业内人士预计，"523"派彩或可成为常态。这意味着双色球一等奖也许期期都将突破500万元，对于彩民来说，这意味着双色球一等奖将期期都有加奖。

双色球"523"派彩规则的实施，让双色球一等奖注定风光无限。曾有人担心是否会影响到双色球二等奖，事实证明，在7期的开奖中，因为双色球单期近2亿元的超高销量，虽然中出二等奖506注，但是最低一期奖金也有14万余元，最高也曾经达到53万余元，双色球二等奖单期最高中出143注，单期最少中出36注。

综上所述，此次双色球游戏规则的调整确实体现了"大奖更大、奖池更高，2元投注、千万梦想"的特点，双色球已真正从500万元"生产线"升级为千万富翁"生产线"，期待它在未来的日子里为广大彩民带来更多的惊喜。

第二章　双色球红球战法

众所周知，双色球彩票投注区分为红球号码区和蓝球号码区。双色球每注投注号码由 6 个红色球号码和 1 个蓝色球号码组成。红色球号码从 01～33 中选择；蓝色球号码从 01～16 中选择。

双色球的投注方法可分为自选号码投注和机选号码投注，其投注方式有单式投注和复式投注。双色球彩票以投注者所选单注投注号码（复式投注按所覆盖的单注计）与当期开出中奖号码相符的球色和个数确定中奖级别。

在实战中，不论采用哪种方式进行投注，只要彩民投注时所选择的 1 注单式或复式投注号码内包括当期开出的中奖号码，就一定会中得当期的双色球一等奖。

根据游戏规则可知，只要投注时所选择的 1 注单式或复式投注号码内包括当期开出的中奖号码的 6 个红色球号码，就一定会中得当期的双色球二等奖。

可以看出，如果我们要想中得双色球的千万元大奖，首先必须要中得 6 个红色球号码，即要先中得二等奖才行。

我们可以得出这样的结论：一是红球关，二是蓝球关。实战中尤以最先闯过红球关最为重要。

根据科学计算，要在 33 个红色球号码里正确选对当期中出的 6 个红色球号码，理论中奖概率为 1/1107586，可以说闯过红球关的难度之大可想而知。

那么，世界上有没有一种既能降低红色球选号难度又能提高中奖概率的选号技术呢？

答案是肯定的。

本章双色球红球战法介绍的"断区转换法"，就是这样的终极选号技术。它采用全新的模式进行双色球红球号码的选择，不但极大地降低了选号难度，而且还能显著地提高红球号码的中奖概率，高效率地减少红球号码的投注数量，从而帮助彩民轻松闯过红球关，该选号技术不折不扣地被称为双色球

"二等奖杀手"。

断区转换法是科学的技术，也是亿万彩民在苦苦寻觅的、最希望学习和掌握的技术，相信它会带给大家新的感受，更会让大家学习到最前沿的、最核心的技术。

一、断区转换原理

彩票在开奖中每期中奖号码的出现不但有它的偶然性，也有它的必然性。从理论上说，每期开奖号码的摇出是完全随机的。但是，大量的统计资料表明，彩票开奖中每个号码的出现并不是完全随机的，而是伪随机的，如果任何号码、条件及条件所属指标的走势在某个阶段内偏离了正常的状态，最终都会回到正常的状态上来。因此，只要用心去发现，善于不断开拓自己的思路，就可以发现一些表面看不到的深层东西，就可以理性地去分析一些现象和规律，从而合理地选择号码，达到高概率中奖。

在双色球选号中，如何精准地选择6个红球中奖号码，是每一位彩民最为关心的话题。因为大家都清楚地知道，只有在1注投注号码里准确地选对6个红球中奖号码，才能中得双色球二等奖，可以获得几万元到几十万元不等的奖金。更为重要的是，必须在选对6个红球号码的前提下，再选对当期1个蓝球号码才能获得双色球的千万元大奖。否则，即使选对5个红球号码和1个蓝球号码，也是与大奖无缘。可见，在双色球选号中，正确地选对所有6个红球中奖号码是多么的重要。

为了帮助大家从独特的角度极限地降低红球号码的选号难度，精准地确定红球中奖号码的出现范围，高效率地选择红球投注号码数量，从而提高红球号码的中奖概率，断区转换法可以称作是目前最佳的双色球红球选号技术。快速地学习掌握和应用这种独特的技术，清楚地了解技术的原理以及优势是必不可少的关键过程。

（一）行列分布表与断区选号

双色球的红球号码区一共包括33个红球号码，为了更清晰地说明断区转换法的原理以及优势，我们按照表横向6行、纵向6列的排列方式先来制作一个简单的双色球红球号码行列分布表，如表2-1所示。

表2-1 双色球红球号码行列分布表

期号	第1列	第2列	第3列	第4列	第5列	第6列
第1行	01	02	03	04	05	06
第2行	07	08	09	10	11	12
第3行	13	14	15	16	17	18
第4行	19	20	21	22	23	24
第5行	25	26	27	28	29	30
第6行	31	32	33			

　　行列分布表横向第1行是从01～06，第2行是从07～12，第3行是从13～18，第4行是从19～24，第5行是从25～30，第6行是从31～33。第1行到第5行每行6个号码，因为红球号码共有33个，所以第6行只有3个红球号码；纵向第1列包括号码01、07、13、19、25、31，第2列包括号码02、08、14、20、26、32，第3列包括号码03、09、15、21、27、33，第4列包括号码04、10、16、22、28，第5列包括号码05、11、17、23、29，第6列包括号码06、12、18、24、30，前3列中每列6个号码，后3列中每列5个号码，每列中号码依次间隔为6。

　　我们以双色球第2009088期至第2009097期这10期开奖号码中的红球号码为例，观察每期红球中奖号码在行列分布表中的出现情况。

表2-2 2009088期双色球红球号码行列分布表

2009088	第1列	第2列	第3列	第4列	第5列	第6列
第1行	01	02	03	04	05	06
第2行	07	08	09	10	11	12
第3行	13	14	15	16	17	18
第4行	19	20	21	22	23	24
第5行	25	26	27	28	29	30
第6行	31	32	33			

　　第2009088期的双色球红球号码为04、07、11、15、16、17。如表2-2

所示，用黑色标示出红球中奖号码。在行列分布表中，有 3 行 2 列没有出现红球中奖号码，被称为断 3 行 2 列。我们把没有出现红球中奖号码的第 4 行、第 5 行和第 6 行用灰色标示以表示删除，把没有出现红球中奖号码的第 2 列、第 6 列同样用灰色标示以表示删除，这样就只剩下 12 个号码，就把 33 选 6 就轻松地变成 12 选 6。

表 2-3　2009089 期双色球红球号码行列分布表

2009089	第 1 列	第 2 列	第 3 列	第 4 列	第 5 列	第 6 列
第 1 行	01	02	03	04	05	06
第 2 行	07	08	09	10	11	12
第 3 行	13	14	15	16	17	18
第 4 行	19	20	21	22	23	24
第 5 行	25	26	27	28	29	30
第 6 行	31	32	33			

第 2009089 期的双色球红球号码为 02、03、07、11、19、32。如表 2-3 所示，用黑色标示出红球中奖号码。在行列分布表中，有 2 行 2 列没有出现红球中奖号码，被称为断 2 行 2 列。我们把没有出现红球中奖号码的第 3 行和第 5 行用灰色标示以表示删除，把没有出现红球中奖号码的第 4 列、第 6 列同样用灰色标示以表示删除，这样就只剩下 15 个号码，就把 33 选 6 轻松地变成 15 选 6。

表 2-4　2009090 期双色球红球号码行列分布表

2009090	第 1 列	第 2 列	第 3 列	第 4 列	第 5 列	第 6 列
第 1 行	01	02	03	04	05	06
第 2 行	07	08	09	10	11	12
第 3 行	13	14	15	16	17	18
第 4 行	19	20	21	22	23	24
第 5 行	25	26	27	28	29	30
第 6 行	31	32	33			

第 2009090 期的双色球红球号码为 07、09、14、20、23、30。如表 2-4 所示，用黑色标示出红球中奖号码。在行列分布表中，有 2 行 1 列没有出现红球中奖号码，被称为断 2 行 1 列。我们把没有出现红球中奖号码的第 1 行、第 6 行用灰色标示以表示删除，把没有出现红球中奖号码的第 4 列同样用灰色标示以表示删除，这样就只剩下 20 个号码。就把 33 选 6 轻松地变成 20 选 6。

表 2-5　2009091 期双色球红球号码行列分布表

2009091	第 1 列	第 2 列	第 3 列	第 4 列	第 5 列	第 6 列
第 1 行	01	02	03	04	05	06
第 2 行	07	08	09	10	11	12
第 3 行	13	14	15	16	17	18
第 4 行	19	20	21	22	23	24
第 5 行	25	26	27	28	29	30
第 6 行	31	32	33			

第 2009091 期的双色球红球号码为 03、08、11、14、25、29。如表 2-5 所示，用黑色标示出红球中奖号码。在行列分布表中，有 2 行 2 列没有出现红球中奖号码，被称为断 2 行 2 列。我们把没有出现红球中奖号码的第 4 行、第 6 行用灰色标示以表示删除，把没有出现红球中奖号码的第 4 列、第 6 列同样用灰色标示以表示删除，这样就只剩下 16 个号码，就把 33 选 6 轻松地变成 16 选 6。

表 2-6　2009092 期双色球红球号码行列分布表

2009092	第 1 列	第 2 列	第 3 列	第 4 列	第 5 列	第 6 列
第 1 行	01	02	03	04	05	06
第 2 行	07	08	09	10	11	12
第 3 行	13	14	15	16	17	18
第 4 行	19	20	21	22	23	24
第 5 行	25	26	27	28	29	30
第 6 行	31	32	33			

第 2009092 期的双色球红球号码为 02、06、07、14、18、31。如表 2-6 所示，用黑色标示出红球中奖号码。在行列分布表中，有 2 行 3 列没有出现红球中奖号码，被称为断 2 行 3 列。我们把没有出现红球中奖号码的第 4 行、第 5 行用灰色标示以表示删除，把没有出现红球中奖号码的第 3 列、第 4 列和第 5 列同样用灰色标示以表示删除，这样就只剩下 11 个号码，就把 33 选 6 轻松地变成 11 选 6。

表 2-7　2009093 期双色球红球号码行列分布表

2009093	第 1 列	第 2 列	第 3 列	第 4 列	第 5 列	第 6 列
第 1 行	01	02	03	04	05	06
第 2 行	07	08	09	10	11	12
第 3 行	13	14	15	16	17	18
第 4 行	19	20	21	22	23	24
第 5 行	25	26	27	28	29	30
第 6 行	31	32	33			

第 2009093 期的双色球红球号码为 01、11、20、31、32、33。如表 2-7 所示，用黑色标示出红球中奖号码。在行列分布表中，有 2 行 2 列没有出现红球中奖号码，被称为断 2 行 2 列。我们把没有出现红球中奖号码的第 3 行、第 5 行用灰色标示以表示删除，把没有出现红球中奖号码的第 4 列、第 6 列同样用灰色标示以表示删除，这样就只剩下 15 个号码，就把 33 选 6 轻松地变成 15 选 6。

表 2-8　2009094 期双色球红球号码行列分布表

2009094	第 1 列	第 2 列	第 3 列	第 4 列	第 5 列	第 6 列
第 1 行	01	02	03	04	05	06
第 2 行	07	08	09	10	11	12
第 3 行	13	14	15	16	17	18
第 4 行	19	20	21	22	23	24
第 5 行	25	26	27	28	29	30
第 6 行	31	32	33			

第 2009094 期的双色球红球号码为 03、06、22、25、26、33。如表 2-8 所示,用黑色标示出红球中奖号码。在行列分布表中,有 2 行 1 列没有出现红球中奖号码,被称为断 2 行 1 列。我们把没有出现红球中奖号码的第 2 行、第 3 行用灰色标示以表示删除,把没有出现红球中奖号码的第 5 列同样用灰色标示以表示删除,这样就只剩下 18 个号码,就把 33 选 6 轻松地变成 18 选 6。

表 2-9 2009095 期双色球红球号码行列分布表

2009095	第 1 列	第 2 列	第 3 列	第 4 列	第 5 列	第 6 列
第 1 行	01	02	03	04	05	06
第 2 行	07	08	09	10	11	12
第 3 行	13	14	15	16	17	18
第 4 行	19	20	21	22	23	24
第 5 行	25	26	27	28	29	30
第 6 行	31	32	33			

第 2009095 期的双色球红球号码为 08、09、14、28、31、33。如表 2-9 所示,用黑色标示出红球中奖号码。在行列分布表中,有 2 行 2 列没有出现红球中奖号码,被称为断 2 行 2 列。我们把没有出现红球中奖号码的第 1 行、第 4 行用灰色标示以表示删除,把没有出现红球中奖号码的第 5 列、第 6 列同样用灰色标示以表示删除,这样就只剩下 15 个号码,就把 33 选 6 轻松地变成 15 选 6。

表 2-10 2009096 期双色球红球号码行列分布表

2009096	第 1 列	第 2 列	第 3 列	第 4 列	第 5 列	第 6 列
第 1 行	01	02	03	04	05	06
第 2 行	07	08	09	10	11	12
第 3 行	13	14	15	16	17	18
第 4 行	19	20	21	22	23	24
第 5 行	25	26	27	28	29	30
第 6 行	31	32	33			

第 2009096 期的双色球红球号码为 01、26、27、31、32、33。如表 2-10 所示，用黑色标示出红球中奖号码。在行列分布表中，有 3 行 3 列没有出现红球中奖号码，被称为断 3 行 3 列。我们把没有出现红球中奖号码的第 2 行、第 3 行和第 4 行用灰色标示以表示删除，把没有出现红球中奖号码的第 4 列、第 5 列和第 6 列同样用灰色标示以表示删除，这样就只剩下 9 个号码，就把 33 选 6 轻松地变成 9 选 6。

表 2-11　2009097 期双色球红球号码行列分布表

2009097	第 1 列	第 2 列	第 3 列	第 4 列	第 5 列	第 6 列
第 1 行	01	02	03	04	05	06
第 2 行	07	08	09	10	11	12
第 3 行	13	14	15	16	17	18
第 4 行	19	20	21	22	23	24
第 5 行	25	26	27	28	29	30
第 6 行	31	32	33			

第 2009097 期的双色球红球号码为 07、13、24、26、28、32。如表 2-11 所示，用黑色标示出红球中奖号码。在行列分布表中，有 1 行 2 列没有出现红球中奖号码，被称为断 1 行 2 列。我们把没有出现红球中奖号码的第 1 行用灰色标示以表示删除，把没有出现红球中奖号码的第 3 列、第 5 列同样用灰色标示以表示删除，这样就只剩下 18 个号码，就把 33 选 6 轻松地变成 18 选 6。

通过对以上双色球红球号码在行列分布表中的分布情况可以看出，断行、断列都是指行列分布表横向或纵向的区域内不会出现当期的任意一个红球中奖号码，我们将其统称为行列断区，简称断区。在实战中利用断区进行双色球红球号码选号的方法，我们称之为断区选号法。

如果我们在实战选号时知道断行、断列的具体位置，大胆地排除掉这些区域，那么排除掉 1 行 1 列，33 选 6 就变成 22 选 6（这是最好的情况。如果排除掉前 5 行和后 3 列中的任意 1 行 1 列，33 选 6 就变成了 23 选 6；最差的结果是正好排除掉第 6 行和后 3 列中的任意 1 列，33 选 6 就变成了 27 选 6，后面也有类似情况出现，不再重述）；如果排除掉 2 行 1 列或 1 行 2 列，33 选 6 就变成 17 选 6；如果排除掉 2 行 3 列或 3 行 2 列，33 选 6 就变成 9 选 6；如果排除掉 3 行 3 列，最好的结果是把 33 选 6 变成 6 选 6。这样不但可以使选号的范围大大缩小，而且还极大地降低了选号的难度，这就是断区以及断区选号的真正意义和实战价值所在。

面对行列分布表，彩民在每次实战中如何去判断行列分布表里哪一行会断、哪一列又不出呢？有没有好的方法或标准来帮助彩民研判断行、断列以及提高研判的准确率，从而正确地选择中奖号码的范围呢？

答案是肯定的！

接下来介绍的这个好方法——断区转换法，它不但可以帮助彩民在实战中轻松地进行断行、断列的分析判断，帮助彩民提高备选红球号码的中奖概率，还能高效率地用最经济的投入换取最大化的收益。

（二）断区转换原理

通过总结，断区转换法有三大特点：一是降低选号难度，二是提高中奖概率，三是提高投注效率。下面我们通过这三个特点来解析断区转换法的选号技术原理。

1. 降低选号难度

为了获得轻松研判断行、断列的方法，我们通过大量的数据统计及实战验证得出这样的结论：双色球红球号码 6 列 6 行的行列分布形式为一种最佳断列、断行分析模式。

条件，对每一个彩民来说并不陌生。我们通常把这种在选号技术中应用的、在选择中奖号码时起决定性作用的要素称为条件。严格地说，彩票中构成每注投注号码的要素被称为条件。不论是哪个彩种，通过各种条件进行选号是彩民唯一的选择，只不过因为每个人使用选号技术的不同而导致所使用的条件也是千差万别。

只要彩民能够正确地判断、选择当期行列分布表中断行、断列的区域，就能精准地选择红球号码的中奖范围。因此，断行、断列既可称作条件，也是运用断区转换法进行选号时所必须使用的两个重要条件。

为了更好地进行断列条件的研判分析和实战应用，首先针对断列这个条件，我们运用一种特殊的"断列转 3D 号码"的转换分析模式，对每期红球开奖号码的断列情况进行转换分析，从而降低红球选号难度，提高红球号码的中奖概率。

表 2-12　双色球红球号码行列分布表

期号	第 1 列	第 2 列	第 3 列	第 4 列	第 5 列	第 6 列
第 1 行	01	02	03	04	05	06
第 2 行	07	08	09	10	11	12
第 3 行	13	14	15	16	17	18
第 4 行	19	20	21	22	23	24
第 5 行	25	26	27	28	29	30
第 6 行	31	32	33			

如表 2-12 所示，将双色球行列分布表的 33 个号码分为 6 列 6 行，其中 6 列即指纵向 6 列。

纵向第 1 列号码包括：01、07、13、19、25、31；

纵向第 2 列号码包括：02、08、14、20、26、32；

纵向第 3 列号码包括：03、09、15、21、27、33；

纵向第 4 列号码包括：04、10、16、22、28；

纵向第 5 列号码包括：05、11、17、23、29；

纵向第 6 列号码包括：06、12、18、24、30。

在表 2-12 中，双色球红球号码被分成 6 列，由于双色球玩法的开奖号码每期都固定地开出 6 个红球号码，因此每期 6 个红球开奖号码不可能都平均地出现在每一列中。经统计可知，每期出现断 1 列或断 2 列的情况占绝大多数，这也是行列分布表中最显著的断列特征。实战中如果能准确地判断行列分布表的某个列中不可能出现红球开奖号码，就可以果断地把这个列中所包括的红球号码排除掉，同时就可以在剩下的另外 5 列中的红球号码里进行分析选号了，那么常规的 33 选 6 也就变成了 27 选 6 或 28 选 6（因为第 4、5、6 列中每列均包括 5 个红球号码）；如果能准确地判断其中的某两列不可能出现红球开奖号码，就可以果断地把这两列中的红球号码全部排除掉，同样也可以在剩下的另外 4 列中的红球号码里进行分析选号了，那么常规的 33 选 6 也就变成了 21 选

6，由此一来，选号的难度就会大大降低。当然，断 3 列、断 4 列、断 5 列的情况也是会出现的，断的列数越多，剩余的红球号码越少，选号的难度也相对降低到最极限。

通过对双色球从开奖至第 2009101 期共计 926 期红球开奖号码的断列情况进行统计分析，我们发现并得出结论：断 1 列、断 2 列和断 3 列的情况出现的次数最多，而断 0 列、断 4 列和断 5 列的情况出现的次数极少，可以达到忽略不计的地步。如果把这些断列情况在行列分布表里所占的位置用数字表示出来，可以表示为 012、123、245、246、234、456 等。这些数字都是从左至右按固定顺序排列并对应表示每一个断列区域，就如同福彩 3D 玩法的直选号码一样。

我们不由地联想到了目前流行的小盘玩法体彩排列 3 和福彩 3D，既然每期断列的数量以 1、2、3 个居多，那么为什么不能把它运用到简单的 3D 模式中加以分析呢。统一地把每期的断列位置用 3 个相应的数字（号码）表示，然后加以统计分析，我们就会惊奇地发现，那里别有一番天地。

既然每期断列数量的理论范围在 0～5，那么如何解决断列不是 3 个的情况并实现统一呢？我们可以这样规定：

如果没有出现断列的情况，用 000 表示，也就代表每一列中都有红球开奖号码出现。

如果出现断 1 列的情况，那么就在代表断列位置的数字前面加 00，如某一期断第 2 列，就记为 002，表示第 2 列为断列区域。

如果出现断 2 列的情况，那么同样就在代表断列位置的数字前面加 0，如某一期同时断第 3 列和第 6 列，就记为 036；如果断第 2 列、断第 3 列就记为 023；断第 3 列、断第 5 列同样记为 035。

前面三种情况因为断列位置代表的数字不足三位，所以用 000、00 和 0 进行补位，也是为了更好地把断列的不同情况进行统一。

如果出现断 3 列的情况，直接记录断列位置的数字即可，如某一期同时断第 1 列、第 3 列和第 5 列，就记为 135；如果同时断第 1 列、第 2 列和第 4 列，记为 124。

断 4 列的情况出现得少，断 5 列的情况更少之又少。为了统一用三位数表示断列情况，如果出现断 4 列或断 5 列的情况，只取代表断列位置数字的前三位即可，后一位或二位可以忽略不计。比如，当某一期同时出现断第 1 列、第

2 列、第 3 列、第 4 列时，我们只取代表断列位置的前三位数字记为 123；同时出现断第 1 列、第 2 列、第 3 列、第 5 列也同样取值记为 123；如果第 2 列、第 3 列、第 4 列、第 5 列和第 6 列共计 5 列同时出现断列，记为 234 即可。为了统一，我们只取前三个断列位置代表的数字记录，前例中第 5 列和第 6 列断列区域即使未统计到，也不会出现断错的情况，因为我们只依次分析断前 3 列的情况。即使在第 5 列或第 6 列的断列里出现了红球开奖号码的某个号码，也不会在我们的断列范围内，因为我们在选号时只是把断列区域内的号码排除掉；相反，那正是我们的备选号码区——即使它没有号码出现。

至此，通过实施以上规定，就把每期断列的数量以及相应的位置统一用 3D 号码模式进行表示，从而达到了断列转换的目的。

到这里，就真正地完成了把双色球玩法的红球开奖号码在行列分布表内断列区域的位置转换成 3D 号码模式的全部过程，我们称之为断列转换。假设我们这时通过特殊的技术手段分析判断当期断列转换后的 3D 号码为 146，也就表示当期断列的数量是 3，断列的区域为第 1 列、第 4 列和第 6 列，那么在当期选号时就可以大胆地把行列分布表里第 1 列、第 4 列和第 6 列内所包括的 16 个红球号码全部排除掉。如果分析判断的概率够高，那么排除 16 个红球号码的准确率也一定很高，就很轻松地将红球号码的 33 选 6 变为 17 选 6。

可以看到，通过把双色球红球号码经过断列转换后利用 3D 模式进行分析选号的简易方式，可以帮助我们轻松方便地选择红球号码，极大地降低了选号难度。

断列、断行是运用断区转换法进行选号时所必须使用的两个重要条件。为了更好地进行断行条件的研判分析和实战应用，针对断行这个条件，我们也同样运用特殊的"断行转 3D 号码"的转换分析模式，对每期双色球红球开奖号码的断行情况进行转换分析，从而从另一个角度降低红球选号的难度，提高红球号码的中奖概率。

同样如表 2-12 所示，将双色球行列分布表的 33 个号码分为 6 列 6 行，其中 6 行即指横向 6 行。

横向第 1 行号码包括：01、02、03、04、05、06；

横向第 2 行号码包括：07、08、09、10、11、12；

横向第 3 行号码包括：13、14、15、16、17、18；

横向第 4 行号码包括：19、20、21、22、23、24；

横向第 5 行号码包括：25、26、27、28、29、30；

横向第 6 行号码包括：31、32、33。

双色球红球号码被分成 6 行，在双色球玩法的开奖号码中，每期固定开出 6 个红球号码，因此每期 6 个红球开奖号码不可能都平均地出现在每一行中。经统计可知，每期断 1 行或断 2 行的情况占绝大多数，这也是行列分布表中最显著的断行特征。实战中如果能准确判断行列分布表的每行中不可能出现的红球开奖号码，就可以果断地把这行中的红球号码排除掉，同时就可以在剩下的另外 5 行中进行分析选号了，那么常规的 33 选 6 也就变成了 27 选 6（如果排除第 6 行只能排除掉 3 个号码）；如果能准确地判断行列分布表中两行里不可能出现的红球开奖号码，就可以果断地把这两行中的红球号码全部排除掉，同样就可以在剩下的另外 4 行中进行分析选号了，那么常规的 33 选 6 也就变成了 21 选 6，从而使选号的难度大大降低。当然断 3 行、断 4 行、断 5 行的情况也会出现，断的行数越多，剩余的红球号码越少，选号的难度也随之相对降低到最极限。

通过对双色球从开奖至第 2009101 期共计 926 期红球开奖号码的断行情况进行统计分析，我们发现并得出结论：断 1 行、断 2 行和断 3 行的情况出现的次数最多，而断 0 行、断 4 行和断 5 行的情况出现的次数极少，可以达到忽略不计的地步。同断列 3D 模式一样，如果把这些断行情况在行列分布表中所占的位置用数字表示出来，可以表示为 012、123、245、246、234、456 等。这些数字都是从左至右按固定顺序排列并对应表示每一个断行区域，就如同福彩 3D 玩法的直选号码一样。

既然每期断行的数量以 1、2、3 个居多，那么也同样可以把它运用到简单的 3D 模式中去分析。统一地把每期的断行位置用 3 个相应的数字（号码）表示，然后加以统计分析。

我们知道每期断行数量的理论范围在 0~5，那么如何解决断行不是 3 个的情况并实现统一呢？与断列转换 3D 模式一样，我们同样可以这样规定：

如果没有出现断行的情况，用 000 表示，也就代表每一行中都有红球开奖号码出现。

如果出现断 1 行的情况，那么就在代表断行位置的数字前面加 00，如某一期断第 2 行，就记为 002，表示第 2 行为断行区域。

如果出现断 2 行的情况，那么同样就在代表断行位置的数字前面加 0，如某一期同时断第 3 行和第 6 行，就记为 036，如果断第 2 行和第 3 行，就记为 023，断第 3 行和第 5 行同样记为 035。

前面三种情况，因为断行位置代表的数字不足三位用 000、00 和 0 进行补位，也是为了更好地把断行的不同情况进行统一。

如果出现断 3 行的情况，直接记录断行位置的数字即可，如某一期同时断第 1 行、第 3 行、第 5 行，就依次记为 135；同理，如果同时断第 1 行、第 2 行和第 4 行，就记为 124。

断 4 行的情况出现得少，断 5 行的情况更少之又少。为了统一用三位数表示断行情况，如果出现断 4 行或断 5 行的情况，只取代表断行位置数字的前三位即可，后一位或后二位可以忽略不计。比如，某一期同时出现断第 1 行、第 2 行、第 3 行、第 4 行时，我们只取代表断行位置的前三位数字记为 123；同时出现断第 1 行、第 2 行、第 3 行、第 5 行，也同样取值记为 123；如果第 2 行、第 3 行、第 4 行、第 5 行和第 6 行共计五行同时出现断行时，记为 234 即可。为了统一，我们只取前三个断行位置代表的数字记录，前例中第 5 行和第 6 行断行区域即使未统计到，也不会出现断错的情况，因为我们只依次分析断前 3 行的情况，即使在第 5 行或第 6 行的断行里出现了红球开奖号码的某个号码，也不会在断行范围内，因为在选号时只是把断行区域内的号码排除掉，相反，那正好是我们的备选号码区。

至此，与断列转换 3D 模式一样，通过对以上规定的实施，就把每期断行的数量以及相应的位置统一用 3D 号码模式加以表示，从而达到了断行转换的目的。

把双色球玩法的红球开奖号码在行列分布表内断行区域的位置转换成 3D 号码模式的全部过程，我们称之为断行转换。假设我们通过特殊的技术手段分析判断当期断列转换后的 3D 号码为 035，也就表明当期断行的数量是 2，断行的区域为第 3 行和第 5 行，那么在当期选号时，就可以大胆地把行列分布表里第 3 行和第 5 行内包括的 12 个红球号码全部排除掉。如果分析判断的概率够高，那么排除 12 个红球号码的准确率也一定很高，就很轻松地把红球号码的 33 选 6 变为 21 选 6。

红球号码通过断列转换后利用 3D 模式进行分析选号的方式，可以帮助彩民轻松选择红球号码，降低选号难度；同样，断行转换后利用 3D 模式进行分析选号的简易方式，也一样可以达到轻松选号和降低选号难度的目的。

实战中，双色球红球号码在断列和断行转换后利用 3D 模式进行选号的方式，我们称为断区转换选号法，简称断区转换法。通过上面的分析也可以得知，该选号方法操作简单易行，显著降低选号难度是断区转换法的第一个特点。

2. 提高中奖概率

双色球红球开奖号码经过断列转换后的 3D 号码，我们称为断列 3D 号码。经过统计，在行列分布表中，红球号码通过 3D 模式的断列转换后获得的断列 3D 号码一共包括 42 注，表 2-13 代表了行列分布表中所有可能出现的断列情况。

表 2-13　双色球断列 3D 号码一览表

断列情况	断 0 列	断 1 列	断 2 列	断 3 列或以上
断列 3D 号码	000	001、002、003、004、005、006	012、013、014、015、016、023、024、025、026、034、035、036、045、046、056	123、124、125、126、134、135、136、145、146、156、234、235、236、245、246、256、345、346、356、456
号码数量	1 注	6 注	15 注	20 注

双色球红球开奖号码经过断列转换后的 42 注断列 3D 号码，均由三位数字组成，从左至右的顺序分别是断列 3D 号码的百位、十位和个位。通过统计观察，42 注断列 3D 号码的百位是由数字 0、1、2、3、4 组成，十位是由数字 0、1、2、3、4、5 组成，个位是由数字 0、1、2、3、4、5、6 组成，而且断列 3D 号码还有一个显著的特征：断列 3D 号码中的十位号码一定大于或等于百位号码，个位号码一定大于或等于十位号码。全等于的情况只有在断列 3D 号码是 000 的情况下才会出现，但是因为出现的概率很小，实战中完全可以忽略不计。

断列 3D 号码之中百位号码的出现范围是 0~4，十位号码的出现范围是 0~5，个位号码的出现范围是 0~6，断列号码的理论中奖概率为 1/42。我们知道，福彩 3D 号码的百位、十位、个位号码的范围均是 0~9，福彩 3D 号码的理论中奖概率为 1/1000。通过比较可知，断列 3D 号码的中奖概率极高。而且根据断列号码的十位大于或等于百位、个位大于或等于十位的显著特征，如果实战中十位选择为 3，那么个位号码只能在 4、5、6 的范围内进行选择，相对于个位 0~6 的理论，选择范围缩小了很多，正确选择的概率也就相对提高了很多。

经过科学计算，断列百位号码为 0 的理论概率为 82.6%，从某种程度上说，百位选择为 0 的概率极高，实战中几乎可以期期选择使用；十位号码的高概率出现范围是 0~4，个位号码的高概率出现范围在 4~6，从这个角度看，断列 3D 号码的中奖概率约为 1/15，较理论中奖概率提高到了极限。

我们再看断行 3D 号码。经过统计，行列分布表中红球号码通过 3D 模式的断行转换后，获得的断行 3D 号码也包括 42 注，表 2-14 代表了行列分布表中所有可能出现的断行情况。

表 2-14　双色球断行 3D 号码一览表

断行情况	断 0 行	断 1 行	断 2 行	断 3 行或以上
断行 3D 号码	000	001、002、003、004、005、006	012、013、014、015、016、023、024、025、026、034、035、036、045、046、056	123、124、125、126、134、135、136、145、146、156、234、235、236、245、246、256、345、346、356、456
号码数量	1 注	6 注	15 注	20 注

双色球红球开奖号码经过断行转换后的 42 注断行 3D 号码，同样均由三位数字组成，从左至右的顺序分别是断行 3D 号码的百位、十位和个位。

通过统计观察，42 注断行 3D 号码的百位是由数字 0、1、2、3、4 组成，十位是由数字 0、1、2、3、4、5 组成，个位是由数字 0、1、2、3、4、5、6 组成。与断列 3D 号码一样，断行 3D 号码同样具有一个显著的特征：断行 3D 号码中的十位号码一定大于或等于百位号码，个位号码一定大于或等于十位号码。全等于的情况只有在断行 3D 号码是 000 的情况下才会出现，但是因为出现的概率很小，实战中完全可以忽略不计。

在断行 3D 号码之中，百位号码的出现范围是 0 ~ 4，十位号码的出现范围是 0 ~ 5，个位号码的出现范围是 0 ~ 6，断行号码的理论中奖概率同样为 1/42。我们知道，福彩 3D 号码的百位、十位、个位号码的范围均是 0 ~ 9，福彩 3D 号码的理论中奖概率为 1/1000。通过比较可知，断行 3D 号码的中奖概率很高。根据断行号码的十位大于或等于百位、个位大于或等于十位的显著特征，如果实战中十位选择为 4，那么个位号码只能在 5、6 的范围内进行选择，相对于个位 0 ~ 6 的理论选择范围缩小了很多，正确选择的概率也就相对提高了很多。

经过科学统计，断行 3D 号码中百位号码为 0 的理论概率为 81%，从某种程度上说，百位选择为 0 的概率极高，遵循高概率的选号原则，实战中几乎同样可以期期选择使用。十位号码的高概率出现范围是 0 ~ 4，个位号码的高概率出现范围在 4 ~ 6，从这个角度看，断行 3D 号码的中奖概率约为 1/15，与理论中奖概率相比也是提高到了极限的程度。

我们通过断列 3D 号码百位、十位、个位位置取值范围和概率的分析可知，正确选择每期断列 3D 号码的理论概率为 1/42，实战概率约为 1/15；同样，通过断行 3D 号码百位、十位、个位位置取值范围和概率的分析可知，正确选择每期断行 3D 号码的理论概率为 1/42，实战概率约为 1/15。综合可知，同时正确选择断列和断行 3D 号码的理论概率为 1/1764，实战概率约为 1/225，也就是说，应用断区转换法进行双色球红球号码选号的实战中奖概率约为 1/225，极大地提高了双色球红球号码中奖概率，也就是提高了双色球二等奖中奖概率。

假设实战中同时选择了断列 3D 号码为 023，断行 3D 号码为 015，并且是正确的，那么通过行列分布表就可以准确地排除掉第 2 列、第 3 列中的红球号码，同时也可以排除掉第 1 行和第 5 行的红球号码，33 选 6 就轻松地变成了 13 选 6。根据之前的分析可知，我们正确地把 33 选 6 变为 13 选 6 的成功概率约为 1/225，也就是说，我们有 0.45% 的机会使得选择的 13 个红球号码中包括当期的 6 个红球中奖号码。13 个红球号码的全部组合是 1716 注红球号码，它的理论中奖概率仅为 0.15%。由此可知，我们应用断区转换法进行双色球红球选号，不但降低了选号难度，而且还把中奖概率提升了 3 倍之多。

3. 提高投注效率

继续使用前面列举的例子。假设选择了断列 3D 号码为 023，断行 3D 号码为 015，那么通过行列分布表就可以排除掉第 2 列、第 3 列的红球号码，同时也可以排除掉第 1 行和第 5 行的红球号码，33 选 6 就轻松地变成了 13 选 6。

假定我们通过分析后获得的 13 个号码是正确的，包括当期 6 个红球开奖号码，但是怎么组合投注才能达到最佳效果呢？

有两条路可走：一是手工组号购买所有组合；二是利用"断层覆盖算法"组号投注。

我们选择的 13 个红球号码中包括当期的 6 个红球中奖号码，即要想100% 中得当期的双色球二等奖，必须购买 13 个红球号码的全部组合才能做到。经过计算，13 个红球号码的全部组合为 1716 注，需要投入 3432 元才能中得二等奖。

断层覆盖算法是我们根据断区转换法专门设计开发的最新科学算法，通过海量的数据转换运算，在保证 100% 中奖概率的前提下，把组合后的投注号码数量进行极限压缩，比例高达 40% ~ 98% 。也就是说，在保证备选号码正确的前提下，让彩民投入最少的资金却可以获得 100% 的中奖保证。

经过科学统计，通过断层覆盖算法计算后的断列 3D 号码、断行 3D 号码所对应的投注号码数量列表如下：

表 2-15　双色球红球断列 3D 号码统计表

序号	断列 3D 号码	对应红球号码数量	序号	断列 3D 号码	对应红球号码数量
1	000	27000 注	11	015	36825 注
2	001	62100 注	12	016	36825 注
3	002	62100 注	13	023	27250 注
4	003	62100 注	14	024	36825 注
5	004	62100 注	15	025	36825 注
6	005	62100 注	16	026	36825 注
7	006	62100 注	17	034	36825 注
8	012	27250 注	18	035	36825 注
9	013	27250 注	19	036	36825 注
10	014	36825 注	20	045	49410 注

序号	断列 3D 号码	对应红球 号码数量	序号	断列 3D 号码	对应红球 号码数量
21	046	49410 注	32	156	10530 注
22	056	10530 注	33	234	7798 注
23	123	5005 注	34	235	7336 注
24	124	7798 注	35	236	6875 注
25	125	7336 注	36	245	11452 注
26	126	6875 注	37	246	10530 注
27	134	7798 注	38	256	10530 注
28	135	7336 注	39	345	11452 注
29	136	6875 注	40	346	10530 注
30	145	11452 注	41	356	10530 注
31	146	10530 注	42	456	15795 注

注：此数据由【彩霸王】双色球富豪版软件提供。

在前面例子中，我们选择的断列 3D 号码是 023，也就是在行列分布表中断第 2 列和第 3 列。排除掉第 2 列和第 3 列的红球号码后剩余 21 个号码，21 个号码全部组合后投注号码的数量为 54264 注；而由表 2-15 可知，通过断层覆盖算法计算后断列 3D 号码 023 所对应的红球投注号码数量为 27250 注，压缩率几乎达到了 50%。必须要说明的是，如果选择的断列 3D 号码是 023，并且是正确的，那么压缩后的投注号码中一定包括 6 个红球中奖号码。

表 2-16 双色球红球断行 3D 号码统计表

序号	断行 3D 号码	对应红球 号码数量	序号	断行 3D 号码	对应红球 号码数量
1	000	23328 注	5	004	42768 注
2	001	42768 注	6	005	42768 注
3	002	42768 注	7	006	97200 注
4	003	42768 注	8	012	23706 注

序号	断行3D号码	对应红球号码数量	序号	断行3D号码	对应红球号码数量
9	013	23706 注	26	126	15795 注
10	014	23706 注	27	134	4921 注
11	015	23706 注	28	135	4837 注
12	016	65880 注	29	136	15795 注
13	023	23706 注	30	145	4837 注
14	024	23706 注	31	146	15795 注
15	025	23706 注	32	156	15795 注
16	026	65880 注	33	234	4921 注
17	034	23706 注	34	235	4837 注
18	035	23706 注	35	236	15795 注
19	036	65880 注	36	245	4837 注
20	045	23706 注	37	246	15795 注
21	046	65880 注	38	256	15795 注
22	056	65880 注	39	345	4837 注
23	123	5005 注	40	346	15795 注
24	124	4921 注	41	356	15795 注
25	125	4837 注	42	456	15795 注

注：此数据由【彩霸王】双色球富豪版软件提供。

同样，例子中我们选择的断行 3D 号码是 015，即在行列分布表中断第 1 行和第 5 行。排除掉第 1 行和第 5 行的红球号码后同样剩余 21 个号码，21 个号码全部组合后投注号码的数量为 54264 注；而由表 2-16 可知，通过断层覆盖算法计算后断行 3D 号码 015 所对应的红球投注号码数量为 23706 注，压缩率达到了 56%。必须要说明的是，如果你选择的断行 3D 号码是 015，并且是正确的，那么压缩后的投注号码中同样一定包括 6 个红球中奖号码。

我们在前面说过，如果同时选择的断列 3D 号码为 023、断行 3D 号码为 015 是正确的，那么剩余的 13 个红球号码的全部组合为 1716 注，一定包括当期的 6 个红球中奖号码。而通过断层覆盖算法的复杂海量计算，断列 3D 号码为 023、断行 3D 号码为 015 同时对应的组合号码数量为 318 注，只需要 638 元同样可以达到中取 6 个红球号码的目的，重要的是，也可以同样达到 100% 的中奖保证。孰优孰劣，比较便知。

经过科学统计，断层覆盖算法的压缩率可以达到 40% ~ 98% ，在正确选择断区号码的前提下帮助彩民同样达到中奖的目的，却可以节省大量的投入资金，它的应用真正达到了高效率。

最后要说明的是，因为断层覆盖算法要经过 N 次转换以及海量数据存储运算，计算过程不是人工所能完成的，因此，实战中只能通过我们开发的【彩霸王】双色球富豪版软件自动获得计算结果。

综上所述，断区转换法是科学的、系统的、前沿的顶级选号技术，不但可以帮助彩民轻松地降低选号难度，极大限度地提高备选红球号码的中奖概率，最重要的是，高效率的断层覆盖算法可以帮助彩民在保证 100% 中奖概率的基础上再次高度压缩投注号码，从而节省大量投注资金，最终帮助彩民真正达到"以小博大"的最高博彩境界。

二、断区指标统计

了解了断区转换法的原理以及三大特点，那么在实战中根据哪些量化指标或数据，如何准确地分析判断从而取舍当期的断列、断行 3D 号码的百位、十位、个位位置的号码，是彩民最为关心的问题。

"以史为鉴"是指导我们借鉴历史的经验在现实中用正确的思维方式去分析事物、判断事物的准则，我们也在日常生活中的方方面面里不知不觉地遵循着历史经验。

将"以史为鉴"应用到彩票选号中，就是让彩民了解中奖号码或相关条件指标的历史走势过程，从而总结走势规律，更好地应用规律，在现实中准确地判断每期中奖号码或相关条件指标的趋势。"以史为鉴"要达到的真正目的，就是帮助彩民准确地、高概率地选择中奖号码。

要想了解彩票开奖号码的历史，从而总结规律和应用规律，唯一的渠道就是统计历史开奖号码的数据。

统计学是一门收集、整理和分析统计数据的方法科学，是非常重要的数量分析工具。如今，统计分析方法被广泛地运用于自然科学和社会科学研究、生产和经营管理以及日常生活中，其具有十分重要的应用价值。它为国家制定政策、计划，进行宏观调控，以及为企业经营决策，加强业务管理，提供信息、咨询、监督等多功能服务。在现代社会中，各行各业的业务活动都离不开统计，统计知识的作用也越来越广泛。同样，在彩票选号中，统计分析方法的地位显得极为重要。缺少统计，我们在彩票选号中就形同无源之水；缺少统计，我们在彩票选号中就恰如无本之木；缺少统计，对所有的分析和预测都是空穴来风，无凭无据。没有详尽的数据统计和由此获得的研判依据，是不科学的。

假设甲、乙两支球队进行比赛，它们之间在过去的历史中进行了 1000 场比赛，结果是甲队获得 999 场胜利，由此可以看出甲、乙两队的实力相差悬殊。那么，现在还是这两个队伍来进行比赛，让大家预测一下它们之间的胜负结果，大家会怎么看呢？

理论上每支队伍各自占有 50% 的胜算概率，但从它们之间的历史战绩上来看，两支球队之间差距悬殊，因此大家都会继续看好甲队获得胜利。事实上也的确如此，胜利者还是甲队。

其实，大家在此次预测中不知不觉地用到了统计分析。正是因为大家统计了两支球队之间的历史战绩，知道了两支球队的实力差距，因此才能做出准确的判断。即使不能 100% 地确定是甲队获得胜利，但是甲队获得胜利的概率绝对超过理论概率。

这时，大家分析的甲队获得胜利就是大概率事件，而乙队获得胜利就是小概率事件。在这种情况下，没有人会去选择小概率事件的出现，即使有可能也是微乎其微的。选择了小概率事件，也就违背了预测是要把概率最大化为最终目的的宗旨。

这也是统计的魅力所在。

一句话，统计是彩票选号的生命。要解决彩民最为关心的如何精准地分析判断和取舍断列、断行 3D 号码的问题，统计是最重要的一关。只有对历史开奖数据进行精确的统计，才能观察到断列、断行 3D 号码的分布规律特征，也才能获得断行、断列 3D 号码的全部参考数据，也只有这样，彩民最终才能利用获得的 3D 号码的特征规律和统计数据，精准地分析当前最新数据，从而提高中奖概率。

在彩票选号中，统计的对象是每个条件所属的指标，从指标分布和指标参数两个方面通过图表形式进行详细的数据统计。

统计表是统计指标分布和指标参数数据的最直观的载体，通过统计表不但可以了解每个条件所属指标的分布状态，对指标的遗漏和惯性状态做到了如指掌，同时也可以了解指标参数的统计数据，从数据量化的角度更清晰地了解每个指标的趋势动态，有利于彩民随时进行快速查阅，并在实战中供分析决策使用。

总体来说，统计表的主要作用有三个：一是统计每个条件中各个指标的规律特征；二是统计每个条件中各个指标的概率分布；三是利用统计后获得的指标规律特征及概率数据分析判断当期出现概率最高的指标。

统计表包括指标分布表、指标参数表。其中，指标参数表分为指标遗漏明细表和指标惯性明细表，每个条件完整的一套统计表必须包括指标分布表、指标遗漏明细表和指标惯性明细表。

（一）指标分布的统计

每注中奖号码均由不同的条件构成，同样，每个条件也包括不同的指标。在彩票研究中，能直接表达出中奖号码所属条件信息的各种数据，我们统称为技术指标。因为它在彩民进行选号的实战中起到重要的参考和决策作用，也被称为参考性技术指标，简称指标。

条件一般是由0~9十个数字组成，每个数字对应不同的属性，也即对应不同的指标。我们最常用的指标分为大中小数指标、012路指标、重合码指标、大小数指标、奇偶数指标、质合数指标共计六大类13个指标。详细如下：

大中小数指标：

大数：7、8、9

中数：3、4、5、6

小数：0、1、2

0~9十个数字划分后，7、8、9为大数，3、4、5、6为中数，0、1、2为小数。

在乐透型彩票中，"大中小数"就是把条件所属的0~9十个数值做进一步的细致划分，那样能更准确、清晰地表达每个条件的不同信息。

012 路指标：

0 路：0、3、6、9

1 路：1、4、7

2 路：2、5、8

指标的 012 路划分是根据 0~9 十个阿拉伯数字除以 3 的余数定义的。将 0~9 十个指标数值按除以 3 所得余数的不同分为三类：把除以 3 余数为 0 的号码简称为 0 路，0 路号码包括 0、3、6、9；把除以 3 余数为 1 的号码简称为 1 路，1 路号码包括 1、4、7；把除以 3 余数为 2 的号码简称为 2 路，2 路号码包括 2、5、8。

012 路指标是通过另外一种角度对 0~9 十个数值进行再次分解，从而揭示和传达乐透型彩票每个条件的详细信息。

在乐透型彩票中，条件所属的 0~9 十个数值里 1 既属于小数，又属于 1 路；3、6 既属于中数，又属于 0 路；8 既属于大数，又属于 2 路，这就是小中大数指标与 102 路指标的重合性。因此，1、3、6、8 这四个数值被称为重合码指标。

重合码指标是作者在彩票界首次提出的全新概念，可以帮助彩民从一个崭新、独特的视角来观察条件所属的 0~9 十个数字的趋势状态，从而为分析预测每个条件提供有力的科学参考依据。

大小数指标：

小数：0、1、2、3、4

大数：5、6、7、8、9

在乐透型彩票中，把条件所属的 0~9 十个数值里小于 5 的数字称为小数；大于 4 的数字称为大数，大数指标包括 5、6、7、8、9，小数指标包括 0、1、2、3、4。

从某种意义上来说，大小数指标与大中小数指标两种范围的区分是一种协调、互补、相辅相成的统一关系。

奇偶数指标：

奇数：1、3、5、7、9

偶数：0、2、4、6、8

在乐透型彩票中，把条件所属的 0~9 十个数值按奇偶性质划分，将不能被 2 整除的数字称为奇数，将能被 2 整除的数字称为偶数，奇数指标为 1、3、

5、7、9，偶数指标为 0、2、4、6、8。

质合数指标：

质数：1、2、3、5、7

合数：0、4、6、8、9

在乐透型彩票中，把条件所属的 0~9 十个数值中只能被 1 和自身整除的数划分为质数，2、3、5、7 为质数，但是为了平衡质数和合数的数量，通常把 1 也定义为质数，这样质数指标和合数指标在数量上都是 5 个，也便于在统计中分析其规律。

在"断区转换法"中，断列、断行 3D 号码的每个位置都是一个条件，如断列 3D 号码由百位、十位和个位构成，那么百位号码、十位号码和个位号码都被称为条件。

每个位置的号码也同样被分为大中小数、012 路、重合码、大小数、奇偶数、质合数共计六大类 13 个指标。

可以看出，我们把每个条件都统一地进行指标的分布统计，更利于我们观察指标、分析指标以及在实战应用中精准地选择指标。

统计表中统计指标分布的统计图表，我们称之为指标分布表。

指标分布表是以图表的方式来显示条件的各个指标在实际开奖中的出现分布情况。通过指标分布表不但可以归纳总结每个指标的规律特征，还可以详细地了解该条件的所有指标在整体或局部的各种趋势状态，是精准选择指标且最终正确选择条件的基础。

例如，表 2-17 是双色球玩法第 2003001~2003030 期的断列 3D 号码百位指标分布表。我们以双色球断列 3D 号码百位为条件，统计 30 期历史数据，示例断列（断行）3D 号码每个位置号码指标分布表的统计与制作。

表 2-17 双色球断列 3D 号码百位指标分布表

期号	开奖号码	3D	百	大	中	小	0路	1路	2路	重	大	小	奇	偶	质	合
2003001	10 11 12 13 26 28-11	003	0	1	1	小	0路	1	1		1	小		偶	1	合
2003002	04 09 19 20 21 26-12	056	0	2	2	小	0路	2	2		2	小	2	偶	2	合
2003003	01 07 10 23 28 32-16	036	0	3	3	小	0路	3	3		3	小	3	偶	3	合
2003004	04 06 07 10 13 25-03	235	2	4	4	小	1		2路	4	4	4		4	偶	质	1
2003005	04 06 15 17 30 31-16	002	0	5	5	小	0路	5	1		5	小	5	偶		合
2003006	01 03 10 21 26 27-06	056	0	6	6	小	0路	6	4		6	小	6	偶	2	合
2003007	01 09 19 21 23 26-07	046	0	7	7	小	0路	7	5		7	小	7	偶	3	合
2003008	05 08 09 14 17 23-08	146	1	8	8	小	1	1路	4	重	8	小	奇		质	1

续表

期号	开奖号码	3D	百	大	中	小	0路	1路	2路	重	大	小	奇	偶	质	合
2003009	05 09 18 20 22 30-09	001	0	9	9	小	0路	1	5	1	9	小	1	偶	1	合
2003010	01 02 08 13 17 24-13	034	0	10	10	小	0路	2	6	2	10	小	2	偶	2	合
2003011	04 05 11 12 30 32-15	013	0	11	11	小	0路	3	7	3	11	小	3	偶	3	合
2003012	02 12 16 17 27 30-12	001	0	12	12	小	0路	4	8	4	12	小	4	偶	4	合
2003013	08 13 17 21 23 32-12	046	0	13	13	小	0路	5	9	5	13	小	5	偶	5	合
2003014	03 05 07 08 21 31-02	046	0	14	14	小	0路	6	10	6	14	小	6	偶	6	合
2003015	04 11 19 25 26 32-13	036	0	15	15	小	0路	7	11	7	15	小	7	偶	7	合
2003016	11 17 28 30 31 33-06	002	0	16	16	小	0路	8	12	8	16	小	8	偶	8	合
2003017	05 08 18 23 25 31-06	034	0	17	17	小	0路	9	13	9	17	小	9	偶	9	合
2003018	05 16 19 20 25 28-13	036	0	18	18	小	0路	10	14	10	18	小	10	偶	10	合
2003019	04 08 12 13 16 33-09	005	0	19	19	小	0路	11	15	11	19	小	11	偶	11	合
2003020	07 10 25 26 27 32-04	056	0	20	20	小	0路	12	16	12	20	小	12	偶	12	合
2003021	14 15 18 25 26 30-01	045	0	21	21	小	0路	13	17	13	21	小	13	偶	13	合
2003022	02 07 11 12 14 32-08	034	0	22	22	小	0路	14	18	14	22	小	14	偶	14	合
2003023	01 10 20 22 26 31-02	356	3	23	中	1	0路	15	19	重	23	小	奇	1	质	1
2003024	02 07 15 17 22 30-14	000	0	24	1	小	0路	16	20	1	24	小	1	偶	1	合
2003025	01 05 11 13 14 27-12	046	0	25	2	小	0路	17	21	2	25	小	2	偶	2	合
2003026	08 13 15 26 29 31-16	046	0	26	3	小	0路	18	22	3	26	小	3	偶	3	合
2003027	01 11 14 17 27 28-15	006	0	27	4	小	0路	19	23	4	27	小	4	偶	4	合
2003028	06 13 16 20 28 32-07	035	0	28	5	小	0路	20	24	5	28	小	5	偶	5	合
2003029	02 07 15 26 29 32-10	046	0	29	6	小	0路	21	25	6	29	小	6	偶	6	合
2003030	02 06 13 14 23 27-07	004	0	30	7	小	0路	22	26	7	30	小	7	偶	7	合

注：此图表数据由中奖快线网出品的【彩霸王】双色球富豪版彩票软件提供。

在表2-17中，表头纵列从左至右依次为开奖期号、开奖号码、断列3D号码、断列3D号码百位、大数指标、中数指标、小数指标、0路指标、1路指标、2路指标、重合码指标、大数指标、小数指标、奇数指标、偶数指标、质数指标、合数指标。

为了统计方便，这里把表头的开奖期号、断列3D号码、断列3D号码百位、大数指标、中数指标、小数指标、0路指标、1路指标、2路指标、重合码指标、大数指标、小数指标、奇数指标、偶数指标、质数指标、合数指标简化为期号、3D、百、大、中、小、0路、1路、2路、重、大、小、奇、偶、质、合，其他断列或断行3D号码各个位置指标分布表的表头都依此类推。

我们以第2009071期为例，讲解双色球断列3D号码百位指标分布表的制作过程。

开奖期号为2009071，当期双色球开奖号码为10、11、12、13、26、

28-11，在"开奖期号"、"开奖号码"所对应列的空格内填入。当期双色球开奖号码中的红球号码为 10、11、12、13、26、28，在行列分布表内断列转换后的 3D 号码为 003，填写在"3D"选项下；断列 3D 号码 003 的百位号码是 0，填写在"百"选项下。大中小数、012 路、重合码、大小数、奇偶数、质合数各大指标区下的空格依次填写如下：

第一类指标区是大中小数指标区，包括大数区、中数区和小数区。断列 3D 号码百位是 0，0 属于小数指标，就在对应的小数区选项下填写"小"，因为百位 0 出现在小数区，其在大数区和中数区就各遗漏了一次。因此，在对应的空格下填写"1"，表示大数和中数指标各遗漏 1 次。

第二类指标区是 012 路指标区，包括 0 路区、1 路区和 2 路区。断列 3D 号码百位是 0，0 除以 3 余数为 0，所以 0 属于 0 路指标，在 0 路区选项下填写"0 路"；既然断列 3D 号码百位出现在 0 路区，那么它就不可能在 1 路区和 2 路区出现，它在这两路分区就各遗漏了一次。因此，在对应的空格下填写"1"，表示 1 路和 2 路指标分别遗漏 1 次。

第三类指标区为重合码指标区。1、3、6、8 四个数字是重合码，断列 3D 号码百位是 0，这说明断列 3D 号码百位没有在重合码区出现，在对应的空格内填入"1"，表示当期重合码指标遗漏 1 次。

第四类指标区为大小数指标区，包括大数区和小数区。断列 3D 号码百位是 0，0 属于小数指标，就在对应的小数区空格内填写文字"小数"。既然断列 3D 号码百位出现在小数区，那么它就不可能出现在大数区，在对应的空格下填写"1"，表示大数指标当前遗漏 1 次。

第五类指标区为奇数、偶数指标区，包括奇数区和偶数区。断列 3D 号码百位为偶数指标，就在对应的偶数区空格内填写文字"偶数"；因为百位出现在偶数区，那么其在奇数区就遗漏了 1 次。因此，在奇数区的空格下填写"1"，表示奇数指标遗漏 1 次。

第六类指标区为质合数指标区，包括质数区和合数区。断列 3D 号码百位 0 为合数指标，就在对应的合数区空格内填写文字"合数"。同样，它在质数区遗漏了 1 次，我们在质数区的空格内填写"1"，表示质数指标遗漏 1 次。

第 2003001～2003030 期依次按照第 2003001 期的填写方式填写。如果表中的某个指标在同一个区间内没有连续开出，那么要在相应的空格内填写它连续遗漏的期数。如在第 2003001 期，断列 3D 号码百位没有出现在大中小区的大数区，表示大数指标遗漏 1 期；在接下来的第 2003002 期，断列 3D 号码百位仍没有出现在大数区，这时连续遗漏了 2 次，则在相应的空格内填写数字"2"，表示大数指标连续遗漏了 2 期；截至第 2003030 期，大数区的大数指标在连续 30 期里没有出现，说明它已经连续遗漏 30 次，那么在相应的空格内填写数字"30"，表示断列 3D 号码百位在大数区连续遗漏 30 期，其他指标分区内的遗漏情况都按此方式填写。这样既能清晰地看出每个指标在同一分区内的遗漏期数，也可揭示出某个指标在休眠了几期后又重新开始活动。

我们对选取的每一期同一位置号码的断列 3D 号码百位都进行这样的填写，便形成了一张完整的断列 3D 号码百位指标分布表。在填写的过程中，我们对各个指标的分布情况也有了很直观的判断。

（二）指标参数统计

每个指标只有分布统计还不够，为了获取每一个指标更详细的数据信息，根据实战经验和操盘验证，我们为指标设置了固定的参数。为指标设置固定的参数是为了科学准确地统计指标并通过统计的数据来分析每个指标的趋势动态，从而衡量不同的指标，并根据这些参数值的对比变化清晰地洞察每个指标在整体和阶段内的趋势状态，从而总结并掌握一定的规律以分析、选择、使用条件，最终的目的是帮助彩民精准地选择条件。

只有通过对指标的分布和参数数据的统计，才能真实地反映出每个指标整体的趋势状态。实战中，也只有对指标分布和参数进行详细的统计，才能帮助彩民正确地分析指标、正确地选择条件，从而精准地选择断列、断行 3D 号码，这也是统计的终极目标。

每个指标设置的固定参数，根据遗漏和惯性可分为指标遗漏参数和指标惯性参数。指标遗漏参数包括最大遗漏值、次大遗漏值、当前遗漏值、中出可信度、当前遗漏反转率、最佳遗漏范围值；指标惯性参数包括最大惯性值、次大惯性值、当前惯性值、中出可信度、当前惯性反转率、最佳惯性范围值。

每个指标参数数据的详细的统计图表我们称之为指标参数表，因为指标参数包括指标遗漏参数和指标惯性参数，因此指标参数表也分为指标遗漏参数表和指标惯性参数表。

对于指标遗漏明细表和指标惯性明细表中所有参数项目的概念和实战意义，作者将进行详细介绍，可以帮助彩民更好地了解并在今后的实战中更好地应用。

中奖概率也称为理论出现概率，是某一个指标所包含的号码在整体号码数量中所占有的百分比例。例如，双色球断列 3D 号码百位为重合码指标的号码共包括 110756 注，占双色球红球号码总注数 1107568 注的 10%，因此，它的中奖概率也即理论概率为 10%。其他指标依此类推。

一般来说，如果实战中某个指标在阶段内的实际出现概率超过理论出现概率，那么该指标接下来在阶段内出现的次数会降低；反之，则结果亦相反。整体上所有指标的出现概率都会以理论概率为中心点进行高低震荡，最后永远趋于理论概率。

遗漏值是指某个指标在阶段内没有出现的间隔期数，包括最大遗漏值、次大遗漏值和当前遗漏值。例如，某指标自从上次出现后到现在已经间隔了 8 期没有出现，那么该指标的遗漏值为 8。

最大遗漏值是指该指标在统计期数内出现的连续遗漏期数最大的数值。例如，统计双色球从第 2003001 期至第 2009101 期共计 926 期数据，断列 3D 号码百位指标参数表里小数指标在统计期内的连续遗漏期数出现最大的次数是 2 次，则断列 3D 号码百位指标参数表中小数指标的最大遗漏值为 2。

实战中，最大遗漏值就像一个风向标一样，某个指标当前遗漏的值越接近最大遗漏值，接下来该指标出现的可能性就越大，尤其该指标之前已经出现过一次比较大的遗漏后，这种可能性出现的概率就更高。

次大遗漏值是指该指标在统计期数内出现的仅次于最大遗漏值的连续遗漏次数。例如，经过统计，双色球从第 2003001 期至第 2009101 期共计 926 期数据，断列 3D 号码百位指标参数表里重合码指标在统计期内的最大遗漏值为 49，而出现的仅次于最大遗漏值的遗漏期数是 35，我们称之为次大遗漏值。

次大遗漏值相对于最大遗漏值来说，在实战中更有实际价值，因为它的数值仅次于最大遗漏值。实战中往往会出现这种情况，某个指标在统计期内最大遗漏值的数值很大，出现的次数却极少，而且相对于次大遗漏值或其他遗漏值来说，它们之间又有很大差距，这时次大遗漏值替换了最大遗漏值来作为风向标的价值就极大地显现出来了。这时，如果该指标当前的遗漏期数越接近次大遗漏值，那么接下来该指标出现的可能性就越大。如果最大遗漏值和次大遗漏值的距离很小，那么它们之间替换的价值随之更小或不复存在。

当前遗漏值是指该指标从最后一次出现开始到当前期所遗漏的期数。假如双色球断列3D号码百位指标分布表中一个指标在第2009001期出现一次后，截至当前期（第2009008期，开奖的前一期数）没有出现，那么该指标的当前遗漏值为7。

如果某个指标的当前遗漏值大于0，说明这个指标目前处于遗漏状态。实战中当前遗漏值越大，说明该指标没有出现的时间越长，它在阶段内实际出现的概率一定低于理论概率，则接下来该指标反转出现的可能性就越大。

中出可信度是指在遗漏或惯性状态下，某个指标反转出现或继续出现的可能性是多少，分为遗漏中出可信度和惯性中出可信度。中出可信度计算极其复杂，手工难以计算，需要使用的彩民可以登录中奖快线网获取最新数据。

在实战中，某指标遗漏（惯性）中出可信度数值越高，说明该指标在随后出现的概率就越高，可以重点关注选择。

遗漏反转率是指当前遗漏的指标在下期出现的概率。遗漏反转率的计算公式：当前遗漏值/次大遗漏值×100%。

实战中，某指标当前遗漏反转率越高，该指标接下来出现的概率越高。

遗漏次数即遗漏总次数，是指统计期内不同遗漏期数的次数总和。某个指标从遗漏开始到遗漏结束，我们把遗漏的出现次数计算为1次，如果某指标从遗漏开始到遗漏结束的期数为3，那么我们可以说：该指标遗漏3期的出现次数为1。因此，遗漏总次数就是遗漏1期的出现次数、遗漏2期的出现次数，直至遗漏N期的出现次数的总和。

最佳遗漏范围值指的是指标在短期遗漏后反转出现概率最高的范围。在这个最佳遗漏值范围内，指标出现的概率必须大于或等于80%，这是衡量一个指标遗漏后高概率反转出现范围的最佳标准。

在这个范围内，越接近最大值，接下来该指标中出的概率就越大。但在实战中如果一个指标的遗漏期数超出这个范围，则预示着该指标处于极冷的状态。如果经过阶段的深冷后，遗漏的期数更加接近该指标的历史最大遗漏值，则说明该指标出现的概率更大，彩民在实战中要毫不犹豫地加以重点关注和选择。

惯性值是指某个指标在阶段内连续出现的期数。包括最大惯性值、次大惯性值和当前惯性值。一般来说，某个指标连续出现2次，惯性值为1；连续出现5次，惯性值为4。但是，实战中为了统计方便，指标只要出现1次，就将惯性值计算为1。

最大惯性值是指该指标在统计期内连续出现的惯性期数最大的数值。例如，统计双色球从第 2003001 期至第 2009101 期共计 926 期数据，断列 3D 号码百位指标参数表中的 0 路指标在统计期内连续惯性出现最多的次数为 40 次，那么 0 路指标的最大惯性值为 40。

实战中，最大惯性值的意义和最大遗漏值一样，也是风向标。如果某个指标当前惯性值越接近最大惯性值，接下来该指标反转的可能性就越大，尤其当该指标之前已经出现过一次比较大的惯性时，这种反转可能性出现的概率就更高。如果确定该指标反转出现，那么接下来就可以排除该指标出现的可能性。

次大惯性值是指该指标在统计期内连续出现的仅次于最大惯性值的次数。例如，经过统计，双色球从第 2003001 期至第 2009101 期共计 926 期数据，断列转 3D 号码百位指标参数表中的 0 路指标在统计期内的最大惯性值为 40，而仅次于最大惯性值的惯性期数是 27，那么断列转 3D 号码百位指标的次大惯性值是 27。

实战中，指标当前惯性值越接近次大惯性值，那么接下来反转的概率越高，排除该指标继续出现的可能性就越大。

相对于最大惯性值来说，次大惯性值在实战中也具有很大的实战价值，因为它的数值仅次于最大惯性值。实战中往往会出现这种情况，某个指标在统计期内的最大惯性值的数值很大，出现的次数却极少，而且相对于次大惯性值或其他惯性值来说，它们之间又有很大差距，则次大惯性值替代最大惯性值而作为风向标的价值就极大地显现出来了。这时如果该指标当前的惯性期数越接近次大惯性值，那么接下来该指标出现的可能性就越大。如果最大惯性值和次大惯性值的距离很小，那么它们之间替换的价值随之更小或不复存在。

例如，经过统计得知 0 路指标在统计期内的最大惯性值是 40，而次大惯性值是 27，假设该指标当前惯性值为 27，那么接下来该指标反转的概率几乎为 100%（27/27×100% = 100%）。既然该指标次大惯性值为 27，最大惯性值为 40，说明该指标的惯性值在统计期内不存在 27～40 数值的情况，而且次大惯性值 27 只出现了一次，反转的概率几乎为 100%。但是不能说没有继续进行惯性的这种可能，只是说根据统计后得出的数据表明出现这种情况的概率极低，遵守高概率的选择指标原则完全可以忽略不计。

当前惯性值是指某指标从出现开始至当期连续出现的期数。假设当期开奖期号是第 2009008 期，可是某指标在第 2009005、第 2009006、第 2009007 期连续出现 3 期，则该指标的当前惯性值为 3，其他依此类推。

当前惯性值越大，说明该指标目前出现的次数越多，呈现一种热态，在阶段内实际出现的概率可能会高于该指标的理论出现概率，那么接下来该指标反转的可能性就越大。

惯性反转率是指当前呈惯性出现的指标在下期反转的概率。惯性反转率计算公式：当前惯性值/次大惯性值×100%。

实战中，某指标当前惯性反转率越高，当期指标继续惯性出现的可能性就越低，那么在当期排除该指标出现的准确概率就越高。

惯性次数即惯性总次数，是指统计期内出现的不同惯性期数的次数总和。我们把某个指标从惯性开始到惯性结束所出现的次数计算为 1 次，如果从惯性开始到惯性结束的间隔期数为 3，那么我们可以说该指标惯性 3 期的出现次数为 1。因此，惯性总次数就是惯性 1 期的出现次数、惯性 2 期的出现次数，直至惯性 N 期的出现次数的总和。

最佳惯性范围值指的是指标在短期惯性后立即反转概率最高的范围。这个惯性值范围内指标惯性反转的概率必须大于或等于 80%，这是衡量一个指标惯性后高概率反转范围的最佳标准。

在这个范围内，越接近范围的最大值，接下来该指标反转的概率就越大，在当期排除该指标出现的成功概率越高。但在实战中，如果一个指标的惯性期数超出这个范围，预示着该指标处于极热的状态。这时，惯性出现的期数更加接近该指标的历史最大惯性值，也说明该指标接下来反转的概率更大，在实战中要重点关注或毫不犹豫地加以排除。

指标参数表包括指标遗漏明细表和指标惯性明细表。根据上面指标参数的定义以及计算公式，我们举例统计制作了第 2003001～2004011 期共计 100 期历史数据的断列 3D 号码百位的指标遗漏明细表和指标惯性明细表。

表 2-18 是双色球断列 3D 号码百位指标遗漏明细表，表 2-19 是双色球断列 3D 号码百位指标惯性明细表。

表2-18　双色球断列3D号码百位指标遗漏明细表（2003001～2004011 期）

项目	大	中	小	0路	1路	2路	重	大	小	奇	偶	质	合
中奖概率	0	0.04	0.96	0.86	0.09	0.05	0.1	0	1	0.1	0.9	0.15	0.85
统计期数	100	100	100	100	100	100	100	100	100	100	100	100	100
最大遗漏	100	30	1	2	22	44	24	100	0	24	2	14	2
次大遗漏	0	22	0	1	19	19	14	0	0	14	1	13	1
当前遗漏	100	1	0	0	12	7	1	100	0	1	0	1	0
中出可信度	0	0.04	--	--	0.68	0.3	0.1	0	--	0.1	--	0.15	--
遗漏反转率	正…	0.05	--	--	0.63	0.37	0.07	正…	--	0.07	--	0.08	--

项目	大	中	小	0路	1路	2路	重	大	小	奇	偶	质	合
统计期数	100	100	100	100	100	100	100	100	100	100	100	100	100
遗漏次数	1	6	5	13	7	9	9	1	0	9	8	16	15
最大遗漏	100	30	1	2	22	44	24	100	0	24	2	14	2
遗漏1次	0	1	5	12	0	1	1	0	0	1	7	3	13
遗漏2次	0	0	0	1	0	1	0	0	0	0	1	1	2
遗漏3次	0	0	0	0	0	1	0	0	0	0	0	2	0
遗漏4次	0	0	0	0	1	2	0	0	0	0	0	3	0
遗漏5次	0	0	0	0	0	0	0	0	0	0	0	0	0
遗漏6次	0	0	0	0	0	0	1	0	0	1	0	0	0
遗漏7次	0	0	0	0	0	0	0	0	0	2	0	0	0
遗漏8次	0	0	0	0	0	1	0	0	0	0	0	0	0
遗漏9次	0	0	0	0	0	0	0	0	0	0	0	0	0
遗漏10次	0	0	0	0	0	0	1	0	0	1	0	0	0
遗漏10次以上	1	4	1	0	0	0	2	4	0	0	0	0	3
最佳遗漏范围	1～11	1～11	1～1	1～1	1～11	1～11	1～11	1～11	1～0	1～11	1～1	1～7	1～1

注：

1. 指标遗漏明细表中"正…"代表数值无穷大，该指标中出概率为0，因此，在实战中无需关注。

2. 指标遗漏明细表中当前处于惯性状态的指标对应的参数数据都用"--"表示。

3. 此图表数据由中奖快线网出品的【彩霸王】双色球富豪版彩票软件提供。

在表2-18中，纵列从左至右依次为参数项目、大数、中数、小数、0路、1路、2路、重合码、大数、小数、奇数、偶数、质数、合数。

第一列从上至下依次为参数项目的各个选项，依次为中奖概率、统计期数、最大遗漏、次大遗漏、当前遗漏、中出可信度、遗漏反转率、遗漏总次数、遗漏1次到遗漏10次以上以及最佳遗漏范围值。

上面的一些参数概念在前面已经说明，这里我们以双色球断列3D号码百位指标的中数区为例，讲解指标遗漏明细表各个参数项目的计算统计。

表2-18第1列参数项目下第一项为"中奖概率"，中奖概率也即理论概率，其计算公式为双色球断列3D号码百位指标的中数指标所包含的号码数量/总的号码数量×100%。当断列3D号码百位指标的中数指标为中数时，号码共包括48309注，占红球号码组合总注数11075682注的4.361718%，由此可知断列3D号码百位指标出现在中数区的理论概率为4%，因此在第1列理论概率参数和第3列中数区交叉的空格内填写0.04，代表四舍五入后的百分比概率。

统计期数是指所有的历史开奖数据期数。目前统计期数是从第2003001～2004011期共计100期。

最大遗漏是指该指标在统计期数内出现的连续遗漏期数最大的数值。经过统计可知，双色球断列3D号码百位指标在中数区最长的遗漏期数为30期，因此在第1列参数最大遗漏和第3列中数区所交叉的空格内填写30。

次大遗漏是指该指标在统计期数内出现的仅次于最大遗漏值的连续遗漏次数。经过统计可知，双色球断列3D号码百位在中数区仅次于最大遗漏值的遗漏期数为22期，因此在第1列参数次大遗漏和第3列中数区所交叉的空格内填写22。

当前遗漏是指该指标从最后一次出现至当前期所遗漏的期数。双色球断列3D号码百位指标在中数区最后一次出现后，统计截至第2004011期遗漏了1期，因此当前遗漏值为1，在第1列参数当前遗漏和第3列中数区交叉的空格内填入数值1。

中出可信度是世界流行的博彩公式，$N=\log(1-DC)/\log(1-P)$，其中N为遗漏期数，DC为中出的可能性，P为该指标的理论出现概率。如果已知当前的遗漏值和该指标出现的理论概率，通过计算可以很轻易地知道该指标在阶段遗漏后接下来出现的可信度是多少，也就是遗漏中出可信度。彩民可以通过专用的对数计算器来进行计算，再将数值填入相应的空格内。

遗漏反转率的计算公式为当前遗漏值/次大遗漏值×100%。双色球断列3D号码百位指标目前在中数区的当前遗漏为1，次大遗漏为22，因此该指标遗漏反转率为1/22×100%＝4.545%。在第1列参数遗漏反转率和第3列中数区的交叉空格内输入0.05以代表四舍五入后的遗漏反转率。

遗漏总次数就是统计期内所有遗漏次数的总和。通过统计，双色球断列

3D 号码百位指标在中数区内共出现的遗漏次数为 6 次，因此，在第 1 列参数遗漏总次数和第 3 列中数区的交叉空格内填写 6，代表统计期内的遗漏总次数。

遗漏 1 次就是指统计期内所有从遗漏开始到遗漏结束时遗漏值为 1 的情况出现的总次数。通过统计可知，双色球断列 3D 号码百位指标在中数区出现遗漏 1 次后就结束的情况共计 1 次，因此，在第 1 列参数遗漏 1 次和第 3 列中数区的交叉空格内填写 1，代表在 100 期统计期内遗漏 1 次出现的次数。

遗漏 2 次就是指统计期内所有从遗漏开始到遗漏结束时遗漏值为 2 的情况出现的总次数。通过统计可知，双色球断列 3D 号码百位指标在中数区出现遗漏 2 次后就结束的情况为 0 次，也就是在统计期内没有出现这种情况，因此，在第 1 列参数遗漏 2 次和第 3 列中数区的交叉空格内填写 0，代表统计期内遗漏 2 次出现的次数。

遗漏 3 次、4 次以至遗漏 10 次的计算都依此类推。

遗漏 10 次以上是指统计期内所有从遗漏开始到遗漏结束时，遗漏值超过 10 的情况出现的总次数。通过统计可知，双色球断列 3D 号码百位指标在中数区出现遗漏超过 10 次后结束的情况共计 4 次，因此，在第 1 列参数遗漏 10 次以上和第 3 列中数区的交叉空格内填写 4，代表统计期内遗漏 10 次以上出现的次数。

最佳遗漏范围的计算公式：统计期内遗漏 1 ~ N 次的出现次数总和/遗漏总次数≥80%，其中 1 ~ N 次即最佳遗漏范围值。通过统计可知，双色球断列 3D 号码百位指标在中数区出现遗漏 1 次到遗漏 11 次的总次数共计 5 次，符合≥80% 的标准，那么 1 ~ 11 的范围即是最佳遗漏范围。

将通过以上计算方法得出的数值依次填入每个参数项目和指标区内交叉对应的空格内，就是一个完整的双色球断列 3D 号码百位指标遗漏明细表。需要说明的是，这个表格是指标遗漏明细表，因此，当前指标如果在某个指标区内没有出现遗漏状态，那么用符号 "--" 代表，即没有该指标相关的遗漏参数数据，表示它处于惯性状态。某个指标没有出现遗漏，就说明它在当期出现，如果需要了解该指标的相关惯性状态详细数据，必须去观察该双色球断列 3D 号码百位指标的惯性明细表。指标惯性明细表的制作及说明如表 2-19 所示。

表 2-19　双色球断列 3D 号码百位指标惯性明细表（2003001～2004011 期）

项　目	大	中	小	0路	1路	2路	重	大	小	奇	偶	质	合
中奖概率	0	0.04	0.96	0.86	0.09	0.05	0.1	0	1	0.1	0.9	0.15	0.85
统计期数	100	100	100	100	100	100	100	100	100	100	100	100	100
最大惯性	0	1	30	22	1	1	2	0	100	2	24	2	14
次大惯性	0	0	22	17	0	0	1	0	0	1	14	1	13
当前惯性	--	--	1	7	--	--	--	100	--	1	--	1
中出可信度	--	--	0	0.07	--	--	--	1	0	--	0.06
惯性反转率	--	--	0.05	0.41	--	--	--	正...	--	0.07	--	0.08

项目	大	中	小	0路	1路	2路	重	大	小	奇	偶	质	合
统计期数	100	100	100	100	100	100	100	100	100	100	100	100	100
惯性次数	0	5	6	14	6	8	8	0	1	8	9	15	16
最大惯性	0	1	30	22	1	1	2	0	100	2	24	2	14
惯性1次	0	5	1	2	6	8	7	0	0	7	1	13	3
惯性2次	0	0	0	1	0	0	1	0	0	1	0	2	1
惯性3次	0	0	0	2	0	0	0	0	0	0	0	0	2
惯性4次	0	0	0	0	0	0	0	0	0	0	0	0	0
惯性5次	0	0	1	2	0	0	0	0	0	0	0	0	0
惯性6次	0	0	0	0	0	0	0	0	0	0	0	0	0
惯性7次	0	0	0	1	0	0	0	0	0	0	0	0	1
惯性8次	0	0	0	1	0	0	0	0	0	0	0	0	0
惯性9次	0	0	0	0	0	0	0	0	0	0	0	0	0
惯性10次	0	0	0	0	0	0	0	0	0	0	0	0	0
惯性10次以上	0	0	4	2	0	0	0	0	1	0	4	0	3
最佳惯性范围	1～0	1～1	1～11	1～8	1～1	1～1	1～1	1～0	1～11	1～1	1～11	1～1	1～7

注：

1. 指标惯性明细表中"正..."代表数值无穷大，该指标中奖概率为100%。

2. 指标惯性明细表中当前处于遗漏状态的指标对应的参数数据都用"--"表示。

3. 此图表数据由中奖快线网出品的【彩霸王】双色球富豪版彩票软件提供。

在表 2-19 中，纵列从左至右依次为参数项目、大数、中数、小数、0 路、1 路、2 路、重合码、大数、小数、奇数、偶数、质数、合数。

第 1 列从上至下依次为参数项目的各个选项，依次为中奖概率、统计期数、最大惯性、次大惯性、当前惯性、中出可信度、惯性反转率、惯性总次数、惯性 1 次到惯性 10 次以上以及最佳惯性范围值。

各种参数的概念可以参看前面的说明，这里我们以双色球断列 3D 号码百位指标的小数区为例，讲解指标惯性明细表中各个参数项目的计算统计。

在表 2-19 中，第 1 列参数项目内的中奖概率和统计期数的计算方法与指标遗漏明细表相同，这里略过。

通俗地讲，最大惯性就是指一个指标在统计期数内连续出现的最大数值。经过统计可知，双色球断列3D号码百位指标在小数区连续出现的最大期数为30期，因此，在第1列参数最大惯性和第4列小数区所交叉的空格内填写30。

次大惯性是指该指标在统计期数内出现的仅次于最大惯性值的连续惯性次数。经过统计可知，双色球断列3D号码百位指标在小数区出现的仅次于最大惯性值的连续惯性期数为22期，因此，在第1列参数次大惯性和第4列小数区所交叉的空格内填写22。

当前惯性是指某指标截至当期连续出现的期数次数。双色球断列3D号码百位指标在第2004011期的小数区出现1次，因此，当前惯性值为1，在第1列参数当前惯性和第4列小数区交叉的空格内填入数值1。

中出可信度的计算公式：惯性（当前惯性值+1）次的出现次数/总的惯性出现次数×100%+指标理论概率。双色球断列3D号码百位指标在小数区的当前惯性值为1，那么当前惯性值+1等于2，根据统计可知，双色球断列3D号码百位指标在统计期内惯性2次的出现次数为0，总的惯性次数为6，双色球断列3D号码百位指标在小数区的理论出现概率为96%，那么0/6×100%+96%=96%，这就说明第2004012期双色球断列3D号码百位指标在小数区继续出现的中出可信度为96%。

惯性反转率的计算公式：当前惯性值/次大惯性值×100%。双色球断列3D号码百位指标目前在小数区的当前惯性为1，次大惯性为22，因此，该指标惯性反转率为1/22×100%=5%。在第一列参数惯性反转率和第四列小数区的交叉空格内输入0.05以代表惯性反转率。

惯性次数就是统计期内所有惯性次数的总和，也称为惯性总次数。通过统计，第2003001～2004011期的100期内双色球断列3D号码百位指标在小数区内出现的惯性次数共计6次，因此，在第1列参数惯性总次数和第4列小数区的交叉空格内填写6，代表统计期内的惯性总次数。

惯性1次就是指统计期内所有从惯性开始到惯性结束时惯性值为1的情况出现的总次数。通过统计可知，双色球断列3D号码百位指标在小数区出现惯性1次后就结束的情况共计1次，因此，在第1列参数惯性1次和第4列小数区的交叉空格内填写1，代表统计期内惯性1次出现的次数。

惯性2次就是指统计期内所有从惯性开始到惯性结束时惯性值为2的情况

出现的总次数。通过统计可知，双色球断列 3D 号码百位指标在小数区出现惯性 2 次后就结束的情况为 0 次，因此，在第 1 列参数惯性 2 次和第 4 列小数区的交叉空格内填写 0，代表统计期内惯性 2 次出现的次数。

惯性 3 次、4 次以至惯性 10 次的计算都依此类推。

惯性 10 次以上是指统计期内所有从惯性开始到惯性结束，惯性值超过 10 的情况出现的总次数。通过统计可知，双色球断列 3D 号码百位指标在小数区出现惯性超过 10 次后结束的情况为 4 次，因此，在第 1 列参数惯性 10 次以上和第 4 列小数区的交叉空格内填写 4，代表统计期内惯性 10 次以上出现的次数。

最佳惯性范围的计算公式：统计期内惯性 1 ~ N 次的出现次数总和/惯性总次数≥80%，其中 1 ~ N 次即为最佳惯性范围值。通过统计可知，双色球断列 3D 号码百位指标在小数区出现惯性 1 次到惯性 11 次之间的惯性次数合计为 5 次，符合≥80% 的标准，那么 1 ~ 11 的范围即是最佳惯性范围。

将通过以上计算方法得出的数值依次填入每个参数项目和指标区内交叉对应的空格内，就是一个完整的双色球断列 3D 号码百位指标惯性明细表。需要说明的是，这个表格是指标惯性明细表，因此，当前指标如果在某个指标区内没有出现惯性状态，那么用符号"--"代表，即没有该指标相关的惯性参数数据，表示它处于遗漏状态。某个指标没有出现惯性，就说明它在当期没有出现，如果需要了解该指标的相关遗漏状态的详细数据，必须观察该指标的遗漏明细表。

当双色球断列 3D 号码百位指标分布表、指标参数表（包括指标遗漏明细表和指标惯性明细表）全部做完后，便形成了一套完整的双色球断列 3D 号码百位指标统计表。统计的期数越多、越完整，我们对每张图表的统计情况以及整体趋势了解得也越详细。

至此，我们已经根据双色球断列 3D 号码百位这个条件制作了指标分布表、指标遗漏明细表和指标惯性明细表，只有完整地制作了这三个图表，才可以称作完成了双色球断列 3D 号码百位统计表。双色球断列 3D 号码十位、个位统计表以及断行 3D 号码的各个位置号码的统计表也是依此类推地进行制作。因制作方法皆同于双色球断列 3D 号码百位指标分布表，所以请彩民朋友自行制作。但是要告诉大家的是，千万不要把"制作图表"看作是一项复杂繁琐的手工劳动，因为在制图的过程中，随着数据的增加变化，彩民能领悟到每个位置上指标趋势的精妙变化过程，对趋势的精确把握是依靠悟性和经验逐渐累积得来的，并且会在今后的选号中实实在在地对彩民产生巨大的帮助。这个功课是中奖路上唯一少不得的。彩民只有制作出完整、详尽的双色球断列3D、断行3D号码指标分布表，在实战中才可以分别针对每个分布表里的指标进行系统分析、精确判断，最后选择组合出最佳号码进行精准投注。

每个参数表内的数据都是根据每个参数项目的定义算法计算后填写的，需要重点说明并提醒彩民注意的是，指标参数表内的统计数据必须是完整的、实时更新的，那样才能更真实、准确地反映出所有指标在整体和当前期的趋势和状态，更有利于帮助彩民进行精准的分析、判断和选择，指标参数表才更有价值。有些参数彩民可以自行轻松计算，如当前遗漏、当前惯性等，有些参数如中奖概率、中出可信度、最佳遗漏、反转范围等，因为计算公式极其复杂，不是手工计算所能完成的，因此没有给出详细的计算公式。

在信息化社会，计算机与网络已经走进了千家万户，更给人们带来了方便快捷的信息共享服务。需要详细的参数数据并上网便利的彩民，可以登录我们的官方网站——中奖快线网（http：//www.51caishen.com），免费下载最新的数据，极其方便快捷，会更加方便彩民在实战中使用。

在彩票选号的过程中，如果缺少对历史数据中各个指标的分布统计，就不可能更好地归纳总结每个指标的规律特征；如果缺少了对条件所属指标详尽的参数数据统计，也根本谈不上高概率地对指标进行精准概率分析。因此，离开了统计，距离中奖可以说很遥远。

指标分布表和指标参数表是"鱼水情深"的紧密依附关系，永远同时存在并相互结合使用，缺一不可。只有这样才能为我们提供翔实可靠、有理有据的统计数据以准确地指导实战选号操作。

在彩票统计中，我们只有根据指标分布表和指标参数表的统计结果来获得所有指标的规律特征和详尽的参数数据，才能在实战中更好地掌握指标的趋势状态，从而精准地在最小的范围内正确地选择条件，最终达到高概率地选择中奖号码的目的。

三、断区指标分析

我们已经通过特定的方法把需要使用的指标进行了详尽的统计，接下来就是要多角度地分析各个指标分布表和参数表。

分析的目的只有两个：第一个是通过分析，根据断列、断行 3D 号码的指标分布表获得指标的规律和特征；第二个是通过分析，在实战中依据获得的规律特征和科学的参数数据进行当期指标的判断取舍。这两个目的也就是通常所说的总结规律和应用规律。

本章是在对指标的分布和参数分析后进行规律特征的总结，以便在实战中更好地应用规律特征。

分析和分析后使用的对象只有两个：一个是图表，另一个是数据。图表就是指断列、断行 3D 号码指标分布表中各个指标的长期、中期或短期的趋势状态，数据是指标在统计期数内各个固定参数的统计数据。图表和数据相辅相成，相互作用，缺一不可。

我们按分析的对象来逐层说明，这样更清晰明了。

（一）图表的规律特征

在实战中，大家通过指标分布表统计了每个指标的详细分布情况，但只是统计出一堆指标的分布数据并不能帮助彩民中奖，彩民还要学会对分布表的数据进行总结和分析才能在实战中应用。

我们观察所有指标分布表中的各个指标的走势，普遍存在三种有趣的现象：非对称、非等量的短期走势与分布，以及在均衡原理的作用下所最终表现的"求均衡"特征。

每个指标在指标分布表中都有一个分布规律：不管在哪种期间范围内，指标总是以偏态开始、以均态结束。

在这一规律中，其实包含了指标分布的三个基本特征，即"非对称"特征、"非等量"特征和"求均衡"特征。这三个基本特征广泛存在于电脑彩票游戏中，我们将其统称为"均衡原理"。

可以说，指标的"非对称"、"非等量"、"求均衡"三大规律特征是帮助彩民把握指标趋势、选择应用指标、精选条件，最终达到彩票中奖目的的核心密码。

理论源自实践，又指导着实际应用。通常所说的彩票分析也就是应用特定的理论对指标进行分析，我们将其称作指标分析理论。

"均衡原理"的应用使得彩民对彩票指标的分析上升到一个最新的高度，

这个理论同时也是彩票选号技术体系核心的基石，我们将其称为彩票均衡论。

规律之一：指标中出的"非对称"。

在指标分析中，"非对称"是指在指标分布表中指标的中出情况不会长期呈现"对称"的特征。

大数、中数或小数都是独立的指标个体，在双色球断列或断行 3D 号码的指标分布表中，对称现象是可以见到的，如有时某个指标在分布表中出现的遗漏状态非常有规律：指标出现——连续遗漏 2 次——指标出现——连续遗漏 2 次——指标出现——连续遗漏 2 次——指标出现。如果出现了这种情况，就判断它在下一个遗漏间隔还会是遗漏 2 次，形成遗漏 2 次——遗漏 2 次——遗漏 2 次——遗漏 2 次的遗漏间隔对称，如表 2-20 所示。

表 2-20 遗漏间隔"对称"

这种分析思路有没有理论依据呢？答案是否定的。

实际上，这种判断只是在追求一种巧合。从历史统计数据看，指标分布表中的指标呈现"非对称"现象出现的次数比"对称"现象要高得多。比如，通过对指标分布表的统计可以看到，如果某个指标遗漏 1 期后正确中出，接下来遗漏 2 期后大数正确又中出，之后连续遗漏 3 期后，这个指标依然正确中出，遗漏间隔呈现 1—2—3 的递增排列。那么，如果接下来再次连续遗漏 4 期，在第 5 期这个指标能不能正确中出呢？也就是能不能形成 1—2—3—4 的遗漏间隔排列呢？

我们认为，再次遗漏 4 期后的第 5 期很难再次正确中出，为什么呢？因为此时的遗漏 1 期、遗漏 2 期、遗漏 3 期是对称的递增现象，根据指标的"非对称"原理，再次遗漏 4 期后，该指标再次正确中出的可能性极小。实际上，在大多数情况下，这种排列格局不会存在的，指标可能在遗漏第一个 3 次后就会在某一期出现或连续出现，如表 2-21 所示。

表 2-21　遗漏间隔"非对称"

同理，如果指标每次出现的状态完全是相同的，则也是对称的等距现象，也完全可以排除。例如，正确正确正确——正确正确正确——正确正确正确，已经 3 次连续正确中出 3 期，接下来经过遗漏后该指标再次连续正确中出 3 期就不太可能了。

又如，1 路 2 路、1 路 2 路、1 路 2 路、1 路 2 路，可以看到，1 路和 2 路这种以交替形式先后出现的情况已经连续发生了 4 次，接下来该指标继续出现这种情况的概率就极低了。

所以，尽管在实际开奖中，对称性发展的可能性是存在的，但是这种状态比非对称的可能性要小很多。我们不能因为某阶段内指标呈对称性发展，就在所有的预期中去追寻这种对称。

从总体上说，规律形态的出现概率远比非规律形态要小得多。指标的非规律形态的分布就是最大的规律！

实战中，这种递增、递减、对称、相似、交替、关联等属于"对称"范畴的现象如果出现并进行三次或以上的对称性发展，在接下来的时候，完全可以通过对比历史数据的统计结果来得出一个高概率的选择，一定要坚决排除这种状况的继续出现。

规律之二：指标中出的"非等量"。

"非等量"是指技术指标在一个阶段性时期内，在长期平衡分布后，就会出现一种偏态状况。

众所周知，彩票的指标统计随着样本数据的增多永远是符合概率论的。每个指标从长期来看，总会均衡表现，但在一个特定期间内，往往呈现出"非均衡"的状态。"热者恒热，冷者恒冷"的状况在指标的分布统计中经常可以见到，而这也是"指标总是以偏态开始，以均态结束"的另一种外在表现方式。

需要说明的是，"非等量"现象只会在一段时期内、一个特定区间内发生，如果把数据样本量适度扩大，"非等量"现象就会被另一个现象——"均衡趋势"所替代。

指标的中出情况同样如此。通过对指标中出统计，一个指标长期的实际出现概率都稳定在理论概率左右，但是在特定阶段区间内的实际出现概率，完全可以超过理论概率并且接近 100%，这就是"非等量"作用的结果。

"非等量"现象表现为两种极端形式：一种为"热者恒热"，另一种为"冷者恒冷"。"热者恒热"也被称为"强者恒强"，指的是某个指标短期内反复出现的现象。例如，在指标分布表内，某个指标在阶段内连续出现，形成了该指标出现"热者恒热"的奇特现象。在指标分布表内，"热者恒热"现象比比皆是，彩民朋友完全可以利用这种现象高概率地、正确地选择指标。

"冷者恒冷"也被称为"弱者恒弱"，指的是某个指标在多期内没有出现或极少出现的现象。如某指标在指标分布表内连续遗漏了 8 期，假设根据该指标遗漏明细表可知该指标的最大遗漏是 5 期，则该指标的中出情况就形成了"冷者恒冷"或"弱者恒弱"现象。

如果出现了这种现象，彩民千万要避开冷态指标的选择，防止该指标继续呈现冷态。假设一个指标呈现"冷者恒冷"的状态，完全可以期期排除该指标的出现，即使出现了也只是仅仅出现一次错误，可以从头分析；但是如果期期追冷，只会导致错过很多期，即使正确也只是一期而已，完全违背了高概率选择指标的宗旨。

"热者恒热"和"冷者恒冷"从另一个层面也揭示了一个指标选择定律——追热不追冷。

不论是"热者恒热"还是"冷者恒冷"，都是在对该指标理论概率的比较下反映出来的，指标在阶段内连续出现的概率超过理论概率的30%，可以量化为"热者恒热"；指标在阶段内连续出现的概率低于理论概率的30%，同样可以量化为"冷者恒冷"。

彩民要注意的是，断列 3D 号码百位指标分布表和断行 3D 号码百位指标分布表内的小数和 0 路指标不属于"强者恒强"的范畴。在断列 3D 号码百位指标分布表内，小数指标的理论概率为 96%，0 路指标的理论概率为 86%，因此，小数指标和 0 路指标的连续出现是一种常态。同理，断行 3D 号码百位指标分布表内的小数指标理论概率为 95%，0 路指标的理论概率为 85%，因此，该指标分布表内的小数指标和 0 路指标的连续出现同样是一种常态。

规律之三：指标中出的"求均衡"。

"求均衡"指某一个指标在一个期间长期不出之后，总会在另一个期间进行回补。均衡趋势是随机游戏的一个重要特征。既然指标以"偏态"开始，又以"均态"结束，那么彩民在实战中就需要在"偏态"发生后，在另一个期间去求均衡。在发生周期"非等量"现象之后，会出现短间隔的反复中出，完成一个"调偏"、"回补"的过程。

在彩票选号实战中，每个指标出现的可能性有很大差异，即"非等量"现象始终存在。譬如，当某个指标已经连续 3 期都没有出现，即遗漏 3 期时，它继续遗漏的可能性有多大呢？只有在充分了解了彩票指标的"非对称"、"非等量"规律特征之后，才能运用"求均衡"的应用理论来判断可能出现的变化。假设 0 路指标在短期内连续 6 次中出，那么 1 路和 2 路指标在短期内连续间隔6期没有出现，这就是指标的"非等量"发展现象。0路指标的连续出现是"强者恒强"，而1路指标和2路指标的连续遗漏也是"弱者恒弱"。此时，"非等量"发挥作用。如果此时"求均衡"发挥了作用，则会有如下表现：0路指标在遗漏出现之后，短期内还会反复出现遗漏，进行调偏"回补"。此时，该指标处于"冷热相互转化"的过渡状态。0路指标连续6期中出的状态为热态，热态不会遽然转冷，它必有一个缓冲的过渡过程，而短期内的再次出现就是一个缓冲信号，之后极可能转冷。在0路指标出现遗漏的同时，1路指标或2路指标多次或连续出现，同样也是调偏"回补"。

又如，某指标在短阶段内表现为多次出现的惯性状态，其出现概率远远超出了该指标的理论出现概率，呈现一种偏态趋势；那么在随后的一个期间里，彩民完全可以预期该指标在阶段内的整体出现概率要回归到理论概率附近，即在接下来的过程中该指标出现的情况会相对减少，以求"均衡"。

如果近期某一指标出现的概率低于理论概率，那么该指标往往会在另一个期间内连续或多次出现，进行回补以求均衡。

"求均衡"原理是概率论在彩票实战指标分析中的具体应用，它如同指南针一样，能根据地磁场自动调节指针左右的摆动，最终使指针指向南方。这个"南方"就是指标的理论概率，也就是该指标在出现高（低）概率后回归的均衡点。

在非等量的"强者恒强"或"弱者恒弱"的现象发生之后，还往往表现出另一种特异的求均衡现象——"强后之缓"或"弱后之补"。

什么是"强后之缓"呢？打个比方，在奥运会上的田径百米赛跑中，运动员以每秒10多米的速度向终点冲刺，到达终点后，因为巨大的惯性运动不可能一下子停下来，总会再冲出一段距离后才能停下来，这就是缓冲的物理作用。

同样的道理，"强后之缓"，关键在于一个"缓"字。而这个"缓"就是求均衡的原理，我们据此可判断当期指标是否能够出现。例如，某个指标已经连续5期出现，亦表现为典型的"强者恒强"，之后仅遗漏1期就以"强后之缓"的形式再次出现。

一般而言，当某个指标在一个周期内多次中出之后，接下来出现的概率就比较小了。但如果以为"强后之缓"的形式中出，就是一个高概率选择该指标的最好机会了。

"弱者恒弱"之后的"弱后之补"则比较好理解。就像行走于沙漠之人，在奄奄一息之时突然遇到水源，狂饮数口之后，喘口气还要再喝。"弱后之补"关键是一个"补"字。例如，某个指标已经连续遗漏了 8 期，相当于沙漠里奄奄一息的那个人的状态；随后因为该指标的出现回补了 2 期，就好比口渴之人看到了水源狂饮了两大口；那么在连续呈现惯性状态出现 2 期又连续遗漏了 2 期后，即狂饮了两口后需要喘口气停顿一下；在随后的 7 期内连续出现，真是久旱逢甘霖，连续狂饮了。其实，"弱后之补"的求均衡现象，同样是以高概率选择该指标的机会。

综观三大规律特征，"非对称"、"非等量"是彩票指标常见的发展趋势，而"求均衡"的作用则是需要彩民重点关注的，这是以高概率选择指标的最佳时机了。

彩民只有结合指标在实际开奖中的表现状态进行领悟和模拟，才能逐渐驾驭指标，选择应用三大规律特征。也只有这样，才可以成为时常和中奖号码"约会"的人，否则也只好"望梅止渴"了。

必须指出的是，彩票均衡论不单单在双色球玩法的指标分析中起着核心的指导作用，而且在其他所有彩种的指标分析中也同样具有举足轻重的地位。它的出现、它的系统性和科学性，促使彩票分析技术上升到一个崭新的高度，它永远是彩票分析技术的领航者。

（二）参数数据的规律特征

通过指标分布表和指标参数表可知，指标的出现状态只有两种：一种是遗漏状态，另一种是惯性状态。通常一个指标在阶段内没有出现的状态为遗漏状态，一个指标在阶段内出现或连续出现的状态为惯性状态。

在实战中，只有从指标的遗漏状态和惯性状态两个角度入手，对指标的规律特征和概率分布进行统计分析，才能了解和掌握每个指标遗漏状态和惯性状态的历史趋势，从而更好地研判当前指标的出现状态以及指标的未来趋势。如果判断当前指标处于遗漏状态的趋势，在实战中完全可以排除该指标的出现；如果判断当前指标处于惯性状态的趋势，在实战中可以选择该指标在当期出现或继续出现。

根据对指标参数表所属的指标遗漏明细表和指标惯性明细表中的各个参数项目进行长期的数据统计并与历史数据进行比对，可以观察到如下规律，进而可以帮助彩民准确地选择指标的分析角度，有利于在实战中准确地研判指标当前的出现状态，从而精准地选择指标。

规律之一：理论概率规律。

理论概率也即指标参数项目中的中奖概率，了解每个指标的理论概率在实战中具有重要的指导意义。

如果指标在阶段内出现的实际概率超过理论概率，那么该指标接下来呈现为遗漏状态的概率很高，因此完全可以高概率地排除该指标在当期内出现。

如果指标在阶段内出现的实际概率低于理论概率，那么该指标接下来出现或呈现惯性状态的概率很高，选择该指标在近期或当期内出现的准确概率同样会很高。

指标出现的实际概率超过理论概率，表明该指标近期表现为热态，在指标分布表中，该指标一定呈现"非等量"规律特征，接下来在"求均衡"作用下一定会调偏回补。同样，指标出现的实际概率低于理论概率，表明该指标近期表现为冷态，在指标分布表中，该指标同样呈现"非等量"规律特征，接下来在"求均衡"作用下也一定会调偏回补。可以看出，指标参数的统计数据与指标分布的形态趋势是统一的、互补的、相辅相成的。

规律之二：当前值规律。

当前值即指标参数表中的当前遗漏值和当前惯性值。

通过对指标参数表中的当前值进行统计分析，彩民可以看出，指标当前的遗漏值越大，那么接下来该指标从遗漏状态反转出现的概率就越高，也就是说，选择该指标在当期内出现的成功概率就越高。指标当前遗漏值越接近次大遗漏值或最大遗漏值，该指标在近期内出现的概率越高，越值得选择和关注。

指标的当前惯性值越大，那么接下来该指标从惯性状态反转的概率就越高，也就是说，排除该指标在当期内出现的成功概率就越高。当前惯性值越接近次大惯性或最大惯性值，在近期内排除该指标的概率就越高，越值得在实战中关注和应用。

规律之三：中出可信度规律。

中出可信度分为遗漏中出可信度和惯性中出可信度。

指标参数表中的指标当前遗漏中出可信度越高，那么接下来该指标由遗漏状态反转出现的概率越高。

指标参数表中的指标当前惯性中出可信度越高，那么接下来该指标继续保持为惯性状态的概率也越高。

规律之四：反转率规律。

反转率包括遗漏反转率和惯性反转率。

指标参数表中指标的遗漏反转率越高，那么接下来该指标由遗漏状态反转出现的概率越高；反之越低。

指标参数表中指标的惯性反转率越高，那么接下来该指标由惯性状态反转为遗漏状态的概率越高；反之越低。

四、断区指标选用

我们已经将指标从分布和参数两方面进行了系统、详细、准确的统计，并且通过对指标的分析发现并总结了指标分布和固定参数的规律特征，它们均具有极强的实战价值和意义。

万事俱备，只欠东风。彩民已经掌握了指标分布图表、指标参数图表以及指标规律特征，接下来要做的就是进行实战了。只有在实战中准确地选用当期的指标，才能高概率地选择中奖号码的范围。因此，指标的选用方法和选用原则以及应用法则极其重要。

那么，在实战中选用当期指标的方法和原则以及应用法则是什么呢？

（一）指标选用方法

在实战中利用指标统计表发现的规律特征以及当前参数的统计数据来综合分析判断指标在接下来可能或不可能发生的趋势状态，从而正确地选择或排除相应指标，这个流程就是指标选用方法。

指标选用的方法包括排除法和选择法，这两种方法是进行指标选择时所采用的最普遍的而又行之有效的方法。

利用指标的规律特征以及当前参数的统计数据对指标接下来可能出现的趋势进行分析判断，高概率地选择使用该指标的方法，这被称为选择法。如根据指标参数表可以看到某指标的次大遗漏值是 5，而该指标当前遗漏值为 4，遗漏反转率已经达到了 80%（$4/5 \times 100\% = 80\%$），那么可以判断该指标接下来出现的概率很高；同时，根据指标分布表观察并判断该指标在出现"非等量"现象后会在"求均衡"作用下进行调偏回补，从而选择使用该指标，这就是利用选择法高概率选择指标。在指标的遗漏状态下，彩民使用选择法的情况居多。

利用指标的规律特征以及当前参数的统计数据对指标接下来不可能出现的趋势进行分析判断，高概率地排除该指标在当期出现的方法被称为排除法。如根据指标参数表可以看到某指标的次大惯性为 8，而该指标当前惯性值为 8，惯性反转率已经达到了 100%（8/8×100% = 100%），那么可以判断该指标接下来排除的概率很高；同时，根据指标分布表观察并判断该指标在出现"非等量"现象后也会在"求均衡"作用下进行调偏回补，从而排除该指标，这就是利用排除法高概率地排除指标。在指标的惯性状态下，彩民使用排除法的情况居多。

假设在 0～9 十个数字里选择一个数字，如果用选择法进行选择，理论上成功概率为 10%，而运用排除法来排除一个最不可能出现的数字，其理论成功概率就是 90%。因此，在指标选用的过程中，运用最为广泛以及成功概率最高的就是排除法。例如，根据阶段内某指标呈现惯性状态并且出现概率超过理论概率很多的情况，接下来完全可以利用排除法把该指标继续出现的可能性排除掉。再如，某指标在连续 3 次的遗漏状态中呈现 1、2、3 的递增形式，通过查找历史数据，发现类似情况常常不会再次同量递增，即"非对称"发展，从而排除该指标在再次遗漏时出现连续遗漏 4 次的状态。

在指标的选用中，选择法的使用最为重要，因为选择法使用得好坏、选用得准确与否，直接关系到选择指标的精准程度，也直接关系到是否把中奖号码锁定在最小的范围内，是否可以一击命中中奖号码。

总体来说，彩民在实战中首先要综合分析、整体衡量指标选用方法的利弊以及准确概率，再来使用指标的选用方法，那样会更加科学，成功的概率会更高。

（二）指标选用原则

每个指标的重要性是随统计数据的变化而改变的，可能在分析这期的中奖号码时，这个指标的作用最大，到了下期，另一个指标就成了关键性的指标了。长期单独使用某个指标来分析选择中奖号码的条件是不可取的，因为它所表达出来的有效信息十分有限，不能提供更大的选择空间。彩民必须要对所有指标加以综合分析、灵活选用，这就需要具有指标选择的指导思想了。指标的选择和应用究竟要遵循哪些原则呢?

1. 均衡第一

彩票均衡论是指导彩民分析彩票指标、选择彩票条件的大道至简的真理,亘古不变。彩民如能很好地理解、掌握及运用"非等量"、"非对称"、"求均衡"三大原理,那么在博彩中一定能够准确地选择指标。

因此,彩票均衡论是真正适用于彩票指标分析的唯一实战理论,是彩票领域永远适用的真理!

2. 审时度势

从某种意义上来说,审时度势的覆盖面很广,涉及研判整体和局部的趋势状态。实战中要真正做到审时度势,要下一番苦功才能做到:不但要熟悉所有历史数据中指标的趋势变化,更要不断地利用历史数据进行模拟训练与复盘训练。

审时度势包括"三观六看"。熟能生巧,才能做到审时度势。做到了这一点,对某个指标的研判选择完全可以做到运筹帷幄,中奖于必然中!

"三观六看"是指标选用原则之一。"三观"包括观大势、观阶段、观局部;"六看"包括看指标理论概率、看指标当前遗漏值和惯性值、看指标最大遗漏和最大惯性值、看指标次大遗漏和惯性值、看指标遗漏和惯性中出可信度、看指标遗漏和惯性反转率。

所谓"观大势",就是详细地观察某个指标在指标分布表中长期的表现状态,从历史数据中观察分析指标的变化趋势,以及在彩票均衡论的作用下指标间的互相转化,从而帮助彩民更好地掌握每个指标的整体情况。

观阶段是指通过指标分布表观察指标在 50 期内的变化情况,或者是 5 个平均遗漏期之内的变化情况。

观局部是指观察指标在 10 期内的变化情况,或者是平均遗漏期内的变化情况。

指导彩民实战中分析判断指标的,一般都是阶段期内或局部的趋势变化。在具体实战中,只要对大势有过几次全面系统的了解和掌握即可,没有必要在每期都把现有的几百上千期历史开奖数据都翻看一遍,而只要了解掌握指标最近 30～50 期的趋势动态,最多不超过 80 期,就能给彩民在指标的分析选择中提供非常有价值的信息。

观察了解掌握每个指标的理论概率是很重要的功课,只有这样,彩民才能在第一时间感知指标在当前阶段的趋势变化。

如果指标当前处于遗漏状态，那么就观察指标的当前遗漏、最大遗漏、次大遗漏、遗漏中出可信度、遗漏反转率；如果指标当前处于惯性状态，那么就观察指标的当前惯性、最大惯性、次大惯性、惯性中出可信度、惯性反转率。这样不但可以详细地了解指标当前的数据变化，更可以清楚地了解接下来该指标的趋势动态。

"三观"和"六看"都是通过观察指标分布表、指标遗漏明细表和指标惯性明细表来完成的。只有综合使用、融会贯通，在实战中对指标的选择才能如鱼得水、游刃有余。

3. 宁精毋滥

在实战中，不论任何指标，抑或是任何条件，选择使用的越少，精益求精，错误的概率才会越小，相对也就提高了中奖概率。反之相反。

在实战中，首先必须全面观察每个指标在每个指标统计表中表现的状态。如果指标统计表中的某个指标在阶段内或局部的遗漏、惯性的热冷状态等表现得非常突出，那么就可以判断这个指标有"明显态势"可抓。"明显态势"代表指标的遗漏、惯性的热冷状态在每个指标统计表中的表现情况，据此可以确定选择使用哪几个指标。比如，一个指标已经遗漏了8期，该指标呈现出明显的冷态，不仅出现概率远远低于它的理论出现概率，而且接近实战中的最大遗漏值。根据遗漏中出可信度和遗漏反转率可知，该指标在接下来出现的可信性非常高，那么，这个指标就具有"态势明显"的特征，彩民可以选择使用。

反过来说，如果某个指标从整体上看表现得非常明显、特征性很强，如指标统计表中某指标的理论出现概率很高，但是现在观察到的结果是，它在短期内出现的实际概率低于理论概率很多，出现了"异常"现象，那么，它发生"反转"的可能性极大，这时，该指标就是一个不可忽视的指标，彩民应毫不犹豫地选择。

同样，如果某个指标在近期内出现的次数呈现"偏态"，并且达到了极限，那我们完全可以排除它继续出现的可能性。这样的指标也是应该选择的。比如，若某个指标已经连续惯性出现4期，接近该指标最佳惯性范围（1~4次）的极限，那么发生"反转"的概率也极高，所以彩民完全可以排除该指标接下来继续出现的可能性。

总之，指标的选择必须以指标分布表为基础，以参数表内的数据统计为准则，结合彩票均衡论来分析判断每个指标，从正、反两方面来评判该指标的使用价值。一个指标在指标分布表中表现得越有规律，它的应用价值越大。

如果某个指标从长期看表现得很有规律，只是在近期表现得不尽如人意，说明该指标有极大的潜力，接下来会具有很大的表现能力，往往能在实战中出其不意，屡立战功。

但是要清楚地知道，每个指标分布表中的"态势明显"的指标不可能一起全部出现，可能会依次出现，或次大"态势明显"的指标率先出现，掩护达到或超越极限的指标首先突围。

管理学范畴有一个著名的"82定律"——通常一个企业的80%利润来自它20%的项目。经济学家说，20%的人手里掌握着80%的财富；心理学家说，20%的人身上集中了人类80%的智慧。同样，在彩票的指标选择中，我们可以说——只有选择20%的指标才能达到80%的准确概率。这个"82定律"也从另一方面说明了必须要精简地选择指标的重要性。指标选择得越少，错误的概率越小，相对成功的概率越高。

即使是相同的指标，在不同条件的指标分布表中表现的状态也有差异。有的如一团雾水，朦胧难辨；有的清晰可见，呼之欲出。因此，彩民要想精准地选择条件，一击命中中奖号码，就必须找到最有规律、状态最明显的指标，那些表现不规律的、不明显的指标则坚决不用，彩民要永远记住一个指标选择的铁律——宁精毋滥。

宁精毋滥是彩民选择指标、选择条件的金科玉律，要时刻谨记！

4. 主次分明

不论彩票的指标和条件有多少，但是必须有主次之分、高低之别，否则无章无序，必会思路混乱，判断失误。

不论任何时候，彩民都要以大中小、012路、重合码为主要指标，大小、奇偶、质合为辅助指标进行分析。主次不分，兵家大忌！

5. 追热避冷

追热不追冷永远是指标选择的不二法则，多少人因为博冷而家破财散，这绝不是危言耸听。指标或条件的偏态永远没有尽头，一切皆有可能发生。在博彩中，彩民必须要有控制风险的意识，否则必败无疑。

追冷要有技巧，冷态经过微冷、强冷或深冷后定会有解冻的时刻，也就是说，冷的指标或条件一旦出现一次，在均衡原理作用下会继续调偏回补。冷态指标的出现是解冻的信号，是调偏回补的前奏，接下来冷的指标才会在短期内多次出现，这时才是捕捉某个指标的最佳时机。但是要记住，双冷或三冷在某个阶段也可能出现，因此做好计划、控制风险是永远的工作。

追热避冷是彩民在进行指标或条件选择时必须时时刻刻铭记的铁律，它会使彩民受益终生！

6. 攻防兼备

在实战中，往往将看好的一个指标或条件作为重点进攻的目标，可是却事与愿违，本来不看好的或是作为防守的指标却在开奖中出现了，这种情况数不胜数。给彩民的警示是，攻防要兼备，才能无往而不胜。

例如，在选择某期断列 3D 号码的百位号码，通过分析判断百位号码为 0 路出现的概率极高，0 路号码包括 0、3、6、9，可是断列 3D 号码中百位号码的范围是 0 ~ 4，因此，号码 0、3 是彩民选择的重点。经统计观察发现，断列 3D 号码的百位号码为 3 的出现概率很低，这时我们就完全可以把 3 去掉，而后增加一个准备用作防守的号码 1，结果当期开出的断列 3D 号码的百位号码是 1，这就是攻防兼备的实战价值。

7. 步调一致

实战中必须要掌握每个指标出现节奏的快慢、冷热间隔的长短，只有这样才能让彩民的思维与开奖进行同步协调，只有达到统一，做到步调一致，才是中奖的最佳阶段。

在刚开始时，彩民可能会跟不上节拍，但是慢慢感受、慢慢学习，就会熟能生巧。

去感受指标的起伏变化，就像随着音乐翩翩起舞，又像在品味一杯百年红酒，只有欣赏指标、条件的变化带来的快乐，彩民才能达到博彩的最高境界——博彩艺术！

8. 心静自然

博彩需要正确的技术思想和方法，但是过硬的心态也同样重要。彩民有时会因为一个好的指标或其他因素而急功近利，求胜心切，这样必然会引起情绪的波动，导致分析判断的失误，从而影响技术的发挥，而只有心静自然才能使技术发挥到极致。

9. 逆向思维

彩民在学习了一种彩票分析技术后都会顺着惯性思维去使用技术，尤其在分析选择出现概率很高的明显指标时。可是结果往往事与愿违，这是每个彩民学习中都会遇到的瓶颈，不要害怕，这时可以以相反的思路去拓展自己的思维维度，以逆向思维去考虑分析所要选择的指标，往往事半功倍。

时刻要谨记，博彩初期是投机，随着时间的推移，慢慢就转化为一种投资行为。因此，彩民必须端正自己的心态，冷静对待得失。

冷静的心态、稳定的发挥是实战中很重要的环节，如果能做到心静自然，发挥稳定，好运自然会来！

（三）指标应用法则

选好指标后，接下来就要对指标逐个进行分析，最后提炼出组合结果，这便是指标的应用环节，也是中奖的重要环节。每个指标既可以单独使用，也可以联合作战；既可以交叉使用，也可以相互印证。

所谓"交叉使用"，就是每次在进行指标分析时，需将各种已经选择好的指标分门别类地排列开来，看其中哪个指标最"异常"、"态势最明显"，哪个好选用哪个。在此基础上，各种指标都可以交叉使用，如大中小指标可以和质数合指标交叉使用，012 路指标也可以和大小指标交叉使用。一定要活学活用，举一反三。

所谓"相互印证"，是指每次应用指标确定条件时，可以同时使用几种方法相互参照，从不同角度分析中奖号码的条件，看看其结果有没有统一性。如果分析选择是正确的，结果应当完全一致。如在实战中，彩民通过分析确定指标在小数指标区出现，同时还能确定该指标为奇数指标，小数指标包括号码 0、1、2，奇数指标包括号码 1、3、5、7、9，那么通过交叉使用原则就可以判断该指标为 1，如果还能确定指标是 1 路指标，就再次证明了之前的推断是可靠的。反之，如果有一项或两项不符合，说明指标的分析有问题。相互印证是对指标的一种校验。

五、断区选号流程

双色球红球号码通过断区转换后进行断列、断行 3D 模式的科学数据统计，根据对各个指标数据综合分析，正确判断红球号码在行列分布表中当前断区情况，从而高概率地选择红球中奖号码的出现范围，这种独特的、利用转换模式进行选号分析的技术就是断区转换法。断区转换法包含两方面的技术：一是断列转换技术，二是断行转换技术。

在实战中，断列 3D 和断行 3D 分析模式的综合运用，是一种简便、高效的选号手段，两者相辅相成，缺一不可。在实战中结合使用功效巨大，不但可以最大限度地缩小中奖号码的选择范围，相对来说也最大程度地提高了中奖概率。

在实战中，利用断区转换法进行选号的实战流程分为四步：

第一步：制作断区统计表。把双色球红球开奖号码的断区情况转换成断行、断列 3D 号码，进行指标分布表和指标参数表（包括指标遗漏明细表和指标惯性明细表）的统计制作。

第二步：分析并掌握指标的趋势。结合指标遗漏明细表和指标惯性明细表的统计数据，综合运用"彩票均衡论"的三大原理，对每个指标分布表中的各个指标进行科学、系统、客观的分析，从而了解并掌握每个指标当前的趋势动态。

第三步：判断选择指标。根据对指标的分析了解，遵循指标的选用原则，运用排除法或选择法对每个所使用的指标进行正确的判断选择。

第四步：根据选择的指标得出当期双色球断列 3D 号码和断行 3D 号码，然后排除行列分布表中断列、断行区域的红球号码，把剩余的红球备选号码进行组合后就能获得当期的双色球红球投注号码。

如果使用【彩霸王】双色球富豪版彩票软件中根据"断层覆盖算法"设计的断区转换功能进行过滤，还可以把最终投注号码的数量极度缩减 40% ~ 98%。虽然极大地降低了投注数量，节省了大量资金投入，但是只要当前的各项指标选择正确，同样会保证 100% 的中奖率。极大地降低投注数量，却丝毫不会降低中奖质量，这也是使用【彩霸王】双色球富豪版彩票软件进行分析、选号和过滤的极大优势所在。

六、断区转换拓展

前面已经详细地说明了断区转换法的技术原理以及实战操作，我们也知道了通过该技术的实战运用不但可以帮助彩民轻松降低选号的难度，提升选号投注的高效率，更是极大地提高了中奖概率。

可以说，断区转换法是双色球红球选号技术中的终极技术。彩民可以从所有的双色球号码所涉及的条件、指标的角度进行不同层次的研究解析，用降低选号难度、提升投注效率、提高中奖概率三个方面来衡量一种选号技术的优劣，其结果自然会清晰明了。

为了更进一步帮助彩民在实战中把断区转换技术的功效发挥到极致，在转换的开始阶段稍加变化，即可做到缩小中奖号码的选择范围，从而再次降低选号难度、提升投注效率。

（一）拓展的模式

双色球的红球号码区共包括 33 个红球号码，在第二章中为了清晰地说明断区转换法的原理以及优势，是按照表横向 6 行、纵向 6 列的排列方式制作了一个简单的红球号码行列分布表，如表 2-22 所示。为了区分说明，我们把本章中进行断区转换时使用的行列分布表称为行列分布表的原始模式。

表 2-22　双色球红球号码行列分布表

期号	第 1 列	第 2 列	第 3 列	第 4 列	第 5 列	第 6 列
第 1 行	01	02	03	04	05	06
第 2 行	07	08	09	10	11	12
第 3 行	13	14	15	16	17	18
第 4 行	19	20	21	22	23	24
第 5 行	25	26	27	28	29	30
第 6 行	31	32	33			

原始模式的行列分布表里横向第 1 行从 01～06，第 2 行从 07～12，第 3 行从 13～18，第 4 行从 19～24，第 5 行从 25～30，第 6 行从 31～33，第 1 行到第 5 行每行 6 个号码，因为红球号码共有 33 个，因此第 6 行只有 3 个红球号；纵向第 1 列包括号码 01、07、13、19、25、31，第 2 列包括号码 02、

08、14、20、26、32，第3列包括号码03、09、15、21、27、33，第4列包括号码04、10、16、22、28，第5列包括号码05、11、17、23、29，第6列包括号码06、12、18、24、30，前3列里每列6个号码，后3列里每列5个号码，每列里的号码依次间隔为6。

原始模式的行列分布表是按照从小到大、从左至右的顺序依次排列的，我们拓展的模式就是要打乱这种原始的排列模式。从打乱后的模式中寻求一种新的排列模式，然后在其中通过新的视角，利用断区转换技术来选择号码或排除号码，从而结合原始模式从另一个角度来降低选号难度，再次提升投注效率。

打乱原始模式的方法有无数种，我们下面仅列举三种，彩民更可以在实战应用中融会贯通、举一反三地加以使用。

第一种拓展模式为奇偶模式。在双色球33个红球号码中，能被2整除的号码被称为偶数号码，不能被2整除的号码被称为奇数号码。双色球33个红球号码中的奇数最先排列，然后是偶数排列，如表2-23所示。

表2-23　奇偶模式行列分布表

期号	第1列	第2列	第3列	第4列	第5列	第6列
第1行	01	03	05	07	09	11
第2行	13	15	17	19	21	23
第3行	25	27	29	31	33	02
第4行	04	06	08	10	12	14
第5行	16	18	20	22	24	26
第6行	28	30	32			

第二种拓展模式为012路模式。在双色球33个红球号码中，除以3余数为0的号码为0路号码，除以3余数为1的号码为1路号码，除以3余数为2的号码为2路号码。双色球33个红球号码在行列分布表中从上到下、从左至右的排列顺序是0路号码、1路号码和2路号码，如表2-24所示。

表 2-24　012 路模式行列分布表

期号	第 1 列	第 2 列	第 3 列	第 4 列	第 5 列	第 6 列
第 1 行	03	06	09	12	15	18
第 2 行	21	24	27	30	33	01
第 3 行	04	07	10	13	16	19
第 4 行	22	25	28	31	02	05
第 5 行	08	11	14	17	20	23
第 6 行	26	29	32			

第三种拓展模式为质合模式。在双色球 33 个红球号码中，质数指的是仅能被自身和 1 整除的数，1 不是质数。这里为了统计方便，我们把号码 01 也划归到质数号码中。33 个红球号码在行列分布表中从上到下、从左至右的排列顺序是质数号码和合数号码，如表 2-25 所示。

表 2-25　质合模式行列分布表

期号	第 1 列	第 2 列	第 3 列	第 4 列	第 5 列	第 6 列
第 1 行	01	02	03	05	07	11
第 2 行	13	17	19	23	29	31
第 3 行	04	06	08	09	10	12
第 4 行	14	15	16	18	20	21
第 5 行	22	24	25	26	27	28
第 6 行	30	32	33			

上面列举的三种模式是根据 33 个红球号码的奇偶、012 路或者质合进行排列的，在实战中，彩民既可以使用红球号码尾数的奇偶、大小、质合以及 012 路进行排列，也可以使用奇大（19 为奇数，19 又为大数，故 19 被称为奇大数，后面依此类推）、奇小、偶大、偶小的顺序进行排列，更可以使用奇 0、奇 1、奇 2、偶 0、偶 1、偶 2 的顺序进行排列等，彩民亦可以在行列分布表中随意定义 33 个红球号码的排列顺序和位置。

彩民根据这个思路举一反三地进行其他模式的拓展，但是在实战使用中，

必须以原始模式为主，另外一种拓展模式为辅，只有对它们进行相辅相成、相互印证的运用，才能达到最佳效果。

（二）实战的运用

假设彩民在使用原始模式的断区转换技术分析后获得的结果是断列转 3D 号码为 012，断行转 3D 号码也同为 012。

根据表 2-22 可知，双色球 33 个红球号码中排除掉第 1 列、第 2 列，同时排除第 1 行和第 2 行区域内的号码后剩余 13 个红球号码，包括 15、16、17、18、21、22、23、24、27、28、29、30、33。

如果这时彩民再使用拓展模式中的 012 路模式，通过分析，如果可以准确地排除第 1 列号码，即排除红球号码 03、21、04、22、08、26，那么从剩余的 13 个红球号码中就可以排除 21、22，从而剩余 11 个红球号码作为备选号码。

如果这时彩民还可以准确地排除第 4 列号码，即排除红球号码 15、33、16、02、20，那么从剩余的 11 个红球号码中就可以排除 15、16、33，从而剩余 8 个红球号码作为备选号码。

针对这么少的红球号码，彩民完全可以进行实战投注操作。要知道，这还仅仅是在原始模式的基础上使用了对 012 路模式的断列 3D 号码的转换分析，如果再配以 012 路模式断行 3D 号码的转换分析，剩余的备选号码会更精少。

但是，彩民要永远记住，必须以原始模式为主进行断列和断行 3D 号码的判断取舍，拓展模式只能作为辅助强化分析的手段之一，尽量少用。如果增加拓展模式的断列分析能解决问题或满足需求，就不要再用断行分析，用得越多，出现错误的概率越大，中奖概率反而会减少。

七、断区两码应用

在前面章节中，我们详细讲解了双色球断区转换的技术，相信绝大多数彩民已经感受到了"断区转换"技术的科学高效和超级强大，如能配合使用【彩霸王】双色球富豪版软件的"断层覆盖算法"功能进行过滤缩水，那么"自动极度压缩号码率高达 98%"，更是不可思议。

一些彩民在使用双色球断区转换技术进行实际操作时会有些困惑：如果在

单独选择断行或断列某个位置上的号码时，不能精确地选择一个数字怎么办？因为一个位置上选择多个数字就意味着增加了断行（或断列）3D 号码的组合，投注数量会随之增加，那么投注资金也会水涨船高地相应增加，这不是一般彩民所能承受的，更违背了"以小搏大"的博彩原则。

那么，如何解决实战操作中遇到的这个关键问题呢？

为了最佳地解决这个问题，作者在本节中引入了"断区两码"的概念。实践证明，应用断区两码，可以再次精确缩小断行（断列）3D 号码组合的范围。

断区两码的出现，帮助彩民从一个独特的角度对"断区 3D 号码"进行再次"瘦身"，从而达到精确选择投注范围、极度减少投注数量的终极目的。

（一）断区两码概述

在 3D 彩票玩法中，两码是指 3D 号码中由 2 个数字构成的组合，每个 3D 号码中包括 1~3 个不同的两码。

例如，3D 号码 016 中包括 01、06、16 三个两码组合，3D 号码 003 中包括 00、03 两个两码组合，而 3D 号码 000 中只包括一个两码 00 组合。

读者了解了两码的概念，那什么是断区两码呢？

读者应该记得本章中的双色球断列 3D 号码和断行 3D 号码一览表，我们现在重新展示于此处，请读者仔细观察一下。

表 2-26　双色球断列 3D 号码一览表

断列情况	断 0 列	断 1 列	断 2 列	断 3 列或以上
断列 3D 号码	000	001、002、003、004、005、006	012、013、014、015、016、023、024、025、026、034、035、036、045、046、056	123、124、125、126、134、135、136、145、146、156、234、235、236、245、246、256、345、346、356、456
号码数量	1 注	6 注	15 注	20 注

表2-27　双色球断行3D号码一览表

断行情况	断0行	断1行	断2行	断3行或以上
断行3D号码	000	001、002、003、004、005、006	012、013、014、015、016、023、024、025、026、034、035、036、045、046、056	123、124、125、126、134、135、136、145、146、156、234、235、236、245、246、256、345、346、356、456
号码数量	1注	6注	15注	20注

通过对照比较表2-26、表2-27，读者可以一目了然地看到，双色球断列3D号码与断行3D号码都是由相同的42注3D号码组成，它们是000、001、002、003、004、005、006、012、013、014、015、016、023、024、025、026、034、035、036、045、046、056、123、124、125、126、134、135、136、145、146、156、234、235、236、245、246、256、345、346、356、456。

为了统计方便，我们把42注3D号码从两码的角度划分为00、03、06、13、14、25、36、A型共计八个类型。这八个类型的两码覆盖了所有断区3D号码，因此，八个类型的两码被统称为断区两码。

断区3D号码分为断行3D号码和断列3D号码，为了便于区分，我们把断区两码同样分为断行两码和断列两码。断行两码和断列两码均包含相同的3D号码：

00：000 001 002 003 004 005 006　（7注）

03：013 023 034 035 036　（5注）

06：016 026 046 056　（4注）

13：134 136　（2注）

14：014 124 145 146　（4注）

25：025 125 235 245 256　（5注）

36：236 346 356　（3注）

A型：012 015 024 045 123 126 135 156 234 246 345 456　（12注）

这里请读者注意，A型断区两码所包括的3D号码最多，而且每个3D号码均是由一个 0 路号码、一个 1 路号码、一个 2 路号码组成。

（二）断区两码的优势

断区两码的实战价值巨大，它的优势主要体现在以下两个方面：

1. 排除红球号码组合

如果当期彩民在选择断列两码时能高概率地排除 A 型两码的出现，那么 A 型两码覆盖的断列 3D 号码所包含的所有双色球红球号码组合就可以被完全排除。双色球红球组合共计 1107568 个，通过排除一个断区两码就可以排除几万组或者几十万组的红球组合，由此可见其实战意义巨大。

2. 缩小红球号码范围

通过分析断列图表，假设当期彩民能选择断列百位 01、十位 14、个位 6，则当期断列 3D 号码的组合就有 016、046、146 三种组合；这时假如还能判断本期的断列两码是 14 两码，则符合条件的断列 3D 号码只有 146。如果判断正确，则当期双色球红球中奖号码组合一定在断列 3D 号码 146 所包含的双色球红球号码组合范围之内，这极大地缩小了彩民选号范围。

又如，通过分析断行图表，假设当期彩民选择断行百位 01、十位 13、个位 5，则断行 3D 号码组合就有 015、035、135 三种组合；这时如果彩民还能判断本期断行两码是 13，那么只有断行 3D 号码 135 符合条件，同样精确地缩小了投注范围。

读者通过对前面"断区转换"章节的阅读可知，只要当期能精准地选择一组断行 3D 号码和断列 3D 号码，就能在几注到几百注之间锁定当期的双色球二等奖，由此可见断区两码的实战价值了。

（三）断区两码指标统计

同断列百位、十位等一样，断列两码和断行两码也是帮助彩民在实战中确定选号范围的条件之一。

为了更好地展示断行两码与断列两码的走势规律特征，我们把两码的八个类型作为两码的八个指标，然后统一进行指标的分类统计，这样更有利于彩民观察两码、分析两码以及在实战应用中精准地选择两码。

说到分类统计，自然就用到了前面已经讲解的统计表。

断区两码统计表分为断行两码统计表和断列两码统计表，每个完整的统计表包括两码分布表、两码遗漏统计表和两码惯性统计表。

下面以断列两码统计表为例展示完整的三个图表，其制作方法与双色球断列 3D 号码百位指标分布表、百位指标遗漏明细表、百位指标惯性明细表的制作流程完全一致，这里不再赘述。

表 2-28　断列两码分布表（双色球 2013144 ~ 2014012 期开奖数据）

期号	开奖号码	3D	00	03	06	13	14	25	36	A
2013144	05 07 12 19 27 31-02	024	3	2	5	44	28	6	51	A
2013145	06 10 13 16 23 24-15	023	4	C03	6	45	29	7	52	1
2013146	08 20 25 30 32 33-01	045	5	1	7	46	30	8	53	A
2013147	02 15 16 17 19 30-08	000	C00	2	8	47	31	9	54	1
2013148	06 11 12 14 17 22-01	013	1	C03	9	48	32	10	55	2
2013149	09 18 25 26 30 32-11	045	2	1	10	49	33	11	56	A
2013150	01 15 16 25 26 29-10	006	C00	2	11	50	34	12	57	1
2013151	03 09 10 19 28 33-09	256	1	3	12	51	35	C25	58	2
2013152	04 06 14 16 18 29-05	013	2	C03	13	52	36	1	59	3
2013153	08 11 13 18 28 33-10	000	C00	1	14	53	37	2	60	4
2013154	07 11 14 19 24 29-05	034	1	C03	15	54	38	3	61	5
2014001	03 09 15 20 27 29-01	146	2	1	16	55	C14	4	62	6
2014002	04 21 23 31 32 33-04	006	C00	2	17	56	1	5	63	7
2014003	06 10 11 28 30 33-12	012	1	3	18	57	2	6	64	A
2014004	01 04 19 22 24 25-15	235	2	4	19	58	3	C25	65	1
2014005	15 18 23 27 32 33-04	014	3	5	20	59	C14	1	66	2
2014006	03 04 07 17 21 27-14	026	4	6	C06	60	1	2	67	3
2014007	08 10 12 14 18 28-14	135	5	7	1	61	2	3	68	A
2014008	05 14 16 21 29 30-12	001	C00	8	2	62	3	4	69	1
2014009	08 09 19 20 25 32-16	456	1	9	3	63	4	5	70	A
2014010	05 07 08 20 31 33-11	046	2	10	C06	64	5	6	71	1
2014011	09 10 13 14 21 32-02	056	3	11	C06	65	6	7	72	2
2014012	01 08 11 19 21 24-08	004	C00	12	1	66	7	8	73	3

表 2-29　断列两码遗漏明细表（双色球 2003001 ~ 2014012 期开奖数据）

项　目	00	03	06	13	14	25	36	A
中奖概率	0.33	0.15	0.16	0.01	0.06	0.07	0.03	0.2
统计期数	1605	1605	1605	1605	1605	1605	1605	1605
最大遗漏	15	26	33	191	89	56	116	21
次大遗漏	14	24	32	152	71	48	111	20
当前遗漏	0	12	1	66	7	8	73	3
中出可信度	--	0.86	0.16	0.48	0.35	0.44	0.89	0.49
遗漏反转率	--	0.5	0.03	0.43	0.1	0.17	0.66	0.15

续表

项目	00	03	06	13	14	25	36	A
统计期数	1605	1605	1605	1605	1605	1605	1605	1605
遗漏次数	339	225	220	20	100	102	34	265
最大遗漏	15	26	33	191	89	56	116	21
遗漏1次	78	23	38	0	9	4	0	41
遗漏2次	104	35	30	0	6	10	3	47
遗漏3次	44	34	29	0	4	4	0	41
遗漏4次	39	22	24	0	2	5	0	33
遗漏5次	17	20	16	0	3	6	1	25
遗漏6次	14	17	16	0	6	8	1	16
遗漏7次	18	11	7	0	10	5	0	10
遗漏8次	9	12	5	0	0	8	0	13
遗漏9次	9	7	7	1	3	2	0	9
遗漏10次	0	7	7	0	6	3	1	7
遗漏10次以上	7	37	41	19	51	47	27	23
最佳遗漏范围	1～5	1～9	1～10	1～11	1～11	1～11	1～11	1～7

表 2-30　断列两码惯性明细表（双色球 2003001～2014012 期开奖数据）

项　目	00	03	06	13	14	25	36	A
中奖概率	0.33	0.15	0.16	0.01	0.06	0.07	0.03	0.2
统计期数	1605	1605	1605	1605	1605	1605	1605	1605
最大惯性	6	3	3	1	3	2	1	5
次大惯性	5	2	2	0	2	1	0	3
当前惯性	1	--	--	--	--	--	--	--
中出可信度	0.22	--	--	--	--	--	--	--
惯性反转率	0.2	--	--	--	--	--	--	--

项目	00	03	06	13	14	25	36	A
统计期数	1605	1605	1605	1605	1605	1605	1605	1605
惯性次数	340	224	219	19	99	101	33	264
最大惯性	6	3	3	1	3	2	1	5
惯性1次	233	188	183	19	93	97	33	215
惯性2次	76	32	30	0	5	4	0	41
惯性3次	19	4	6	0	1	0	0	7
惯性4次	9	0	0	0	0	0	0	0
惯性5次	2	0	0	0	0	0	0	1
惯性6次	1	0	0	0	0	0	0	0
惯性7次	0	0	0	0	0	0	0	0
惯性8次	0	0	0	0	0	0	0	0
惯性9次	0	0	0	0	0	0	0	0
惯性10次	0	0	0	0	0	0	0	0
惯性10次以上	0	0	0	0	0	0	0	0
最佳惯性范围	1～2	1～1	1～1	1～1	1～1	1～1	1～1	1～1

值得彩民注意的是，断行两码与断列两码各个指标的理论中奖概率各有不同，实战应用时必须注意区别。

为了便于彩民自行制作统计表以及在实战分析时加以应用，下面单独列出断行两码与断列两码各个指标的理论中奖概率表。

表 2-31　断行两码指标理论中奖概率表

项　目	00	03	06	13	14	25	36	A
中奖概率	0.3	0.15	0.24	0.02	**0.04**	0.05	0.04	0.16

表 2-32　断列两码指标理论中奖概率表

项　目	00	03	06	13	14	25	36	A
中奖概率	0.33	0.15	0.16	0.01	0.06	0.07	0.03	0.2

（四）断区两码指标分析

通过阅读本章第三节"断区指标分析"，每一位读者对断区两码的指标分析能更好地理解和应用，读者从图表的规律特征和参数数据的规律特征的角度入手对断区两码统计表进行分析研判，从而以高概率选择当期的断区两码。

本章第三节"断区指标分析"分析图表的"三大规律"以及分析参数数据的"四个规律"是读者学习和领悟的重点，读者必须融会贯通，举一反三，只有这样才能更好地将理论用于实战。

作者结合图表分析的"三大规律"和参数数据分析的"四大规律"，针对断区两码分析的特点着重讲解两个实战分析的要点，从而帮助读者更好地学习和应用。

1. 调偏回补是选择指标的最好时机

在实战分析中，如果遇到一个指标长时间处于遗漏或者极度冷态，这时千万不要追冷，"冷者恒冷"会导致彩民一错再错，连续出错。

如果一个指标长时间遗漏或者达到该指标的极限，彩民必须每期重点跟踪关注它。一般情况下，只要它出现一次，接下来短期内"调偏"的动能很强，一般会频繁出现以求回补，从而完成阶段内的求均衡。短期内"调偏回补"就是介入的最好时机。一般情况下，这个指标在短期内会呈现热态，这时彩民正确选择的成功概率会很高。

综上所述，彩民必须谨记：等待调偏、追热避冷是指标选择的不二法宝。

2. 时刻用"理论中奖概率"去衡量每个指标

任何指标规律以及参数数据规律都是围绕"理论中奖概率"来运行和展示的，因此，彩民在分析指标规律和参数数据规律时一定要以指标的"理论中奖概率"为先导。在分析时只有时刻了解每个指标的理论中奖概率，才能更好地研判指标的走势状态和方向。

彩民必须要清楚地认知一个不变的真理：一个指标的理论中奖概率越高，理论上这个指标出现的可能性越大；反之则指标出现的可能性越低。因此，在实战分析中，如果阶段内指标的实际出现概率严重低于理论中奖概率，自然要调偏回补以求均衡。

同时，彩民可以把"理论中奖概率"当作一把尺，以此衡量"可信度比较高"的几个指标：中奖概率高的指标，如果它当前可信度高，那么该指标接下来出现的可能性极大，可以重点选择；中奖概率低的指标，即使它当前可信度很高，这时该指标出现的可能性也不是很大的，与可信度稍低但中奖概率高的指标同时比较，实践证明后者出现的概率要高很多。而对于那些中奖概率低且可信度也低的指标，彩民正确排除的概率极高。

彩民在实战分析中去细细体味领悟上述两个断区两码指标分析的要点，自然就能举一反三地正确使用了。

（五）断区两码指标选用

在实战中，只要准确地选用当期的指标，即可高概率地选择中奖号码的范围。因此，指标的选用方法、选用原则以及应用法极其重要。本章第四节已经有详细的论述，这里只针对特别适用于"断区两码"的选用技术要点进行重点说明。

1. 选用方法

指标的选用方法分为选择法和排除法，彩民在实战中要根据以下实际情况灵活判断使用：

如果实战中遇到某一个指标符合"调偏回补"的时机，这个指标可以使用选择法。

如果实战中遇到理论中奖概率高的指标又适逢可信度高或者遗漏反转率高，这样的指标也可以使用选择法。

如果没有观察到符合上述两种情况的指标，那么彩民就只能选择使用排除法，专门去排除下面两种情况下的指标：

第一种情况是排除已经连续惯性出现 2～3 次的指标，通过观察历史断区指标分布表以及惯性明细表的统计数据可知，一个指标在连续惯性出现 2～3 次后继续出现的概率极低。

第二种情况是排除中奖概率低、可信度和遗漏反转率低的指标，尤其是中奖概率低而上期刚刚出现的指标排除成功的概率极高。

学会并领悟上述几种情况的实际运用，彩民在实战中对指标的选择的准确性会得到极大的提高。

2. 选用原则

读者要反复阅读领悟本章第四节讲解的九大指标选用原则，尤其要重点学习以下三个指标选用原则：

（1）宁精毋滥。彩民在选择断区两码的指标时，要找到符合选择法的指标或者符合排除法的指标加以使用，不符合的或者不确定的指标坚决不要盲目去使用，宁精毋滥。彩民要清楚地知道，应用断区两码的宗旨是为了辅助缩小断区 3D 号码的范围，千万不能马虎大意，因选择指标不谨慎而出现问题会导致满盘皆输。

（2）追热避冷。这里必须重中一下，追热避冷是指标选择的不二法则，是彩民必须时刻铭记不能违背的铁律。

（3）主次分明。彩民要清楚地知道，使用断区两码是为了缩减断列或者断行 3D 号码的组合数量从而降低投注量、缩小红球中奖号码范围，也就是说，"断区两码"是为"断区转换"提供服务的技术。因此，彩民在实战中一般要以断区转换为主、断区两码为辅，必须主次分明。否则无章无序，必会思路混乱，判断失误。

在实战分析时，彩民首先判断选择断区 3D 号码各个位置的范围，然后再去观察研判选择断区两码。如果有非常好的断区两码指标可供选择或者排除，那么就可以在实战中加以使用；反之不予使用。

3. 应用法则

相互印证的应用法则在断区两码的选用中很重要，是决定断区两码技术能否辅助断区转换技术成功缩小断区 3D 号码组合范围的关键。

所谓"相互印证"是指彩民在每次对应用指标确定条件时，可以同时使用几种方法相互参照，从不同角度分析中奖号码的条件，看其结果有没有统一性。如果分析选择是正确的，结果应当完全一致。

如在实战中，彩民通过分析确定断行 3D 号码的百位是 0 和 1，十位是 3 和 4，个位是 5，如果这时还能确定断行两码是 13，就再次证明了之前的推断是可靠的，完全可以把当期断行 3D 号码确定为 135，就极大地缩小了范围。反之，如果此时彩民选择的断行两码是 06，与之前高概率选择的断行 3D 号码没有交集，根据"主次分明"的选用原则可知断区两码指标的分析有问题，当期只能重新分析或是放弃使用断行两码。

相互印证实则是对指标选择正确与否的一种校验。

第三章　双色球蓝球战法

选择蓝球号码好比画家的点睛之笔，"点"得好坏关乎整个画面的神韵。点得好，作品活灵活现；点得不好，作品古板僵硬。双色球选号中蓝球号码的选择也极其重要，在红球号码全部选对的情况下，只有蓝球也同样选对，才能把大奖揽入怀中，否则最多只能中得二等奖。

从投资收益和风险控制的角度来说，也不能忽视蓝球。因为根据双色球游戏规则，即使在不考虑红球号码的情况下，只要选对蓝球号码也会中得 5 元钱的奖项，相对于每注彩票 2 元钱的投入来说也是一种回报。不仅获得收益，也降低了投注的风险，在此基础上还有中得大奖的机会。因此，彩民千万不能忽视蓝球号码。

红球号码是宝藏之门的一把"大锁"，蓝球号码就是打开这把"锁"的"金钥匙"。我们即使找到"宝藏"，也只有找到"金钥匙"才能打开这把"锁"，才能真正地拥有这些宝藏。否则，即使找到"宝藏"，因为没有"金钥匙"也只能望洋兴叹了。

一、蓝球尾选号法

双色球蓝球号码从 01 到 16，共有 16 个，每期开奖只能开出 1 个蓝球号码，也就是说，蓝球号码的理论中奖概率为 6.25%。

彩民可以观察这样一个现象，那就是所有蓝球号码的尾数均是 0～9 的数字。把 16 个蓝球号码按照同一个尾数划分后是这样的：

尾数为 1 的蓝球号码：01、11

尾数为 2 的蓝球号码：02、12

尾数为 3 的蓝球号码：03、13

尾数为 4 的蓝球号码：04、14

尾数为 5 的蓝球号码：05、15

尾数为 6 的蓝球号码：06、16

尾数为 7 的蓝球号码：07

尾数为 8 的蓝球号码：08

尾数为 9 的蓝球号码：09

尾数为 0 的蓝球号码：10

在尾数划分后可以看到，如果在实战中能够正确选择当期蓝球开奖号码的一个尾数，那么在 1~2 个蓝球号码内就可以命中当期的蓝球号码。

这种通过选择蓝球号码尾数来最终选择蓝球号码的选号模式，把 16 选 1 轻松转化为 10 选 1，降低了选号的难度。这种选号方法被称为尾数分析选蓝法。

我们既然把蓝球号码的尾数作为分析使用的条件，那么和断列 3D 号码的百位号码一样，要进行蓝球号码尾数的统计和分析。只有详细地对蓝球号码尾数进行统计和分析，才能获得科学的分布信息和统计数据，从而准确地分析选择最新一期的蓝球号码尾数，最终高概率地锁定蓝球号码。

以蓝球号码尾数作为条件进行统计，同断列 3D 号码的百位号码一样，分为指标分布表和指标参数表，其中指标参数表包括指标遗漏明细表和指标惯性明细表。只有统计制作出以上三个图表才算真正完成了一套完整的蓝球尾数统计表。表 3-1 为蓝球尾数指标分布表，表 3-2 为蓝球尾数指标遗漏明细表，表 3-3 为蓝球尾数指标惯性明细表，表内使用第 2009001~2009020 期共计 20 期开奖数据，因为制作方法与之前断区 3D 号码的指标分布表、指标参数表都完全相同，作者在这里对制作方法及过程不再赘述。

表 3-1　双色球蓝球尾数指标分布表（2009001~2009020 期）

期号	开奖号码	蓝尾	大	中	小	0路	1路	2路	重	大	小	奇	偶	质	合
2009001	04 21 23 24 30 31-04	4	1	中数	5	2	1路	1		1	1		偶数	5	合数
2009002	10 14 17 25 29 33-14	4	2	中数	6	3	1路	2		2	2		偶数	6	合数
2009003	02 03 06 15 25 30-02	2	3	1	小数	4	1	2路	3		3	奇数		9	质数	1
2009004	03 11 13 17 28 31-03	3	4	中数	1	0路	2	1	重	4		小数	奇数		质数	2
2009005	01 03 08 15 17 21-13	3	5	中数	2	0路	3	2	重	5		小数	奇数	2	质数	3
2009006	06 12 18 20 26 33-02	2	6	1	小数	1		4	2路	1		6	小数	1	偶数	质数	4

期号	开奖号码	蓝尾	大	中	小	0路	1路	2路	重	大	小	奇	偶	质	合
2009007	01 05 12 23 25 26-15	5	7	中数	1	2	5	2路	2	大数	1	奇数	1	质数	5
2009008	04 15 16 22 32 33-02	2	8	1	小数	3	6	2路	3	1	小数	1	偶数	质数	6
2009009	08 15 21 30 31 33-02	2	9	2	小数	4	7	2路	4	2	小数	2	偶数	质数	7
2009010	03 10 17 19 20 24-02	2	10	3	小数	5	8	2路	5	3	小数	3	偶数	质数	8
2009011	02 04 13 14 18 23-15	5	11	中数	1	6	9	2路	6	大数	1	奇数	1	质数	9
2009012	05 11 14 17 18 28-01	1	12	1	小数	7	1路	1	重	1	小数	奇数	2	质数	10
2009013	04 08 09 21 26 27-09	9	大数	2	1	0路	1	2	1	大数	1	奇数	3	1	合数
2009014	03 06 09 14 15 18-02	2	1	3	小数	1	2	2路	3	1	小数	1	偶数	质数	2
2009015	02 04 06 15 17 32-05	5	2	中数	1	2	3	2路	3	大数	1	奇数	1	质数	2
2009016	02 07 13 16 20 33-03	3	3	中数	2	0路	4	1	重	1	小数	奇数	2	质数	3
2009017	06 14 15 19 25 26-08	8	大数	1	3	1	5	2路	重	大数	1		偶数		合数
2009018	02 05 06 19 27 30-15	5	1	中数	2	2	6	2路		大数	2	奇数		质数	合数
2009019	06 17 19 20 26 27-04	4	2	中数	5	3	1路	1	1	小数	1	偶数			合数
2009020	03 05 07 10 19 23-13	3	3	中数	6	0路	1	2	重	2	小数	奇数		质数	1

表3-2 双色球蓝球尾数指标遗漏明细表

项目	大	中	小	0路	1路	2路	重	大	小	奇	偶	质	合
中奖概率	0.19	0.5	0.31	0.38	0.31	0.31	0.44	0.44	0.56	0.5	0.5	0.56	0.44
统计期数	855	855	855	855	855	855	855	855	855	855	855	855	855
最大遗漏	23	9	25	14	16	16	10	12	6	9	6	6	11
次大遗漏	20	7	20	13	14	14	9	11	5	7	5	5	10
当前遗漏	0	1	2	1	0	6	1	0	1	0	2	0	2
中出可信度	--	0.5	0.52	0.38	--	0.89	0.44	--	0.56	--	0.75	--	0.69
遗漏反转率	--	0.14	0.1	0.08	--	0.43	0.11	--	0.2	--	0.4	--	0.2

项目	大	中	小	0路	1路	2路	重	大	小	奇	偶	质	合
统计期数	855	855	855	855	855	855	855	855	855	855	855	855	855
遗漏次数	131	213	175	194	164	172	208	202	202	220	221	206	207
最大遗漏	23	9	25	14	16	16	10	12	6	9	6	6	11
遗漏1次	25	105	53	68	50	57	81	90	109	117	99	123	85
遗漏2次	20	54	40	52	26	34	62	51	48	62	62	52	56
遗漏3次	18	25	18	27	21	20	29	25	21	26	30	15	24
遗漏4次	14	18	18	16	24	18	16	11	16	9	10	7	19
遗漏5次	18	5	17	9	13	11	8	7	6	2	11	3	4
遗漏6次	2	3	12	11	9	10	5	5	2	2	9	6	9
遗漏7次	3	1	6	4	3	5	4	8	0	1	0	0	3
遗漏8次	5	5	5	3	3	3	1	1	1	0	0	0	3
遗漏9次	8	2	5	5	4	1	2	0	0	1	0	0	1
遗漏10次	4	0	5	0	4	1	1	0	0	1	0	0	2
遗漏10次以上	16	0	4	0	6	9	0	2	0	0	0	0	1
最佳遗漏范围	1~9	1~3	1~5	1~4	1~5	1~5	1~3	1~3	1~3	1~2	1~3	1~2	1~4

表3-3 双色球蓝球尾数指标惯性明细表

项 目	大	中	小	0路	1路	2路	重	大	小	奇	偶	质	合
中奖概率	0.19	0.5	0.31	0.38	0.31	0.31	0.44	0.44	0.56	0.5	0.5	0.56	0.44
统计期数	855	855	855	855	855	855	855	855	855	855	855	855	855
最大惯性	4	9	4	7	6	6	8	6	12	6	9	11	6
次大惯性	3	8	3	6	5	5	6	5	11	5	7	10	5
当前惯性	1	--	---	--	1	--	---	1	--	2	--	2	--
中出可信度	0.17	--	---	--	0.25	--	---	0.24	--	0.14	--	0.12	--
惯性反转率	0.33	--	---	--	0.2	--	---	0.2	--	0.4	--	0.2	--

项目	大	中	小	0路	1路	2路	重	大	小	奇	偶	质	合
统计期数	855	855	855	855	855	855	855	855	855	855	855	855	855
惯性次数	131	212	175	193	165	171	208	202	202	221	220	207	206
最大惯性	4	9	4	7	6	6	8	6	12	6	9	11	6
惯性1次	104	108	112	121	102	109	109	109	90	99	117	85	123
惯性2次	22	52	40	39	42	40	61	48	51	62	62	56	52
惯性3次	4	23	20	18	11	14	21	21	25	30	26	24	15
惯性4次	1	12	3	7	5	6	10	16	11	10	9	19	7
惯性5次	0	12	0	6	4	1	4	6	7	11	2	4	3
惯性6次	0	1	0	1	1	1	2	2	5	9	2	9	6
惯性7次	0	1	0	1	0	0	0	0	8	0	1	3	0
惯性8次	0	2	0	0	0	0	1	0	1	0	0	0	0
惯性9次	0	1	0	0	0	0	0	0	0	0	0	0	0
惯性10次	0	0	0	0	0	0	0	0	0	0	0	0	0
惯性10次以上	0	0	0	0	0	0	0	0	0	0	0	0	0
最佳惯性范围	1~2	1~3	1~2	1~2	1~2	1~2	1~2	1~3	1~3	1~3	1~2	1~4	1~2

　　不知史无以鉴未来。既然已经对蓝球尾数的历史数据进行了详细、科学、系统的统计和分析，那么彩民在每期实战中就完全可以同断列或断行3D号码的各个位置号码一样，充分利用指标分布表、指标参数表的规律特征及参数数据对当前期蓝球尾数走势进行准确的趋势分析和精确的判断，从而高概率地选择蓝球号码。

　　在实战中，如果通过对蓝球尾数统计表的分析判断，认为当期蓝球尾数为大数指标出现的概率很高，那么大数指标包括7、8、9，即蓝球尾数为7、8、9。我们知道，在16个蓝球号码中，尾数为7、8、9的蓝球号码只有07、08、09。如果当期分析判断是正确的，那么07、08、09三个蓝球号码中一定会包括当期的蓝球开奖号码。

　　同理，如果经过分析判断，当期蓝球尾数为大数指标和0路指标同时出现的概率很高，那么大数指标包括7、8、9，0路指标包括0、3、6、9，符合它们同时出现的号码只有交集号码9。也就是说，当期蓝球尾数为9。我们知道，在16个蓝球号码中的尾数为9的蓝球号码只有09。如果当期分析判断是正确的，那么蓝球号码09一定会是当期的蓝球开奖号码。

二、内码合选号法

双色球蓝球号码从01至16共有16个，每个蓝球号码均由十位和个位数字组成，如蓝球号码01、08、12等。

为了在实战中能准确地选择蓝球号码，彩民要多角度地观察和分析蓝球号码，从而了解蓝球号码各个层面的不同视角的趋势变化。

在双色球中，每个蓝球号码的十位和个位数字相加之和被称为内码合，如蓝球号码08，0+8=8，即蓝球号码08的内码合为8；又如，蓝球号码13，1+3=4，蓝球号码13的内码合为4。经过统计，蓝球号码的内码合的范围值是1~9（没有内码合为0的蓝球号码），每个内码合所对应的蓝球号码如下：

内码合为1的蓝球号码：01、10

内码合为2的蓝球号码：02、11

内码合为3的蓝球号码：03、12

内码合为4的蓝球号码：04、13

内码合为5的蓝球号码：05、14

内码合为6的蓝球号码：06、15

内码合为7的蓝球号码：07、16

内码合为8的蓝球号码：08

内码合为9的蓝球号码：09

通过内码合划分可以看到，如果在实战中能够正确选择当期蓝球号码的内码合，那么在1~2个蓝球号码中就可以命中当期的蓝球号码。

这种通过分析蓝球号码内码合来最终选择蓝球号码的选号模式，把16选1轻松转化为9选1，同样也降低了选号的难度。这种选号方法我们称为内码合选蓝法。

既然把蓝球号码的内码合作为分析使用的条件，那么与蓝球号码尾数分析相同，同样可以进行内码合的统计和分析。只有详细地对内码合进行统计和分析才能获得科学的分布信息和统计数据，从而指导彩民准确地分析最新一期的蓝球号码内码合，最终高概率地锁定蓝球号码。

将蓝球号码内码合作为条件进行统计，同尾数分析一样分为指标分布表和指标参数表，其中指标参数表包括指标遗漏明细表和指标惯性明细表。只有统计制作出以上三个图表，才算真正完成了一套完整的蓝球内码合统计表。表3-4为蓝球内码合指标分布表，表3-5为蓝球内码合指标遗漏明细表，表3-6为蓝球内码合指标惯性明细表，表内使用 2009001～2009020 期共计 20 期开奖数据，因为制作方法与之前断区 3D 号码的指标分布表、指标参数表都完全相同，在这里对制作方法及过程同样不再赘述。

表 3-4　双色球蓝球内码合指标分布表（2009001～2009020 期）

期号	开奖号码	内码合	大	中	小	0路	1路	2路	重	大	小	奇	偶	质	合
2009001	04 21 23 24 30 31--04	4	1	中	5	4	1路	1	1	1	小	2	偶	2	合
2009002	10 14 17 25 29 33--14	5	2	中	6	5	1	2路	2	大	1	奇	1	质	1
2009003	02 03 06 15 25 30--02	2	3	1	小	6	2	2路	3	1	小	1	偶	1	2
2009004	03 11 13 17 28 31--03	3	4	中	1	0路	3	1	重	2	小	奇	1	1	3
2009005	01 03 08 15 17 21--13	4	5	中	2	1	1路	2	1	3	1	奇	2	偶	合
2009006	06 12 18 20 26 33--02	2	6	1	小	2	1	2路	2	2	1	奇	偶	1	1
2009007	01 05 12 23 25 26--15	6	7	中	1	0路	2	1	重	大	1	3	偶	1	合
2009008	04 15 16 22 32 33--02	2	1	中	小	1	3	1	1	2	1	4	偶	1	合
2009009	08 15 21 30 31 33--02	2	2	1	小	2	1	1	2	1	小	5	偶	2	2
2009010	03 10 17 19 20 24--02	2	10	中	小	3	1	2路	3	3	1	奇	偶	1	3
2009011	02 04 13 14 18 23--15	6	11	中	1	0路	6	1	重	大	1	7	偶	1	合
2009012	05 11 14 17 18 28--01	1	12	中	1	小	1路	2	重	1	小	奇	1	质	1
2009013	04 08 09 21 26 27--09	9	大	中	1	0路	1	1	1	1	1	奇	2	1	合
2009014	03 06 09 14 15 18--02	2	2	中	小	1	2	1	2	1	小	奇	偶	1	2
2009015	02 04 06 15 17 32--05	5	2	中	小	2	3	2路	1	1	1	奇	1	质	1
2009016	02 07 13 16 20 33--03	3	2	中	1	0路	4	1	重	1	小	奇	奇	1	3
2009017	06 14 15 19 25 26--08	8	大	1	3	1	5	2路	重	1	1	偶	1	1	合
2009018	02 05 06 19 27 30--15	6	2	中	1	0路	6	1	重	大	1	2	偶	1	合
2009019	06 17 19 20 26 27--04	4	2	中	1	2	1路	1	2	2	1	奇	偶	1	合
2009020	03 05 07 10 19 23--13	4	3	中	6	2	1路	3	1	2	1	奇	4	偶	合

表 3-5　双色球蓝球内码合指标遗漏明细表（2009001～2009020 期）

项目	大	中	小	0路	1路	2路	重	大	小	奇	偶	质	合
中奖概率	0.25	0.5	0.25	0.31	0.38	0.31	0.44	0.5	0.5	0.56	0.44	0.63	0.37
统计期数	855	855	855	855	855	855	855	855	855	855	855	855	855
最大遗漏	23	9	25	22	12	12	10	8	7	8	10	7	12
次大遗漏	17	8	20	20	10	11	9	7	6	7	8	6	10
当前遗漏	0	1	2	3	0	5	2	0	1	0	1	0	1
中出可信度	--	0.5	0.44	0.67	--	0.84	0.69	--	0.5	--	0.44	--	0.37
遗漏反转率	--	0.12	0.1	0.15	--	0.45	0.22	--	0.17	--	0.12	--	0.1

项目	大	中	小	0路	1路	2路	重	大	小	奇	偶	质	合
统计期数	855	855	855	855	855	855	855	855	855	855	855	855	855
遗漏次数	157	218	151	185	196	183	213	211	211	217	217	195	196
最大遗漏	23	9	25	22	12	12	10	8	7	8	10	7	12
遗漏1次	40	105	37	58	58	53	79	106	104	128	98	126	68
遗漏2次	33	60	29	44	55	44	59	51	51	54	54	38	47
遗漏3次	22	30	14	27	27	25	37	31	26	19	28	17	33
遗漏4次	13	13	16	20	22	17	19	10	12	7	19	9	17
遗漏5次	17	4	17	10	12	17	7	2	11	6	5	3	10
遗漏6次	4	4	9	4	11	8	5	5	5	1	5	1	9
遗漏7次	4	0	6	7	5	8	5	5	2	1	4	1	3
遗漏8次	3	1	7	2	1	4	0	1	0	1	0	0	2
遗漏9次	6	1	3	2	2	3	1	0	0	0	0	0	2
遗漏10次	3	0	2	2	1	1	0	0	0	0	1	0	0
遗漏10次以上	12	0	9	3	1	3	0	0	0	0	0	0	0
最佳遗漏范围	1～6	1～3	1～6	1～4	1～4	1～5	1～3	1～3	1～3	1～2	1～3	1～2	1～4

表3-6　双色球蓝球内码合指标惯性明细表（2009001～2009020期）

项　目	大	中	小	0路	1路	2路	重	大	小	奇	偶	质	合
中奖概率	0.25	0.5	0.25	0.31	0.38	0.31	0.44	0.5	0.5	0.56	0.44	0.63	0.37
统计期数	855	855	855	855	855	855	855	855	855	855	855	855	855
最大惯性	4	8	4	5	7	7	7	7	8	10	8	12	7
次大惯性	3	7	3	4	6	5	5	6	7	8	7	10	6
当前惯性	1	--	--	--	3	--	--	1	--	1	--	1	--
中出可信度	0.18	--	--	--	0.01	--	--	0.24	--	0.25	--	0.24	--
惯性反转率	0.33	--	--	--	0.5	--	--	0.17	--	0.12	--	0.1	--

项目	大	中	小	0路	1路	2路	重	大	小	奇	偶	质	合
统计期数	855	855	855	855	855	855	855	855	855	855	855	855	855
惯性次数	157	217	151	184	196	183	212	211	211	217	217	196	195
最大惯性	4	8	4	5	7	7	7	7	8	10	8	12	7
惯性1次	115	108	104	119	126	118	128	104	106	98	128	68	126
惯性2次	28	54	32	46	50	45	49	51	51	54	54	47	38
惯性3次	13	29	14	12	14	14	21	26	31	28	19	33	17
惯性4次	1	13	1	5	2	3	9	12	10	19	7	17	9
惯性5次	0	9	0	2	2	2	4	11	2	5	6	10	3
惯性6次	0	2	0	0	1	0	0	5	5	1	9	1	4
惯性7次	0	1	0	0	1	1	1	2	4	2	1	5	1
惯性8次	0	1	0	0	0	0	0	0	0	1	2	3	0
惯性9次	0	0	0	0	0	0	0	0	0	0	0	2	0
惯性10次	0	0	0	0	0	0	0	0	0	1	0	3	0
惯性10次以上	0	0	0	0	0	0	0	0	0	1	1	6	0
最佳惯性范围	1～2	1～3	1～2	1～2	1～2	1～2	1～2	1～3	1～3	1～3	1～2	1～4	1～2

方法是可以复制的，举一反三极其重要。

既然对蓝球号码内码合的历史数据通过统计表进行了详尽的统计和分析，那么接下来彩民在每期实战中就完全可以充分利用指标分布表、指标参数表的规律特征以及参数数据，对当期蓝球号码内码合的走势进行准确的趋势分析和精确的判断，从而高概率地选择蓝球号码。

在实战中，如果在对蓝球号码内码合统计表进行分析判断后，认为当期蓝球号码内码合为小数指标出现的概率很高，那么小数指标包括 0、1、2，也就是说，蓝球内码合为 0、1、2。我们知道，蓝球号码中没有内码合为 0 的号码，那么在 16 个蓝球号码中内码合为 1、2 的蓝球号码只有 01、02、10、11。如果当期分析判断是正确的，那么这 4 个蓝球号码中一定会包括当期的蓝球开奖号码。

如果能断定当期蓝球内码合为 2 路指标同时出现的概率很高，那么 2 路指标包括 2、5、8，也就是说，当期蓝球内码合为 2、5、8。在 16 个蓝球号码中内码合为 2、5、8 的蓝球号码有 02、11、05、14、08。

综合分析，只有蓝球号码 02、11 符合我们当期的选择。

如果当期分析判断是正确的，那么蓝球号码 02、11 中一定包括当期的蓝球开奖号码。

三、内码差选号法

双色球蓝球号码从 01 到 16 共有 16 个，每个蓝球号码均由十位和个位数字组成。如蓝球号码 01、08、12 等。

只有多视角、多层面地去观察和分析蓝球号码的历史数据，才能准确地掌握蓝球号码的趋势变化，从而在实战中准确地选择蓝球号码。

在双色球中，每个蓝球号码十位与个位数字相减后正数的差值被称为内码差。如蓝球号码 15，$5-1=4$，则蓝球号码 15 的内码差为 4；又如，蓝球号码 09，$9-0=9$，则蓝球号码 09 的内码差为 9。经过统计，所有蓝球号码的内码差的范围值是 $0 \sim 9$，每个内码差所对应的蓝球号码如下：

内码差为 1 的蓝球号码：01、10、12

内码差为 2 的蓝球号码：02、13

内码差为 3 的蓝球号码：03、14

内码差为 4 的蓝球号码：04、15

内码差为 5 的蓝球号码：05、16

内码差为 6 的蓝球号码：06

内码差为 7 的蓝球号码：07

内码差为 8 的蓝球号码：08

内码差为 9 的蓝球号码：09

内码差为 0 的蓝球号码：11

通过内码差划分可以看到，如果在实战中能够正确选择当期蓝球号码的内码差，那么在 1~3 个蓝球号码中同样可以命中当期的蓝球号码。

这种通过分析蓝球号码内码差来最终选择蓝球号码的选号模式，同样把 16 选 1 轻松转化为 10 选 1，这种选号方法我们称之为内码差选蓝法。

既然蓝球号码的内码差可以作为实战中一个分析使用的条件，那么和蓝球号码尾数分析一样，同样可以进行内码差的统计和分析。只有对内码差进行详细的统计和分析，才能获得科学的分布信息和统计数据，从而指导彩民准确地分析最新一期的蓝球号码内码差，最终高概率地锁定蓝球号码。

将蓝球号码内码差作为条件进行统计，同样可分为指标分布表和指标参数表，而指标参数表包括指标遗漏明细表和指标惯性明细表。只有统计制作出以上三个图表，才算真正完成了一套完整的蓝球内码差统计表。表 3-7 为蓝球内码差指标分布表，表 3-8 为蓝球内码差指标遗漏明细表，表 3-9 为蓝球内码差指标惯性明细表，表内使用第 2009001~2009020 期共计 20 期开奖数据。因为制作方法与之前断区 3D 号码的指标分布表、指标参数表都完全相同，在这里对制作方法和过程同样不再赘述。

表 3-7 双色球蓝球内码差指标分布表（2009001~2009020 期）

期号	开奖号码	内码差	大	中	小	0路	1路	2路	重	大	小	奇	偶	质	合
2009001	04 21 23 24 30 31--04	4	1	中	5	4	1路	1	重	1	小	2	偶	2	合
2009002	10 14 17 25 29 33--14	3	2	中	6	0路	1	2	重	2	小	奇	1	质	1
2009003	02 03 06 15 25 30--02	2	3	1	小	1	2	2路	1	3	小	1	偶	质	2
2009004	03 11 13 17 28 31--03	3	4	中	0路	3	1	重	2	小	奇	1	质	3
2009005	01 03 08 15 17 21--13	2	5	小	1	2	2路	1	5	小	偶	质	4
2009006	06 12 18 20 26 33--02	2	6	2	小	5	2	2路	2	6	小	偶	质	5
2009007	01 05 12 23 25 26--15	4	7	中	1	3	1路	1	3	7	小	3	偶	合
2009008	04 15 16 22 32 33--02	2	8	小	4	1	2路	4	8	小	4	偶	质	1
2009009	08 15 21 30 31 33--02	2	9	2	小	5	2	2路	5	9	小	偶	质	2

续表

期号	开奖号码	内码差	大	中	小	0路	1路	2路	重	大	小	奇	偶	质	合
2009010	03 10 17 19 20 24--02	2	10	3	小	6	3	2路	6	10	小	6	偶	质	3
2009011	02 04 13 14 18 23--15	4	11	中	1	7	1路	1	7	11	小	7	偶	1	合
2009012	05 11 14 17 18 28--01	1	12	1	小	8	1路	2	重	12	1	奇	1	质	1
2009013	04 08 09 21 26 27--09	9	大	2	1	0路	1	3	1	大	1	奇	2	1	合
2009014	03 06 09 14 15 18--02	2	1	3	小	1	2	2路	3	1	小	1	偶	质	1
2009015	02 04 06 15 17 32--05	5	2	中	1	1	2	2路	3	2	大	1	奇	1	合
2009016	02 07 13 16 20 33--03	3	3	中	2	0路	4	1	重	3	中	2	奇	质	2
2009017	06 14 15 19 25 26--08	8	大	1	1	1	5	2路	重	大	1	1	偶	2	合
2009018	02 05 06 19 27 30--15	4	1	中	4	2	1路	1	1	1	小	2	偶	2	合
2009019	06 17 19 20 26 27--04	4	2	中	5	3	1路	2	1	2	小	3	偶	3	合
2009020	03 05 07 10 19 23--13	2	3	1	小	4	1	2路	3	3	小	4	偶	质	1

表 3-8 双色球蓝球内码差指标遗漏明细表（2009001～2009020 期）

项　目	大	中	小	0路	1路	2路	重	大	小	奇	偶	质	合
中奖概率	0.19	0.44	0.37	0.31	0.38	0.31	0.38	0.38	0.62	0.56	0.44	0.62	0.38
统计期数	855	855	855	855	855	855	855	855	855	855	855	855	855
最大遗漏	23	10	12	15	11	18	14	12	5	8	10	5	11
次大遗漏	20	9	11	10	9	13	10	11	4	7	8	4	10
当前遗漏	0	3	1	3	0	1	2	0	1	0	1	0	3
中出可信度	--	0.82	0.37	0.67	--	0.31	0.62	--	0.62	--	0.44	--	0.76
遗漏反转率	--	0.33	0.09	0.3	--	0.08	0.2	--	0.25	--	0.12	--	0.3

项目	大	中	小	0路	1路	2路	重	大	小	奇	偶	质	合
统计期数	855	855	855	855	855	855	855	855	855	855	855	855	855
遗漏次数	131	198	184	187	187	189	217	190	190	217	217	198	198
最大遗漏	23	10	12	15	11	18	14	12	5	8	10	5	11
遗漏1次	25	77	60	54	52	52	85	73	113	128	98	116	80
遗漏2次	20	49	49	45	42	56	61	40	44	54	54	56	49
遗漏3次	16	31	21	37	34	26	36	30	20	19	28	16	20
遗漏4次	14	20	16	22	25	17	17	14	9	7	19	6	17
遗漏5次	18	6	19	6	13	16	7	8	4	4	5	4	9
遗漏6次	2	6	6	6	7	5	3	8	0	1	5	4	5
遗漏7次	3	3	5	4	6	2	5	6	0	1	4	0	3
遗漏8次	5	2	2	5	4	4	1	2	0	1	3	0	7
遗漏9次	8	3	2	6	2	2	0	4	0	0	0	0	0
遗漏10次	4	1	6	1	6	3	1	0	1	0	1	0	2
遗漏10次以上	16	0	4	1	2	4	1	4	0	0	0	0	3
最佳遗漏范围	1～9	1～4	1～5	1～4	1～4	1～5	1～3	1～4	1～2	1～2	1～3	1～2	1～4

表 3-9　双色球蓝球内码差指标惯性明细表（2009001～2009020 期）

项　目	大	中	小	0路	1路	2路	重	大	小	奇	偶	质	合
中奖概率	0.19	0.44	0.37	0.31	0.38	0.31	0.38	0.38	0.62	0.56	0.44	0.62	0.38
统计期数	855	855	855	855	855	855	855	855	855	855	855	855	855
最大惯性	4	8	7	6	5	5	9	5	12	10	8	11	5
次大惯性	3	7	6	4	4	4	5	4	11	8	7	10	4
当前惯性	1	--	--	--	1	--	--	1	--	1	--	3	--
中出可信度	0.17	--	--	--	0.21	--	--	0.23	--	0.25	--	0.09	--
惯性反转率	0.33	--	--	--	0.25	--	--	0.25	--	0.12	--	0.3	--

项目	大	中	小	0路	1路	2路	重	大	小	奇	偶	质	合
统计期数	855	855	855	855	855	855	855	855	855	855	855	855	855
惯性次数	131	197	184	187	187	188	216	190	190	217	217	198	198
最大惯性	4	8	7	6	5	5	9	5	12	10	8	11	5
惯性1次	104	105	96	113	119	127	127	113	73	98	128	80	116
惯性2次	22	55	55	55	40	44	58	44	40	54	54	49	56
惯性3次	4	20	23	11	18	15	21	20	30	28	19	20	16
惯性4次	1	5	5	7	7	1	8	9	14	19	7	17	6
惯性5次	0	7	2	0	3	1	1	4	8	5	6	9	4
惯性6次	0	1	2	1	0	0	0	0	8	5	1	6	0
惯性7次	0	1	1	0	0	0	0	0	6	4	1	3	0
惯性8次	0	3	0	0	0	0	0	0	2	3	1	7	0
惯性9次	0	0	0	0	0	0	1	0	4	0	0	2	0
惯性10次	0	0	0	0	0	0	0	0	1	1	0	2	0
惯性10次以上	0	0	0	0	0	0	0	0	4	0	0	3	0
最佳惯性范围	1～2	1～2	1～2	1～2	1～2	1～2	1～2	1～2	1～4	1～3	1～2	1～4	1～2

　　同蓝球尾数以及蓝球内码合一样，通过统计表对蓝球内码差进行全面的统计和分析，接下来就是充分利用指标分布表、指标参数表的规律特征以及参数数据，对当前期蓝球号码内码差的走势进行准确的趋势分析和精确的判断，从而高概率地选择蓝球号码。

　　在实战中，彩民如果在对蓝球号码内码差统计表进行分析判断后，认为当期蓝球号码内码差为小数指标和 0 路指标同时出现的概率很高，那么小数指标包括 0、1、2，0 路指标包括 0、3、6、9，同时符合条件的内码差只有 0，即选择当期蓝球号码内码差为 0，在 16 个蓝球号码里内码差为 0 的蓝球号码只有 11。如果当期分析判断是正确的，那么蓝球号码 11 一定是当期的蓝球开奖号码。

四、选蓝法选用原则

为了高概率中奖，在双色球选号的过程中准确选择蓝球号码的重要性不言而喻。蓝球尾数分析选蓝法、内码合选蓝法以及内码差选蓝法都是化繁为简的、选择蓝球中奖号码的方法，它们使用了蓝球号码的尾数、内码合、内码差作为统计和分析的条件，每个条件均在 0 ~ 9 的范围内按照大中小、012 路、重合码以及奇偶、大小、质合共计 6 类 13 个指标进行统计和分析，图表统一、指标统一以及分析技术统一，这样极大地方便读者进行学习使用。

在实战中，每种选蓝方法的条件所属指标的重要性是随统计数据的变化而改变的，可能在分析这期的蓝球号码时，这个条件所属指标的作用最大；到了下期，可能另一个条件所属的指标就成为关键性的指标了。长期单独使用某个条件或某个指标来分析选择蓝球号码的方法是不可取的，因为它所表达出来的信息也十分有限，不能提供更大的选择空间。

读者必须要对所有选蓝方法或每个方法所属的所有指标加以综合分析、灵活选用，才能达到一个最佳的效果。指标的选用原则在"断区转换原理"章节中已经说明，这里重点说明选蓝方法的选用原则。

1. 宁精毋滥

我们虽然掌握了三种选蓝方法，但是在实战中的每一期分析时不可能同时使用。用的方法越多，错误的概率就越大，反而降低了中奖概率。因此，在实战中选蓝方法使用的越少越好，宁精毋滥。

2. 交叉使用

每种不同选蓝方法的指标在实战中可以交叉使用，这样更会创造意想不到的效果。彩民在实战中往往会遇到这样的事情，如彩民根据尾数分析选蓝法看好的小数指标 0、1、2 会在当期高概率出现，这时根据蓝球内码合选蓝法又看好 1 路指标 1、4、7 同样会在当期高概率出现。蓝球尾数为 0、1、2 的蓝球号码为 10、01、11、12，蓝球内码合为 1、4、7 的蓝球号码为 01、10、04、13、07、16，同时符合两个条件的蓝球号码只有 01 和 10。也就是说，如果当期的选择是正确的，那么蓝球号码 01 ~ 10 一定包括当期的蓝球开奖号码。

这就是交叉使用的优势。

3. 相互印证

所谓"相互印证"是指每次应用一种选蓝方法进行选择蓝球号码时，可以同时使用其他方法相互参照，从不同角度分析蓝球号码，检验其结果有没有统一性。如果分析选择是正确的，结果应当完全吻合。如果相符，就再次证明了之前的判断是可靠的；如果不相符合，说明之前的分析可能存在问题，需要重新分析判断。相互印证实则是对选择结果的一种校验。

但是彩民要永远记住，必须以最先使用的选蓝方法为主，以参照分析印证使用的方法为次，主次必须要分清，千万不能因为使用次要的选蓝方法所获得的结果来干扰之前的分析判断。

第四章　双色球实战攻略

一、组号投注攻略

（一）双色球选号流程

在经过前面的详细阅读和系统学习之后，彩民在实战中使用断区转换法进行双色球红球号码的选择以及使用蓝球尾选号法、内码合和内码差选号法进行蓝球号码的选择应该是轻车熟路了。

为了进一步帮助彩民清晰地整理选号技术思路，强化书中的选号技术，下面用图示的方法进行演示。

第一，红球选号流程——断区转换法选号法技术应用流程。

图4-1为断区转换法选号法技术应用流程示意图，步骤解析如下：

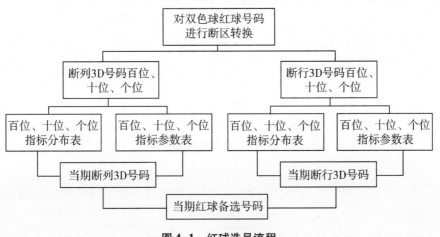

图4-1　红球选号流程

（1）对双色球历史开奖数据中的红球号码进行断区转换。

（2）将利用历史数据中红球号码转换后获得的断列和断行 3D 号码的百位、十位、个位作为条件，分别进行指标分布表和指标参数表的统计。

（3）根据历史数据的指标分布表和指标参数表研判当期的断列 3D 号码的百位、十位、个位，进行号码取舍，获得当期断列 3D 号码。如果当期选择的断列 3D 号码组合过多，可辅助使用断列两码进行精确范围。

（4）根据历史数据的指标分布表和指标参数表研判当期的断行 3D 号码的百位、十位、个位的取舍，获得当期断行 3D 号码。如果当期选择的断行 3D 号码组合过多，可辅助使用断行两码进行精确范围。

（5）根据获得的断列 3D 号码和断行 3D 号码在行列分布表中排除不能出现的号码，剩余的就是当期备选号码。

第二，蓝球选号流程——蓝球尾、内码合和内码差选号法技术应用流程。

图 4-2 为蓝球尾、内码合和内码差选号法技术应用流程示意图，步骤解析如下：

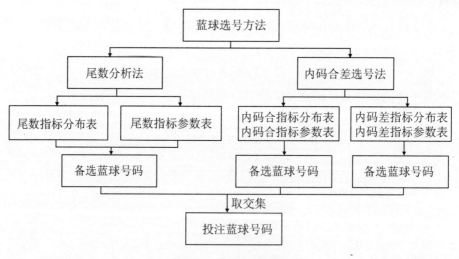

图 4-2　蓝球选号流程

（1）蓝球的选号方法分为两种：一种是尾数分析法，另一种是内码合差选号法。

（2）尾数分析选号法是以蓝球号码尾数作为统计分析的条件，根据历史数据的尾数指标分布表以及尾数指标参数表研判当期蓝球号码尾数，从而取舍当期的蓝球号码。

（3）内码合差选号法是以蓝球号码十位、个位数的和尾数以及差值数作为统计分析的条件，根据历史数据的内码合、内码差分别制作的指标分布表和指标参数表研判当期蓝球号码的内码合及内码差，从而取舍当期的蓝球号码。

这两种蓝球号码的选择方法既可以单独使用，也可以结合使用，后者获得的蓝球号码会更加精确，投注数量更少。

（二）双色球组号技术

彩民在实战中可以通过上述选号技术进行备选号码的选择，那么在获得备选号码后该如何进行组号投注才能达到最佳效果呢？

在双色球实战中，常用的组号投注方式有单式组号投注、复式组号投注、胆拖组号投注以及旋转矩阵组号投注。

彩民在实战中可以根据当期所选择号码数量的多少，结合每种组号投注的优缺点，再综合自身资金的实际情况来具体参考使用其中一种形式进行组号投注。

1. 单式组号投注攻略

单式组号投注就是把备选红球号码都按照单式投注的形式进行组合后投注。前面已经讲过，单式投注是从红色球号码中选择 6 个号码，从蓝色球号码中选择 1 个号码，组合为 1 注投注号码的投注。因此，单式投注也就是主要针对红球号码的组合投注方式。

假设实战中运用断区转换技术分析选择的断列 3D 号码 012、断行 3D 号码 012 而获得 13 个红球号码，如果要使用单式组号投注方式进行投注，就是对 13 个红球号码的所有组合进行投注。13 个红球号码的所有组合为 1716 注，如果包括当期的 6 个红球号码，那么需要投入 3432 元即可 100% 中得二等奖。

还是这 13 个红球号码的组号投注，假设也包括当期的 6 个红球号码，如果通过彩票软件【彩霸王】决战双色球富豪版，利用软件内的断层覆盖算法，只需要组合成 318 注单式投注，即投入 636 元亦可达到 100% 的中奖概率。

彩民运用软件在断层覆盖算法的基础上，还可以通过其他高概率的条件再过滤掉一些出现概率极低的号码组合，这样使得最后的投注号码更加精简，在提高中奖概率的基础上降低投入金额，从而很好地控制投注风险。

2. 复式组号投注攻略

复式投注包括红区复式投注、蓝区复式投注和全复式投注。

红区复式投注是从红色球号码中选择 7～20 个号码，从蓝色球号码中选择 1 个号码，组合成多注投注号码的投注。

蓝区复式投注是从红色球号码中选择 6 个号码，从蓝色球号码中选择 2～16 个号码，组合成多注投注号码的投注。

全复式投注是从红色球号码中选择 7～20 个号码，从蓝色球号码中选择 2～16 个号码，组合成多注投注号码的投注。

众所周知，双色球单式投注要从 01～33 选择 6 个红球号码，再从 01～16 选择一个蓝球号码，进而组合成"6+1"形式进行投注，从理论上来说，单式投注中取大奖的可能性概率很小。而复式投注因为组合后号码的覆盖面广，因而中奖概率相对于单式投注要高出许多。

俗话说得好，"单钩垂钓不如撒网一收"。复式投注是提高中奖概率、降低投注风险的有效购彩方式。

复式投注因为组合后的投注号码覆盖面广，虽然中奖概率相对单式投注而言大了很多，但需要投入的资金量也由此多一些，不可避免地要面临投注资金大幅度提高的问题。选择 7～20 个红球号码复式投注，投注额从十几元至几万元，如果再加上蓝球的复式，投入更是以几何形式增长，没有一定经济实力的彩民很难承受这种大投入，从某些方面来讲也违背了"以小博大"的博彩宗旨。

复式组合投注一般以红球号码 7～15 个、蓝球号码 1～3 个的形式为主要投注方式。

我们建议，如果在实战中根据断区转换技术获得的备选红球号码在 13 个号码以下、备选蓝球号码在 3 个之内，并且当期的中奖概率很高，那么再结合自身的资金使用情况，可以考虑应用复式投注。反之，不建议绝大多数彩民使用复式组合投注的方式。

在实战中，如果红球备选号码过多，那么考虑选择使用的蓝球号码要精少，这样才会降低投入金额；同理，如果备选红球号码少，那么选择使用的蓝球号码可以适当多一些，因为蓝球的高中奖率也会降低复式投注所带来的风险。

高中奖率是复式投注的最大优点，高投入是复式投注的最大缺点，彩民在实战中要综合自己的实际情况，在仔细斟酌后选择使用。

3. 胆拖组号投注攻略

第一，什么是胆拖投注？我们首先需要了解双色球玩法中胆码和拖码的定义。

在双色球玩法中，通常把一个或多个最看好的并且在当期中奖号码中将以高概率出现的红球备选号码称为胆码。

在双色球红球备选号码的范围中，选择胆码后再从剩余号码中选择若干个号码作为与胆号码相配的红球号码，这些红球号码被称为拖码。

胆拖投注是一种主次分明的组号投注方法，就是在双色球 33 个红球号码中选定 1~5 个红球号码作为胆码，再选定 2~20 个（电脑系统限定的个数，理论上最多可以到 32 个，但由于打印区域限制，故最多只能打印 20 个）不同的红球号码作为拖码，胆码和拖码的个数加起来要大于 6 个、小于 33 个。

双色球胆拖投注主要针对红球号码，把备选的红球号码分成胆码和拖码两部分，胆码在所投注的每一注彩票中都会出现，而拖码是与胆码共同组成完整的一组彩票的号码。

以双色球玩法中 2 拖 5 为例，假设我们通过使用断区转换技术获得的红球备选号码有 7 个，为 01、05、06、08、16、22、32，其中把胆码设定为 01、05，把拖码设定为 06、08、16、22、32，把蓝球号假定为 16，彩民在实战中可以组成这样的胆拖投注号码并进行投注：

第 1 注：01 05 06 08 16 22+16

第 2 注：01 05 06 08 16 32+16

第 3 注：01 05 06 16 22 32+16

第 4 注：01 05 08 16 22 32+16

第 5 注：01 05 06 08 22 32+16

胆码"01、05"在每一注中都有，而拖码"06、08、16、22、32"则分别与胆码共同组成一注完整的彩票，但并不是每个拖码在每一注中都会有。

所组成的单式投注号码为全部含有胆码的所有 6 个号码的红球组合，胆拖投注所组成的每注单式投注号都必须包含全部胆码，组合的变化全部由拖码来完成。选择使用的胆码数量必须少于 6 个，而且胆码和拖码的号码不能在同一注中重复选择。

双色球胆拖投注是继全包蓝球、三种复式（红球复式、蓝球复式和全复式）投注后又一种被广泛使用的组号投注方式。

双色球胆拖投注包括红区胆拖投注和红区胆拖、蓝区复式投注两种组号投注方式。

红区胆拖投注是红区为组合游戏的胆拖投注，蓝区为单式投注。红区先选择 1~5 个号码作为红区胆号码，再从剩余号码中选择若干个号码作为与胆号码相配的拖号码。

红区胆拖、蓝区复式投注方式是红区为组合游戏的胆拖投注方法，蓝区为复式投注。红区先选择 1~5 个号码作为红区胆号码，再从剩余号码中选择若干个号码作为与胆号码相配的拖号码，然后再从蓝区选择 1~16 个号码。

第二，胆拖投注的优点是什么？

相对于双色球复式投注而言，胆拖投注的优点十分鲜明。

（1）投注金额较少。对于双色球这种大盘游戏来说，如果单纯选择使用复式投注，那么因为号码组合的注数多而使得投注金额相应提高很多。胆码的准确定位能够使资金投入量相对减少，同样还有可能中得大小不同的奖项。

例如，按复式投注的方法，红色球复式投注 10 个号（蓝球个数为 1）的投注金额为 420 元。使用胆拖投注，胆 1 拖 9 的购买金额为 252 元，胆 2 拖 8 的购买金额为 140 元，而胆 5 拖 5 时只需 10 元。可以看出，使用胆拖投注时胆码选择的数量越多，所需金额就越少。

又如，选 7 个红色球号码的红色球复式投注（蓝球只选 1 个）需要投入 14 元，但利用胆拖投注 2 拖 5 的方式，则只要 10 元就可以；8 个红球号码的复式投注需 56 元，而 2 拖 6 只需 30 元，节省 26 元；10 个红球号码的复式投注需 420 元，而 2 拖 8 只需 140 元，节省 280 元。可以得出这样的结论：彩民在使用胆拖投注时，备选的红球号码越多，则节省的金额也越多。

由此可以看出，较复式投注而言，双色球胆拖投注更为经济实用。但是，这里必须要强调的是，选择胆码的准确率一定要高。

（2）中奖效果较好。胆码是胆拖投注的灵魂，在胆码全中、拖码大部分也都选中的情况下，中奖金额非常可观。

例如，胆 1 拖 6 时，如果胆码与拖码全都命中，可中得 1 注一等奖，同时兼中 5 注三等奖（前提为蓝球命中）。即便胆码无一命中，但只要拖码中得较多，仍可中得一些小奖或保本。

只要胆码全部选中，并在拖码中选中其余的号码，可以确保大面积的中奖，甚至每一注都中奖，大奖、小奖均可收获；即使胆码不一定全中，结合拖码所中情况，也可以收获一定的小奖，并不像某些彩民朋友认为的那样：胆拖投注，胆码不中就没戏了。例如，双色球 2 拖 5，如果 2 个胆码均未中出，但只要 5 个拖码中得 4 个，至少也能中得五等奖，保本收益没有问题；如果蓝球也命中，则每注都会中奖，200 元四等奖 1 注、10 元五等奖 4 注，奖金合计 240 元，最终可以盈利 230 元。

（3）选号灵活。双色球胆拖投注给彩民提供了广阔的组号投注空间，彩民在投注时可根据自身经济实力和投注计划，自由地增减胆码和拖码。

在备选红球号码不变的前提下，胆码选择的越多，实际投注的资金就会越少；相反，胆码选择的越少，实际投注金额也会越多。在实战中，彩民可以根据自身的实际情况来选择资金的投入和胆码个数的多少。为了提高中奖概率，胆码选择的正确性至关重要。建议彩民综合考虑中奖概率和投注资金之间的协调关系，正确选择适合自己的模式进行投入。

第三，如何合理选胆？胆拖投注是乐透型彩票中常用的一种组号投注方法，在胆拖投注中，选胆是最为关键的一步。

例如，双色球备选红球号码中包括了开奖号码中的 6 个红球，可是在选择的 2 个胆码中只有 1 个是基本号码，虽然拖码中了 4 个，也同样不能中得二等奖（在不考虑蓝球的情况下）。因此，胆码的选取非常重要。胆码选不好，直接影响胆拖投注的实际效果。

胆码和拖码的选定，体现的是彩民对所选号码的重视程度和选择范围，是投注人在衡量投注资金与号码多寡比例中的慎重选择。一般来说，选胆要求稳，不能求险。因此，作者推荐以下几种合理的选胆技巧以供彩民朋友参考。

（1）旺区选"胆"。就是在行列分布表中最近几期出号较多的或行或列的区域进行选择胆码。比如，如果在最近的 5 期内，在行列分布表的第 1 行和第 2 行区域内出号比较密集，那么就要在这个区域里选取 3 个胆码。这样选择的理由：热号总是在某个区域相对集中出现，从该区域确定胆码能够最大程度接近中奖号码。

（2）重号寻"胆"。在双色球开奖号码中，由于重号出现较多，而重号的备选范围相对较小（每期只有 6 个红球号码选择），这样选中的可能性也比盲目选择的成功率要大很多。

（3）尾号定"胆"。如果不考虑红球号码在十位上的差别，仅以个位上号码作区分，那么 33 个红球号码可分为 0~9 共 10 组号码。一般情况下，总会有个别尾数号码于近期表现得特别突出，如果选定一个尾号，对应的号码就只有 3~4 个了，然后再从中细选出 1~2 个号码，这也是选好胆码的方式之一。

（4）质数捡"胆"。双色球红球中有 11 个质数：02、03、05、07、11、13、17、19、23、29、31，质数个数正好占到红球号码数量的 1/3。每期开出质数的平均个数：6/33×11≈2 个，也就是说，每期理论上应该出现 2 个质数。实际上，质数出现个数比理论值偏多，如第 2007059~2007061 期连续中出 3 个质数。质数的筛选，要考虑红球奇偶、大小的比例，一般以 4∶2、3∶3、2∶4 的形式出现。之所以把质数作为胆码的一种选取方法，是因为几乎每一期都会出现 2~3 个质数。

（5）隔期追"胆"。就是在选择本期的胆码时仔细分析上一期的开奖号码，考虑每个号码的冷热程度、奇偶情况，从总体上研究其中自己认为比较重点号码的惯性和惰性现象，按照隔三期出现或隔五期出现的特征，把这样的号码确定为胆码。

（6）断区围"胆"。这是我们重点推荐的定胆方法。在实战中，彩民可以通过"断区转换法"选取一定数量的备选红球号码，还可以通过运用断区转换的拓展模式对之前的备选红球号码进行再次筛选过滤，一定会获得极少数量的红球号码，这时完全可以把这些红球号码作为之前备选红球号码中的胆码进行使用，成功的概率很高，值得推广使用。

彩民在实战中可以根据自己的喜好对以上介绍的胆码的选择方法进行综合研判，结合当期的实际情况斟酌使用，才能达到最佳效果。

第四，选择几个胆码合适？在双色球红球备选号码中，只能选取 1~5 个胆码。下面分析在选择不同数量胆码的情况下，中奖的可能性和奖金的收益情况。

（1）选择 1 个胆码、N（6≤N≤32）个拖码（为了方便说明，假设 N=12，下同），则可组成 792 注有效组合，需 1584 元。①若选中 1 个胆，则在 12 个拖码中选取 3~5 个胆码，分别获奖 360 元、2720 元、1 注二等奖另加 9100 元。②若未选中任意 1 个胆码，则在 12 个拖码中选取 4~6 个胆码，分别获奖 80 元、550 元、2100 元。

（2）选择 2 个胆码、12 个拖码，则可组成 495 注有效组合，需 990 元。

①若选中 2 个胆码，则在 12 个拖码中选取 2 ~ 4 个，分别获奖 450 元、2880 元、1 注二等奖另加 8080 元。②若仅选中 1 个胆码，则在 12 个拖码中选取 3 ~ 5 个，分别获奖 90 元、520 元、1700 元。③若未选中任意 1 个胆码，则在 12 个拖码中选取 4 ~ 6 个，分别获奖 10 元、50 元、150 元。

（3）选择 3 个胆码、12 个拖码，则可组成 220 注有效组合，需 440 元。①若选中 3 个胆码，则在 12 个拖码中选取 1 ~ 3 个，分别获奖 550 元、2900 元、1 注二等奖另加 6480 元。②若仅选中 2 个胆码，则在 12 个拖码中选取 2 ~ 4 个，分别获奖 100 元、470 元、1280 元。③若仅选中 1 个胆码，则在 12 个拖码中选取 3 ~ 5 个，分别获奖 10 元、40 元、100 元。

（4）选取 4 个胆码、12 个拖码，拖码两两组合，则可组成 66 注有效组合，需 132 元。①若选中 4 个胆码，则在 12 个拖码中选取 0 ~ 2 个，分别获奖 660 元、750 元、1 注二等奖另加 4450 元。②若仅选中 3 个胆码，则在 12 个拖码中选取 1 ~ 3 个，分别获奖 110 元、400 元、870 元。③若仅选中 2 个胆码，则在 12 个拖码中选取 2 ~ 4 个，分别获奖 10 元、30 元、60 元。

由此可见，在双色球胆拖投注实战中，选择 2 个或 3 个胆码比较科学合理。

我们再看一个例子。双色球备选红球号码选择了 9 个号码，并进行 4 胆 5 拖的胆拖投注，共组成 10 注号码。

假设选择 01、02、03、04 为红色球区的胆码，选择 05、06、07、08、09 为红色球区的拖码，01 为蓝色球区号码，组成的单式投注如下：

01 02 03 04 05 06+01

01 02 03 04 05 07+01

01 02 03 04 05 08+01

01 02 03 04 05 09+01

01 02 03 04 06 07+01

01 02 03 04 06 08+01

01 02 03 04 06 09+01

01 02 03 04 07 08+01

01 02 03 04 07 09+01

01 02 03 04 08 09+01

如果 4 个胆码全中，不管拖码和蓝色球中不中，都可以保证每注单式投注中至少有一个五等奖；如果 4 个胆码有 3 个不中，且蓝色球也没选中，那么，即使在拖码中选中 5 个号码都没有奖。当然，也不是说胆码选择得不正确，就完全没有中奖机会。如果胆码选择较少，如 1~2 个，即使胆码全部未中，那么在拖码选中较多时，也会中取一些小的奖项。

因此，通过上面的例子提醒彩民，在实战中选择使用胆拖投注方式时，一定要慎重选择胆码，并适当控制胆码的数量，胆码选得多，固然提高了中奖的机会，但也相应地增加了不中奖的风险。

第五，怎么计算胆拖投注的金额及注数？实战中，选择了一定数量的红球备选号码和蓝球备选号码，如果使用胆拖投注的方式进行投注，那么该如何计算组号后的投注数量以及投注所需的金额呢？

我们在实际操作中计算胆拖投注注数的公式是这样的：设定红色球区胆码个数为 n（1≤n≤5），红色球区拖码个数为 m（6-n≤m≤20），蓝色球区所选个数为 w，则此胆拖投注的注数个数为 combin（m，6-n）×combin（w，1）。

例如，设红色球区胆码个数为 2（1≤n≤5），红色球区拖码个数为 8（6-n≤m≤20），蓝色球区所选个数为 3，则此胆拖投注的注数个数为 combin（8，4）×combin（3，1），即 210 注。

这里用到高等数学中的组合和组合数公式。

组合：是从 n 个不同的元素中，任取 m（m≤n）个元素并成一组，叫做从 n 个不同元素中取出 m 个元素的一个组合。

组合数公式：combin（n，m）= n（n-1）…（n-m+1）/1×2…m = n！/m！（n-m）！

例如，combin（4，2）= 6 的含义就是在 4 个数中，任取 2 个数，有 6 种取法。

实战中，如果选择 01、02、03、04 为红色球区的胆码，选择 05、06、07、08、09 为红色球区的拖码，选择 01、02 为蓝色球区复式号码，则共组成 combin（5，2）×combin（2，1），即 20 注，需要投入 40 元。

具体组成的单式投注如下：

01 02 03 04 05 06+01   01 02 03 04 05 07+01

01 02 03 04 05 08+01   01 02 03 04 05 09+01

01 02 03 04 06 07+01   01 02 03 04 06 08+01

01 02 03 04 06 09+01   01 02 03 04 07 08+01

01 02 03 04 07 09+01   01 02 03 04 08 09+01

01 02 03 04 05 06+02   01 02 03 04 05 07+02

01 02 03 04 05 08+02   01 02 03 04 05 09+02

01 02 03 04 06 07+02   01 02 03 04 06 08+02

01 02 03 04 06 09+02   01 02 03 04 07 08+02

01 02 03 04 07 09+02   01 02 03 04 08 09+02

在学习和使用中，彩民并不一定要全部弄懂胆拖投注注数的计算公式，为了彩民在实战中使用方便，我们制作了双色球胆拖投注金额计算表，见表4-1，为了平时查询使用方便，将其收录在本书第五章"双色球实战工具"中。

表4-1　双色球红球胆拖投注金额计算表

投注金额（元）		红球拖码个数													
		2	3	4	5	6	7	8	9	10	11	12	13	14	15	16
红球胆码个数	1					12	42	112	252	504	924	1584	2574	4004	6006	8736
	2				10	30	70	140	252	420	660	990	1430	2002	2730	3640
	3			8	20	40	70	112	168	240	330	440	572	728	990	1120
	4		6	12	20	30	42	56	72	90	110	132	156	182	210	240
	5	4	6	8	10	12	14	16	18	20	22	24	26	28	30	32

投注金额（元）		红球拖码个数													
		17	18	19	20	21	22	23	24	25	26	27	28	29	30	31
红球胆码个数	1	12376	17136	23256	31008	40698	52668	57684	85008	106260	131560	161460	196560	237510	285012	339822
	2	4760	6120	7752	9690	11970	14630	17710	21252	25300	29900	35100	40950	47502	54810	62930
	3	1360	1632	1938	2280	2660	3080	3542	4048	4600	5200	5850	6552	7308	8120	
	4	272	306	342	380	420	462	506	552	600	650	702	756	812		
	5	34	36	38	40	42	44	46	48	50	52	54	56			

表4-1中显示的只是蓝球为1个时红球胆拖投注需要投入的金额，当蓝球选择n个时，则胆拖投注的金额为表中"投注金额"乘以蓝球个数n。

每注彩票投注金额 2 元钱，因此，投注金额除以 2 等于胆拖投注的投注数量。

4. 旋转矩阵组号投注攻略

在大多数的情况下，彩民运用断区转换法的技术都会选择出几个不等的备选号码，如果备选号码很多，需购买这些号码的所有组合（复式投注）才有可能中奖，每次购买彩票都要投入很多资金，一般彩民难以承受。这种投注方法也违背了"以小博大"的彩票游戏宗旨。

在彩票游戏中，还可能出现一种更"惨"的情况：备选号码内囊括了当期的 6 个红球号码，但每一注只有一两个号码与中奖号码对得上，有时甚至连末等奖也没有中得，眼看着一次绝佳的中奖机会白白溜走。面对这种情况，除了遗憾，别无他法。那么，有没有一种方法，在保证中奖率不降低的情况下，大量排除中奖概率比较小的备选号码，从而使彩民选出的号码更精准呢？

下面介绍一种针对双色球红球号码的组号投注方法，它能让彩民根据自身的资金支配情况，选择适合自己的组号方法，从而确保投资的科学性、合理性，而且能保证最高的中奖率。通俗地说，就是用最少的钱中最大的奖。这种组号投注方法就是旋转矩阵法。

第一，什么是旋转矩阵？

旋转矩阵是一个非常复杂、高深的数学难题，它的原理在数学上被称为"覆盖设计"，是一个看似简单却异常复杂的问题。旋转矩阵被引入彩票业后，演化成一种号码组合方法。简单地说，在双色球中，只要选对了一定范围的红球备选号码，就能保证中奖。举例来说，不管彩民选择了多少个备选号码，只要它们中间包含了 6 个红球中奖号码，那么通过旋转矩阵的方法进行组号，可以保证彩民至少一注选中 5 个号码的奖项，也有可能选中 6 个号码的奖项；如果备选号码中包含了 5 个中奖号码，它就可以保证中得 4 个或 4 个以上的中奖号码。需要提醒彩民朋友的是，这个方法不针对蓝球的选择。

旋转矩阵法具有以下两个特点：①简单易用。运用旋转矩阵法时，彩民根本不需要具备多么高深的数学知识，要做的只是"依葫芦画瓢"般地套用旋转矩阵的公式即可。②节约资金、保证中奖。如果备选的号码中包括中奖号码，那么通过旋转矩阵法组号，不但节省了大量投入资金，还能最大程度地保证彩民中得大奖。

第二，旋转矩阵的优势。

如前所述，在实战中可以首先通过"断区转换法"精选出若干个备选号码供彩民进行投注。可是如果备选的号码数量过多，大多数彩民不可能投入大量的资金去购买所有的号码组合。如果不能购买所有备选号码的号码组合，即便是备选号码中包含了中奖号码，但这些号码往往不在同一注投注号码中，也会白白浪费一次绝好的中奖机会。

如何避免这些遗憾呢？这时旋转矩阵就要发挥它的强劲优势了，下面我们通过对比说明双色球投注中组合号码的重要性。倘若选择了 10 个红球号码——01、02、03、04、05、06、07、08、09、10，想把它们组合起来进行投注，一般有两种组合方法：

（1）复式投注。复式投注无疑是最简单的方法，这种方法在彩票投注站的宣传单上就有详细的介绍。彩民只要直接购买 10 个号码的复式就可以了，但需要购买 210 注，投入资金 420 元。因为复式的目标就是中大奖，它将 10 个号码的全部组合都包括了，也就是说，如果这 10 个号码中包含中奖号码，在不考虑蓝球的情况下，彩民可以稳中二等奖。

表 4-2　双色球红球号码复式投注金额对照表

红球号码个数	投注金额（元）	红球号码个数	投注金额（元）
7	14	14	6006
8	56	15	10010
9	168	16	16016
10	420	17	24752
11	924	18	37128
12	1848	19	54264
13	3432	20	77520

注：

1. 以上投注金额是在选择 1 个蓝球的情况下计算的；

2. 双色球游戏规则中规定：在红球号码复式投注中，最多能购买 20 个号码的复式，有些地区还限制最多购买 16 个号码的红球复式。

从表 4-2 中可以看到，复式投注的缺点显而易见，它需要投入的资金太大了，如果选择 20 个号码，则需要投入 7 万多元。大多数彩民不可能投入这么巨大的资金去购买彩票。因此，每次用复式投注法进行彩票投注肯定不是一种理智的彩票玩法。

（2）旋转矩阵。旋转矩阵法是另一种号码组合方式。旋转矩阵的价值在于，如果彩民所选择的多个号码中包括了开奖号码，那么只要用很少的投入，就能够中得一个相应级别的大奖。例如，现有双色球 10 个红球备选号码，使用"10-6-5-14 型"旋转矩阵公式，其含义是选择 10 个备选号码，若其包含了 6 个中奖号码，那么至少会中一注选对 5 个红球号码的奖项，即四等奖。使用旋转矩阵后，彩民只需要购买 14 注，投入 28 元。而相应的复式投注需要的投资为 420 元。如此少的投资，如此高的获奖保证，这就是旋转矩阵的优势所在。"10-6-5-14 型"旋转矩阵公式如表 4-3 所示。

表 4-3　双色球 10 个红球号码的"10-6-5-14 型"旋转矩阵公式

注数	系统序号					
第 1 注	1	2	5	6	7	9
第 2 注	2	4	6	7	9	10
第 3 注	3	6	7	8	9	10
第 4 注	1	2	3	6	8	9
第 5 注	4	5	6	8	9	10
第 6 注	1	3	4	7	9	10
第 7 注	1	3	4	5	8	9
第 8 注	2	3	4	5	9	10
第 9 注	1	3	4	5	6	7
第 10 注	1	2	4	6	7	8
第 11 注	1	2	3	5	6	10
第 12 注	1	2	5	7	8	10
第 13 注	2	3	4	5	7	8
第 14 注	1	2	3	4	8	10

第三，旋转矩阵的用法。

（1）旋转矩阵名称中数字代码的含义。每种旋转矩阵都有自己固定的名称，例如，"10-6-5-14 型"矩阵、"12-6-5-38 型"矩阵、"13-5-4-31 型"矩阵等。这些数字表示该旋转矩阵类型的公式代码。每个矩阵类型的公式代码中包含着四方面的含义：

第一段代码指彩民所选择的红球号码的备选个数。如代码 10、12、13，表示在实战中选出的 10 个、12 个、13 个红球备选号码。

第二段代码指的是在备选号码中所包含的后来开出的中奖号码，如"10-6-5-14 型"矩阵中的代码 6，表示所选择的 10 个备选号码包含了 6 个中奖号码；同理，"13-5-4-31 型"矩阵中的代码 5，则表示所选择的 13 个备选号码包含了 5 个中奖号码。

第三段代码指的是保证中奖的号码数量。例如，"12-6-5-38 型"矩阵中的第三段代码 5，表示在选择了 12 个备选号码后，如果在开奖中包含了 6 个中奖号码，那么这个矩阵的组合中一定会中得 1 注包含 5 个中奖号码的奖项。需要说明的是，这时中得的 5 个号码的奖项最终是几注并不确定，这与组合号码的顺序有关系。也就是说，号码在组合中出现的次数，会影响最后的中奖情况。

第四段代码指的是所需购买的注数。还是以"12-6-5-38 型"矩阵为例，第四段代码是 38，它表示如果选择了 12 个备选号码并在开奖中包含了 6 个中奖号码，那么这个矩阵的组合中一定会中得 5 个号码的奖项，而这时需要实际购买的注数为 38 注。据此，彩民就可以计算出自己所需的投注金额。

我们通常把"10-6-5-14 型"矩阵公式称为 10 个号码的中 6 保 5 型旋转矩阵，其他矩阵依此类推。

（2）旋转矩阵的运用。旋转矩阵的运用方法极为简单，下面我们通过一个实例来加以说明。

表 4-4　双色球系统序号与备选号码对照表

系统序号	1	2	3	4	5	6	7	8	9	10
备选号码	2	6	9	13	15	20	25	28	31	33

　　备选号码是运用断区转换法进行选择的、认为能高概率出现并准备用来投注的号码。同时，我们引入系统序号，按从小到大的顺序为备选号码标上序号。在表4-4中，选择了10个备选号码，准备采用"10-6-5-14型"旋转矩阵公式来进行组号。彩民只要把该矩阵公式（如表4-3所示）中的所有系统序号换成相应的备选号码，就可以得到一系列号码组合，见表4-5。例如，把矩阵公式中的1换成对照表中下方对应的2，2换成6，3换成9，4换成13，依此类推，即可完成。将"10-6-5-14型"矩阵公式中的系统序号替换成备选号码后演变的14注号码如表4-5所示，产生了14注投注号码。第1注号码是怎么得出来的呢？我们首先看表4-3的旋转矩阵公式，表内第1注的第1位系统序号是1，表4-4中系统序号1下对应的是号码2，所以表4-5第1注的第1个号码就是2；表4-3内第1注的第2位系统序号为2，表4-4中系统序号2所对应的号码为6，表4-5中第1注的第2个号码就是6；表4-3第1注的第3个系统序号为5，表4-4中系统序号5所对应的备选号码是15，表4-5中第1注的第3个号码就是15；其他号码都按这种方法生成。

表4-5　根据"10-6-5-14型"旋转矩阵公式产生的投注单

第1注	2	6	15	20	25	31
第2注	6	13	20	25	31	33
第3注	9	20	25	28	31	33
第4注	2	6	9	20	28	31
第5注	13	15	20	28	31	33
第6注	2	9	13	25	31	33
第7注	2	9	13	15	28	31
第8注	6	9	13	15	31	33
第9注	2	9	13	15	20	25
第10注	2	6	13	20	25	28
第11注	2	6	9	15	20	33
第12注	2	6	9	25	28	33
第13注	6	9	13	15	25	28
第14注	2	6	9	13	28	33

需要特殊说明的是，由于旋转矩阵公式中的各个系统序号出现的次数并不完全一样，所以对数字的编码不同就会组合成不同的投注号码，从而最终的中奖结果也不一样。在"10-6-5-14型"旋转矩阵公式中，各个号码出现的次数见表4-6。

表4-6　"10-6-5-14型"旋转矩阵公式中各个数字出现次数表

系统序号	1	2	3	4	5	6	7	8	9	10
出现次数	9	9	9	9	8	8	8	8	8	8

通过表4-6可以看出，彩民在应用旋转矩阵公式组合号码时，应当把出现概率最高的备选号码放在最前面，与出现次数最高的系统序号相匹配，那样，就可以相对获得更多的中奖机会。

有一点可以肯定：无论如何组合号码，根据矩阵所获得的最低中奖保证是不变的。也就是说，开奖后，如果10个备选号码中包含了6个中奖号码，那么就能最少中得1注5个号码的奖项——四等奖；如果10个备选号码中包含了5个中奖号码，那么就能最低中得3注4个号码的奖项；如果10个备选号码中包含了4个中奖号码，就一定能中得6注3个号码，虽然单独3个号码没有奖项，但是如果能配合蓝球中奖也是五等奖，这还只是最低中奖保证。表4-7是"10-6-5-14型"旋转矩阵公式的最低中奖保证表。

表4-7　双色球"10-6-5-14型"旋转矩阵公式的最低中奖保证表

开奖情况	中6保5（14注）
出6	中1注对5个号
出5	中3注对4个号
出4	中6注对3个号

第四，实用的旋转矩阵类型。

根据实战经验的总结，本书选取了最实用的、中奖保证和级别最高的从8个号码到15个号码的中6保5型旋转矩阵公式。为了彩民在使用时更加方便，这些旋转矩阵公式集中收录在第五章"双色球实战工具"中以供实战查阅，这里不再赘述。

在作者的第一本双色球著作《双色球擒号绝技》中，对旋转矩阵以及高级旋转矩阵——定位旋转矩阵有详细的讲解，对彩民的实战有重要的意义和价值。

如果读者在实战中需要其他不同号码数量和不同保证级别的矩阵公式，可以联系作者索取或直接登录中奖快线网站（http://www.51caishen.com）下载使用。

二、模拟复盘攻略

（一）模拟训练

模拟训练是根据历史开奖数据所进行的一种自我的、虚拟的实战训练，包括指标训练和投注训练。

指标的取舍是彩票选号技术的关键要点，也直接关系到彩民根据指标所选择的备选号码最后是否能够中奖。

读者最初在学习和使用选号技术时，大多数在指标取舍的方面会感觉到有些难以把握或完全掌控。其实，解决这个问题的关键就是四个字——模拟训练。进行"指标模拟训练"对每个读者来说都是至关重要的，和学棋时的"打棋谱"有着异曲同工之妙，因此，这个过程必不可少。

彩民在训练过程中可以训练自己对某个指标的分析判断，也可以训练自己对某一期全盘指标的研判取舍。通过不断的模拟训练，彩民不但可以对某个指标不断变化的趋势有详细的了解，而且更重要的是，在训练的过程中可以更好地领悟"均衡理论"在指标趋势变化中的动态规律，从而帮助自己在以后的实战中更好地、高概率地进行指标的选择和应用。

在进行模拟训练时，可以任意选定某个阶段开奖期号的某个指标，然后把截至该期号前的 30 期、50 期或 80 期数据都可以作为本次训练分析的数据进行使用，最后结合指标的技术参数以及运用均衡理论对所有数据进行综合分析，再决定指标的取舍。

投注训练是指利用历史开奖数据进行的组号投注实战训练。彩民可以任选一期为截止开奖期号，通过分析判断选择截止期号前的所有条件指标，然后进行过滤，而后得出当期中奖号码的出现范围。根据作者多年的实战经验，初学者最好使用"金字塔作号法"进行投注训练，如图4-3所示。

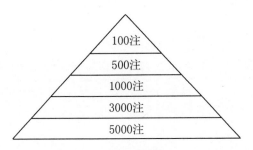

图4-3　金字塔作号法

金字塔作号法就是利用由下到上的五层来使用由多到精的条件进行号码过滤，过滤后得出的投注号码结果也是从多到少。根据实战经验，过滤的结果从第一层到第五层分别为5000注、3000注、1000注、500注、100注五个档次，使用的条件根据实际情况也是由多到精进行具体调节，以过滤后的注数为标准。

对于每期利用金字塔作号法所得出的投注结果，彩民都应该记录存档，然后根据下期或最新开奖号码对每层投注结果的中奖情况进行核对并进行统计。这样做的目的，可以逐层提高中奖概率，提升彩民自身的实战能力，逐渐缩减投注号码数量。

如果彩民通过训练，在第一层的5000注范围内中奖概率很高，那么接下来就进行其他四层的投注训练，依此类推递减到最后两层。如果彩民在实际操作中通过不断努力能达到这个地步，并有一定的中奖概率，就完全可以进行实战操作了。初学者如果认为第一层5000注的范围有些苛刻，也可以增加到10000注左右，其他层也同样相应增加。初学者可以根据自身水平的提高以及实际情况再逐渐缩小范围，效果也是一样的。

无论做任何事情，要想成功都要持之以恒，模拟训练也不例外。只有通过不断的训练，才能逐步地提高自身的实战技能，也才能在实战中获得更大的收益。

有付出一定会有回报！

（二）实战复盘

在学习中，"模拟训练"固然重要，可是"实战复盘"更是重中之重。实战复盘指的是在每次进行模拟训练或者真正实战后，都要根据最新的开奖结果核对之前对所有指标的分析取舍是否正确。

如果在开奖之前彩民针对指标的分析判断取舍都完全正确，也要在开奖之后及时进行复盘后总结，自问在本期分析中为什么能够正确研判取舍每个指标，有什么样的经验可以总结并且能够在以后的实战中借鉴使用。如果开奖之前分析判断取舍的指标有错误，在开奖之后更要仔细分析失误的原因，吸取失败的教训，并在以后尽量杜绝类似的错误出现。

如果彩民在每次模拟训练或实战后都能够进行细致的实战复盘，日积月累，其技术不但会有显著的提高，而且会有质的飞跃。

彩民要记住，模拟训练和实战复盘永远是每个想中奖的彩民的必修课程。

三、彩票合买攻略

很多彩民在双色球选号投注中往往会遇到这样尴尬的情况：通过技术的学习和运用，每期选号结果达到一定数量时中奖概率非常不错，可是因为投注资金的制约以及中取大奖的不确定性，不可能在长时间内对每期进行一定数量的投入，于是当某一期选号后因为投注数量少而与大奖擦肩而过，只能追悔莫及，捶胸顿足。

这种情况在彩民中间时有发生，怎么办？

最佳的解决渠道只有一个——彩票合买。

在当今网络联通世界的高科技信息时代，网络购彩也成了时下流行的购彩方式之一，并且发展的势头与前景越来越好，彩票合买更是成为了网络购彩的一大亮点。

彩票合买是在一个人或多个人选号后在网络上发单并由多个人共同出资投注，中奖后按照投入资金比例分配收益的一种购买彩票的方式。通常将由多个人组成的彩票合买的购彩形式称为彩票合买联盟。彩票合买联盟一般是由几个人或几十人组成的合买小组，由几个预测分析技术比较好的人负责每期选择号码的制作计划，在信誉度极高的彩票网站上进行发单，发单后联盟成员可以共同购买这个投注计划内包含的所有号码。每个彩民购买的金额可以根据自己的经济能力而定，如果中奖，那么在扣税后由网站把剩余奖金按照每个人的资金投入比例自动分配到每个人的账户中。

一般彩票合买都是以联盟的形式进行，因为通过网络彼此间熟悉了解，信任度比较好，沟通的效果也是最好的。

最重要的一点：合买联盟的所有人之间都没有任何的经济往来，每个人都有自己独立的资金账户，每个人的账户也都是由个人独立操作并且托管在信誉度极高的网站，因此合买联盟的每个成员之间更多的是一种技术上的合作。

2009年7月15日，在淘宝网上由451人共同合买的双色球2009082期中，仅仅购买1444注，投入2888元即中得当期的一等奖1注，喜获奖金1009万元。平均计算，每人投入6.5元，却换来人均22372元的奖金收益。

这种彩票合买的形式也被很多彩民引申到网下进行，在亲属、同事以及在投注站结识的志同道合的彩友之间进行同样的彩票合买操作。

据报道，黑龙江一下岗女工与两个同学合买彩票7年，终于在2007年中秋夜中取1100万元大奖。45岁的王女士是大庆一位下岗职工，买福彩已有几年时间。3年前她曾和两位同学合买彩票，中了个小奖，三人觉得在一起买彩比较"和财"，就一直坚持合买。此前三人都没有中过大奖。在双色球第2007112期，她们花了6元钱投注了3组号码，其中一组号码中得当期的头奖，其他两注彩票分别中得四等奖和五等奖，奖金分别为200元和10元。王女士称，每次选号都是由她和两位同学一起研究，最后三人各选出几个号码，反复组合。当期红球中奖号码07、11、14、16、25、32和蓝球11就是她们三人各选两个号码中出的。

那么彩票合买的优势在哪里呢？

合买彩票优势之一：经济实惠。

这是合买的最大优势。购买彩票时，只买一组或几组则很难中奖，如果打几十组、几百组或者上千组就不一样了。但是因为个人的资金有限，这时和别人合资购买，就自然成为众多彩民的首选，这样一来既可提高中奖概率，又可分担风险，一举两得。

合买优势之二：提高中奖概率。

"众人拾柴火焰高"，合买的资金比较充足，有了充足的资金就可以操作比较多的号码，每期就可以制订周密的投注计划，从而高概率地捕捉中奖号码。因为操作的号码较多，所以极大地提高了中奖概率。

合买优势之三：降低投注风险。

合买的本质是大家共同出资购买同一个投注计划，从而降低了每个人的投注风险。例如，双色球每期投注 200 注。如果不参加合买，单独靠一个人期期投入是很难长期坚持下去的，因为谁也不能保证一次购买就可以 100% 中奖。

但是大家进行合买的情况就完全不同了。假如有 20 人参加合买，每期购买 200 注号码，投入 400 元，算下来每个人每期只要投入 20 元钱就可以操作 200 注的投注计划。因此，彩票合买的优势就显现出来了。

彩市有句流行语说得好，"投机十注，不如合买百注"，这正说明了合买的重要性。可以看出，合买既提高了中奖概率，又降低了投注风险，经济实惠，是未来大众博彩的主流形式。单打独斗的投注方式，在不久的将来只适合一些技艺高超的技术型彩民或资金比较雄厚的职业彩民。

此外，彩票合买的缺点在哪里呢？

彩票合买的缺点就是容易引发合作者之间的经济纠纷。主要体现在网下合买方面。

在彩票合买的具体实施中，彩民会经常因为对合买的相互约定不清而产生多方面的纠纷，甚至造成经济损失。尤其是中奖后在奖金分配上的纠纷，让彩民对合买既喜爱又惧怕，长期处在苦恼和郁闷中。

不少律师事务所均存在彩民因合买产生纠纷而寻求法律帮助的记录，但很多都没有有效的法律依据，给审理带来很大难度，因而只有极少数的案例能得到正式受理。

浙江省杭州市首例合买彩票纠纷案就是一个典型的例子。2007 年 9 月，杭州彩民因合买第 2007067 期足彩中了 500 万元大奖，但持有彩票的周鸿在领奖后却拒绝与合买人王永一起分红，原因就是双方只是通过电话和 QQ 聊天简单约定，并没有签订有效的合购协议，最后只得走上法庭。为此，法院在审理和取证过程中也是颇费周折，通过省体彩中心等多方取证，最后从周鸿发布的网络寻求合作购买足球彩票信息、周鸿与王永的 QQ 聊天记录、电话通话记录以及周鸿支付王永 10 万元等得到证据，并依法判决周鸿赔偿合买人王永 93.83 万元。

为什么彩票合买会产生问题呢？关键在于彩票合买双方（多方）之间的约定不全。

彩民因合伙购买彩票而发生纠纷的案件，很多都不能给予受理，因为这些案件在协议上都出现约定不全的问题，因为彩民对此缺少法律意识。

这些问题主要表现为：其一，普遍都是口头协议，没有书面约定，出现纠纷时无凭无据，造成利益受损。其二，即使有文字协议也是很简单的粗略约定。协议中对权利和义务的约定不明确，如对出资、分成、兑奖等关键问题没有做详细和具体的约定，容易产生歧义，造成纠纷。其三，在纠纷发生时不知道如何妥善处理，不懂得搜集证据，通过正当法律途径解决。

对于这些现象，如何保护自身的利益、愉快合买是最重要的问题。这里建议彩民关键要注意以下几个问题：

首先，对这样的事情不要因为都是熟人或朋友，为了图省事而只做一个口头约定，一定要形成书面协议，口头协议的内容不易确定，一旦引起争议，举证难度大。其次，在约定时一定要注意付款时间及方式、中奖后分成比例，违约责任要清楚写明，并且保存好协议的原件。这样在发生纠纷时才能避免因无据可查而导致律师无法受理。最后，如果发生纠纷，先要咨询律师，并在律师的指导下做好证据搜集和准备工作，最大限度地保护好自己的利益。

那么，如何避免因为彩票合买而产生的不必要纠纷呢？

彩票是智者的游戏，不是愚者的赌局。

彩票合买可以在网上和网下进行。互联网上有一些小的彩票网站或骗子网站也提供这种合买服务，在此警告彩民不要轻易相信并使用。要知道，双色球、超级大乐透等中大盘玩法的奖金动辄都是几十万元、几百万元乃至上千万元、上亿元，没有信誉度极高的网站做保障，即使中奖也极有可能领不到奖金。如果彩民在网下进行彩票合买，彩友之间必须以书面文字的形式共同签署一份彩票合买协议，明确每一个人的权利和义务，以及号码的选择、每期的投入、奖金的分配等，以免中大奖之后产生不必要的纠纷。签署有效协议是避免纠纷的最好方式。由于协议是很正式的文件，所以它的内容最好能由律师代写，以保证措辞的严谨、权利义务的明确，这样就可以最大限度地避免纠纷。

为了能减少彩民的损失，下面特附一份彩票合买协议书，提供给彩民参考使用。由于每次的合买人数有多有少，所以使用时就需要在合买人的数量和分成比例的地方，按实际人数做相应调整。当遇到纠纷和有人违约时，协议是最有力的证据，这时要及时拿出协议书才可以很好地保护自身权益。

同时，彩民朋友也需要注意，根据民法规定，合买协议的签署应是在双方平等、协商、自愿的前提下进行的，一旦签署就拥有了法律效力，任何一方出现违约行为都要按约定负担责任。协议签署后人手一份，各自妥善保管。

附：

彩票合买协议书

甲方：×××　　身份证号：×××

乙方：×××　　身份证号：×××

丙方：×××　　身份证号：×××

上述各方本着自愿平等、诚实守信的原则，经友好协商，现就合买彩票事宜达成如下合作协议：

一、合作内容

各方共同出资×××元用于购买彩票，按×：×：×的比例进行出资，由出资各方共同进行选号、购买及领奖，合作收益按本协议第三条约定的分成方式分配。

二、权利和义务

1. 协议各方确保各自比例的出资分四季度，并于每季度第 1 个月的 1 日汇入账号为×××的账户内，卡/存折由×××持有。各方必须保证资金的及时到位，如逾期不出资，视为违约，由违约方承担应出资金额的 20% 作为违约金赔偿对方。

2. 每期彩票的购买必须经各方一致同意，擅自购买造成损失要向其他方赔偿；如有分歧协商不成，可以自行购买，若中奖视为个人所有，但必须由其他方提供以书面形式做出放弃购买该中奖彩票的书面声明，否则视为共同购买。

3. 各方约定，彩票中奖之后，由各方共同到彩票兑奖机关领取奖金，除有书面的委托，否则不得由一方或其中几方代领；如擅自领取奖金，视为违约，守约方除有权要求其支付利益分成部分，还可要求违约方支付奖金数额的 20% 作为赔偿金。

三、利益分成

各方约定，彩票中奖后，各方按×：×：×的比例进行分成。

四、协议的变更、解除

1. 本协议自各方签字盖章后生效，即具有法律约束力，任何一方不得随意变更。如需要变更，各方应协商并签订新的书面协议。

2. 若在本协议履行过程中发生争议，各方应协商解决。任何本协议未尽事宜，各方应本着互谅互让的精神协商解决，如果不能解决，应提交当地法院诉讼。

3. 协议各方中任一方未履行本协议条款，导致协议不能履行或不能完全履行时，其他方有权随时变更、解除协议，并有权追究其违约责任。

五、协议的生效及其他

本协议有效期为自×年×月×日至×年×月×日。协议自各方签字盖章后生效。协议期满后如需继续合作，可以续签协议。

甲方：×××	联系方式：×××	×年×月×日
乙方：×××	联系方式：×××	×年×月×日
丙方：×××	联系方式：×××	×年×月×日

四、断区实战案例

彩民在进行双色球玩法实战过程中，必须经历两个阶段：一是选号阶段，二是组号阶段。只有依次完成了这两个阶段，才能最终投注购买。复盘是开奖后最好的一次实战操盘总结，可以吸取失败的教训或积累成功的经验与心得。因此，从某种角度上说，还是我们不可或缺的必须经历的阶段。

下面以预测分析双色球第2009063期红球开奖号码为例，按照不同的阶段进行实战案例演练，帮助彩民了解和掌握实战选号技能。蓝球号码的实战选号思路和指标的分析选择方法与断区号码完全相同，这里不再赘述。

（一）第一阶段——选号

应用断区转换法进行选号，根据选号流程，在实战中可以分为两个部分、三个步骤。

第一部分是选择断列3D号码，第二部分是选择断行3D号码。每个部分中均包括相同的三大选号步骤：第一步是图表的使用，第二步是指标的分析与选择，第三步是选择备选投注号码。

根据断行、断列模式分析所得到的备选投注进行交集后获得的号码，就是最终的备选号码。如果前面的分析判断正确，那么最终备选号码中一定包括当期的 6 个红球中奖号码。

我们在前面详细讲解了断区转换法的技术要点和实战流程，下面以实战分析预测第 2009063 期双色球红球开奖号码的断列 3D 号码为例，进一步实战演示。请读者以断行 3D 号码作为训练项目自行分析。

1. 图表的使用

预测分析时使用的第一类图表是双色球断列 3D 号码指标分布表，包括断列 3D 号码百位指标分布表、断列 3D 号码十位指标分布表和断列 3D 号码个位指标分布表，如表 4-8、表 4-11、表 4-14 所示。我们要分析预测双色球玩法第 2009063 期的开奖号码，因此只对图表中截至第 2009062 期的 30 期数据进行分析。经过对实战经验的总结发现，进行图表分析时，采用开奖前 30 期、50 期、80 期三种不同的数据分析区间为好，其中尤以 30 期数据最能表现图表中指标的近阶段趋势变化，广大读者可以根据实际情况酌情使用。

预测分析时使用的第二类图表是双色球断列 3D 号码指标参数表，它包括断列 3D 号码百位指标遗漏明细表和指标惯性明细表，断列 3D 号码十位指标遗漏明细表和指标惯性明细表，断列 3D 号码个位指标遗漏明细表和指标惯性明细表。如表 4-9、表 4-10、表 4-12、表 4-13、表 4-15、表 4-16 所示。这里需要特殊说明的是，指标参数表中的数据必须是对截至第 2009062 期的所有历史数据统计的结果，只有实时更新统计数据，才能科学准确地在实战中参考使用。

本次分析预测所用的图表如下：

表 4-8　断列 3D 号码百位指标分布表（2009033～2009062 期）

期号	开奖号码	3D	百	大	中	小	0路	1路	2路	重	大	小	奇	偶	质	合
2009033	07 08 13 14 29 30-06	034	0	858	41	小	0路	3	10	3	858	小	3	偶	3	合
2009034	09 12 18 21 22 26-07	015	0	859	42	小	0路	4	11	4	859	小	4	偶	4	合
2009035	06 15 21 26 29 31-05	004	0	860	43	小	0路	5	12	5	860	小	5	偶	5	合
2009036	06 09 18 23 32 33-07	014	0	861	44	小	0路	6	13	6	881	小	6	偶	6	合
2009037	02 06 15 18 20 31-03	045	0	862	45	小	0路	7	14	7	862	小	7	偶	7	合
2009038	12 13 15 23 28 32-05	000	0	863	46	小	0路	8	15	8	863	小	8	偶	8	合
2009039	05 12 14 15 21 27-03	014	0	864	47	小	0路	9	16	9	864	小	9	偶	9	合
2009040	04 07 10 20 26 30-12	035	0	865	48	小	0路	10	17	10	865	小	10	偶	10	合
2009041	01 08 23 26 28 33-08	006	0	866	49	小	0路	11	18	11	866	小	11	偶	11	合
2009042	08 16 22 23 27 30-11	001	0	867	50	小	0路	12	19	12	867	小	12	偶	12	合

续表

期号	开奖号码	3D	百	大	中	小	0路	1路	2路	重	大	小	奇	偶	质	合
2009043	04 09 10 15 18 26-07	015	0	868	51	小	0路	13	20	13	868	小	13	偶	13	合
2009044	11 14 16 18 26 30-01	013	0	869	52	小	0路	14	21	14	869	小	14	偶	14	合
2009045	03 04 06 23 30 32-01	001	0	870	53	小	0路	15	22	15	870	小	15	偶	15	合
2009046	16 20 21 26 29 30-09	001	0	871	54	小	0路	16	23	16	871	小	16	偶	16	合
2009047	06 08 11 15 21 22-16	001	0	872	55	小	0路	17	24	17	872	小	17	偶	17	合
2009048	03 07 11 15 17 31-01	246	2	873	56	小	1	18	2路	18	873	小	18	偶	质	1
2009049	09 12 14 20 30 31-06	045	0	874	57	小	0路	19	1	19	874	小	19	偶	1	合
2009050	13 21 24 29 30 32-04	004	0	875	58	小	0路	20	2	20	875	小	20	偶	2	合
2009051	06 10 13 16 21 23-07	002	0	876	59	小	0路	21	3	21	876	小	21	偶	3	合
2009052	09 11 15 19 21 30-08	024	0	877	60	小	0路	22	4	22	877	小	22	偶	4	合
2009053	07 12 18 19 22 28-04	235	2	878	61	小	1	23	2路	23	878	小	23	偶	质	1
2009054	16 17 23 26 31 32-11	036	0	879	62	小	0路	24	1	24	879	小	24	偶	1	合
2009055	03 04 18 22 24 29-11	012	0	880	63	小	0路	25	2	25	880	小	25	偶	2	合
2009056	04 09 10 18 29 32-08	001	0	881	64	小	0路	26	3	26	881	小	26	偶	3	合
2009057	05 07 10 14 17 25-11	036	0	882	65	小	0路	27	4	27	882	小	27	偶	4	合
2009058	05 08 10 15 23 26-09	016	0	883	66	小	0路	28	5	28	883	小	28	偶	5	合
2009059	03 07 13 23 27 30-11	024	0	884	67	小	0路	29	6	29	884	小	29	偶	6	合
2009060	07 13 17 26 32 33-04	046	0	885	68	小	0路	30	7	30	885	小	30	偶	7	合
2009061	10 11 13 16 19 30-03	023	0	886	69	小	0路	31	8	31	886	小	31	偶	8	合
2009062	10 19 20 21 23 32-10	008	0	887	70	小	0路	32	9	32	887	小	32	偶	9	合

表4-9　断列3D号码百位指标遗漏明细表（统计截至2009062期所有数据）

项目	大	中	小	0路	1路	2路	重	大	小	奇	偶	质	合
中奖概率	0	0.04	0.96	0.86	0.09	0.05	0.1	0	1	0.1	0.9	0.15	0.85
统计期数	887	887	887	887	887	887	887	887	887	887	887	887	887
最大遗漏	887	110	2	3	66	77	49	887	0	49	2	35	3
次大遗漏	0	84	1	2	49	44	35	0	0	35	1	21	2
当前遗漏	887	70	0	0	32	9	32	887	0	32	0	9	0
中出可信度	0	0.94	--	--	0.95	0.37	0.97	0	--	0.97	--	0.77	--
遗漏反转率	正…	0.83	--	--	0.65	0.2	0.91	正…	--	0.91	--	0.43	--

项目	大	中	小	0路	1路	2路	重	大	小	奇	偶	质	合
统计期数	887	887	887	887	887	887	887	887	887	887	887	887	887
遗漏次数	1	32	31	110	67	55	80	1	0	80	79	124	123
最大遗漏	887	110	2	3	66	77	49	887	0	49	2	35	3
遗漏1次	0	1	30	97	5	4	8	0	0	8	70	19	105
遗漏2次	0	1	1	10	8	7	7	0	0	7	0	21	15
遗漏3次	0	0	0	3	2	4	2	0	0	2	0	12	3
遗漏4次	0	5	0	4	5	4	0	0	0	9	0	16	0
遗漏5次	0	0	0	3	1	3	0	0	0	3	0	7	0
遗漏6次	0	0	0	6	1	10	0	0	0	10	0	10	0
遗漏7次	0	0	0	2	6	4	0	0	0	4	0	8	0
遗漏8次	0	2	0	4	2	5	0	0	0	5	0	7	0
遗漏9次	0	0	0	4	3	2	0	0	0	2	0	5	0
遗漏10次	0	0	0	3	0	3	0	0	0	3	0	0	0
遗漏10次以上	1	19	0	26	27	27	1	0	0	27	0	20	0
最佳遗漏范围	1~11	1~11	1~1	1~1	1~11	1~11	1~11	1~11	1~0	1~11	1~1	1~9	1~1

表4-10　断列3D号码百位指标惯性明细表（统计截至2009062期所有数据）

项目	大	中	小	0路	1路	2路	重	大	小	奇	偶	质	合
中奖概率	0	0.04	0.96	0.86	0.09	0.05	0.1	0	1	0.1	0.9	0.15	0.85
统计期数	887	887	887	887	887	887	887	887	887	887	887	887	887
最大惯性	0	2	110	40	2	2	2	0	887	2	49	3	35
次大惯性	0	1	84	27	1	1	1	0	0	1	35	2	21
当前惯性	--	--	70	9	--	--	--	--	887	--	32	--	9
中出可信度	--	--	0.59	0.03	--	--	--	--	1	--	0.34	--	0.02
惯性反转率	--	--	0.83	0.33	--	--	--	--	正…	--	0.91	--	0.43

项目	大	中	小	0路	1路	2路	重	大	小	奇	偶	质	合
统计期数	887	887	887	887	887	887	887	887	887	887	887	887	887
惯性次数	0	31	32	111	66	54	79	0	1	79	80	123	124
最大惯性	0	2	110	40	2	2	2	0	887	2	49	3	35
惯性1次	0	30	1	13	62	52	70	0	0	70	8	105	19
惯性2次	0	1	1	18	4	2	9	0	0	9	7	15	18
惯性3次	0	0	0	9	0	0	0	0	0	0	2	3	12
惯性4次	0	0	5	11	0	0	0	0	0	0	9	0	16
惯性5次	0	0	2	7	0	0	0	0	0	0	3	0	7
惯性6次	0	0	1	9	0	0	0	0	0	0	10	0	10
惯性7次	0	0	1	8	0	0	0	0	0	0	4	0	8
惯性8次	0	0	2	6	0	0	0	0	0	0	5	0	7
惯性9次	0	0	0	7	0	0	0	0	0	0	3	0	5
惯性10次	0	0	0	3	0	0	0	0	0	0	3	0	2
惯性10次以上	0	0	19	20	0	0	0	0	1	0	27	0	20
最佳惯性范围	1～0	1～1	1～11	1～10	1～1	1～1	1～1	1～0	1～11	1～1	1～11	1～1	1～9

表4-11　断列3D号码十位指标分布表（2009033～2009062期）

期号	开奖号码	3D	十	大	中	小	0路	1路	2路	重	大	小	奇	偶	质	合
2009033	07 08 13 14 29 30-06	034	3	858	中	1	0路	2	9	重	17	小	奇	1	质	1
2009034	09 12 18 21 22 26-07	015	1	859	1	小	1	1路	10	重	18	小	奇	2	质	2
2009035	06 15 21 26 29 31-05	004	0	860	2	小	0路	1	11	1	19	小	1	偶	合	1
2009036	06 09 18 23 32 33-07	014	1	861	3	小	1	1路	12	重	20	小	奇	1	质	1
2009037	02 06 15 18 20 31-03	045	4	862	中	1	2	1路	13	1	21	小	1	偶	合	1
2009038	12 13 15 23 28 32-05	000	0	863	1	小	0路	1	14	2	22	小	1	偶	合	2
2009039	05 12 14 15 21 27-03	014	1	864	2	小	1	1路	15	重	23	小	奇	1	质	1
2009040	04 07 10 20 26 30-12	035	3	865	中	1	0路	1	16	重	24	小	奇	1	质	2
2009041	01 08 23 26 28 33-08	006	0	866	1	小	0路	2	17	1	25	小	1	偶	合	1
2009042	08 16 22 23 27 30-11	001	0	867	2	小	0路	3	18	2	26	小	1	偶	合	1
2009043	04 09 10 15 18 26-07	015	1	868	3	小	1	1路	19	重	27	小	奇	1	质	1
2009044	11 14 16 18 26 30-01	013	1	869	4	小	2	1路	20	重	28	小	奇	2	质	2
2009045	03 04 06 23 30 32-01	001	0	870	5	小	0路	1	21	1	29	小	1	偶	合	1
2009046	16 20 21 26 29 30-09	001	0	871	6	小	0路	2	22	2	30	小	1	偶	合	1
2009047	06 08 11 15 21 22-16	001	0	872	7	小	0路	3	23	3	31	小	3	偶	合	1

续表

期号	开奖号码	3D	十	大	中	小	0路	1路	2路	重	大	小	奇	偶	质	合
2009048	03 07 11 15 17 31-01	246	4	873	中	1	1	1路	24	4	32	小	4	偶	4	合
2009049	09 12 14 20 30 31-06	045	4	874	中	2	2	1路	25	5	33	小	5	偶	5	合
2009050	13 21 24 29 30 32-04	004	0	875	小	小	0路	1	26	6	34	小	6	偶	6	合
2009051	06 10 13 16 21 23-07	002	0	876	小	小	0路	2	27	7	35	小	7	偶	7	合
2009052	09 11 15 19 21 30-08	024	2	877	中	小	1	3	2路	8	36	小	8	偶	质	1
2009053	07 12 18 19 22 28-04	235	3	878	中	小	0路	4	1	重	37	小	奇	1	质	2
2009054	16 17 23 26 31 32-11	036	3	879	中	小	0路	5	2	重	38	小	奇	2	质	3
2009055	03 04 18 22 24 29-11	012	1	880	小	小	1路	3	重	39	小	奇	3	质		
2009056	04 09 10 18 29 32-08	001	0	881	小	0路	1	4	40	小	1	偶	1	合		
2009057	05 07 10 14 17 25-11	036	3	882	中	小	0路	2	5	重	41	小	奇	质		
2009058	05 08 10 15 23 26-09	016	1	883	小	小	1路	6	重	42	小	奇	质			
2009059	03 07 13 23 27 30-11	024	2	884	小	2	1	2路	43	小	偶	质	3			
2009060	07 13 17 26 32 33-04	046	4	885	中	1	3	1路	1	44	小	2	偶	合		
2009061	10 11 13 16 19 30-03	023	2	886	小	4	1	2路	3	45	小	3	偶	质		
2009062	10 19 20 21 23 32-10	006	0	887	小	0路	2	1	4	46	小	4	偶	1	合	

表4-12 断列3D号码十位指标遗漏明细表（统计截至2009062期所有数据）

项 目	大	中	小	0路	1路	2路	重	大	小	奇	偶	质	合
中奖概率	0	0.38	0.62	0.47	0.3	0.23	0.29	0.09	0.91	0.38	0.62	0.52	0.48
统计期数	887	887	887	887	887	887	887	887	887	887	887	887	887
最大遗漏	887	10	7	8	12	27	13	63	2	10	6	7	8
次大遗漏	0	9	6	7	10	26	12	46	1	8	5	6	7
当前遗漏	887	2	0	0	2	1	4	46	0	4	0	1	0
中出可信度	0	0.62	--	--	0.51	0.23	0.75	0.99	--	0.85	--	0.52	--
遗漏反转率	正…	0.22	--	--	0.2	0.04	0.33	1	--	0.5	--	0.17	--

项目	大	中	小	0路	1路	2路	重	大	小	奇	偶	质	合
统计期数	887	887	887	887	887	887	887	887	887	887	887	887	887
遗漏次数	1	209	208	222	204	139	109	69	68	219	218	228	227
最大遗漏	887	10	7	8	12	27	13	63	2	10	6	7	8
遗漏1次	0	82	118	103	74	26	56	7	66	90	129	114	108
遗漏2次	0	49	56	62	37	24	43	4	2	56	59	65	64
遗漏3次	0	31	21	23	37	13	31	2	0	28	19	25	24
遗漏4次	0	17	6	19	18	15	19	6	0	17	9	16	19
遗漏5次	0	9	1	5	12	9	11	1	0	9	1	3	6
遗漏6次	0	12	5	6	5	18	5	8	0	6	1	1	2
遗漏7次	0	5	1	3	7	5	7	5	0	5	0	4	3
遗漏8次	0	2	0	1	7	7	8	3	0	7	0	0	1
遗漏9次	0	1	0	0	1	1	1	3	0	0	0	0	0
遗漏10次	0	1	0	0	1	1	1	3	0	0	0	0	0
遗漏10次以上	1	0	0	0	3	18	5	24	0	0	0	0	0
最佳遗漏范围	1~11	1~4	1~2	1~3	1~4	1~8	1~5	1~11	1~1	1~4	1~2	1~3	1~3

表4-13　断列3D号码十位指标惯性明细表（统计截至2009062期所有数据）

项　目	大	中	小	0路	1路	2路	重	大	小	奇	偶	质	合
中奖概率	0	0.38	0.62	0.47	0.3	0.23	0.29	0.09	0.91	0.38	0.62	0.52	0.48
统计期数	887	887	887	887	887	887	887	887	887	887	887	887	887
最大惯性	0	7	10	10	6	6	6	2	63	6	10	8	7
次大惯性	0	6	9	8	5	3	5	1	46	5	8	7	6
当前惯性	--	--	2	1	--	--	--	--	46	--	4	--	1
中出可信度	--	--	0.15	0.25	--	--	--	--	0.35	--	0.04	--	0.29
惯性反转率	--	--	0.22	0.12	--	--	--	--	1	--	0.5	--	0.17

项目	大	中	小	0路	1路	2路	重	大	小	奇	偶	质	合
统计期数	887	887	887	887	887	887	887	887	887	887	887	887	887
惯性次数	0	208	209	223	203	138	188	68	69	218	219	227	228
最大惯性	0	7	10	10	6	6	6	2	63	6	10	8	7
惯性1次	0	118	82	117	134	111	127	66	7	129	90	108	114
惯性2次	0	56	49	56	60	21	38	2	4	59	56	64	65
惯性3次	0	21	31	26	5	5	17	0	2	19	28	24	25
惯性4次	0	6	17	14	2	0	4	0	6	8	17	19	16
惯性5次	0	1	9	5	1	0	1	0	1	1	9	6	3
惯性6次	0	5	12	2	1	1	1	0	8	1	6	2	1
惯性7次	0	1	5	1	0	0	0	0	1	0	5	3	4
惯性8次	0	0	0	0	0	0	0	0	3	0	7	1	0
惯性9次	0	0	0	0	0	0	0	0	1	0	0	0	0
惯性10次	0	0	1	0	0	0	0	0	0	0	0	0	0
惯性10次以上	0	0	0	0	0	0	0	24	0	0	0	0	0
最佳惯性范围	1~0	1~2	1~4	1~3	1~2	1~1	1~2	1~1	1~11	1~2	1~4	1~3	1~3

表4-14　断列3D号码个位指标分布表（2009033～2009062期）

期号	开奖号码	3D	个	大	中	小	0路	1路	2路	重	大	小	奇	偶	质	合
2009033	07 08 13 14 29 30-06	034	4	858	中	4	6		1路	2	6	2	小	2	偶	2	合
2009034	09 12 18 21 22 26-07	015	5	859	中	5	7	1		2路	7	大		奇	1	质	1
2009035	06 15 21 26 29 31-05	004	4	860	中	6	8		1路	1	1	1	小	1	偶	1	合
2009036	06 09 18 23 32 33-07	014	4	861	中	7	9		1路	2	2	2	小	2	偶	2	合
2009037	02 06 15 18 20 31-03	045	5	862	中	8	10	1		2路	10	大		奇		质	1
2009038	12 13 15 23 28 32-05	000	0	863		小		0路	2		1		小	2	偶		合
2009039	05 12 14 15 21 27-03	014	4	864	中		1		1路	2			小		偶		合
2009040	04 07 10 20 26 30-12	035	5	865	中	2				2路	13	大		奇		质	1
2009041	01 08 23 26 28 33-08	008	6	866	中	3		0路	2	1		重	大	2	偶	1	合
2009042	08 16 22 23 27 30-11	001	1	867	中	1			1路	2		重	小		奇		质	1
2009043	04 09 10 15 18 26-07	015	5	868	中	2				2路	1	大	小		奇	2	质	2
2009044	11 14 16 18 26 30-01	013	3	869	中	2		0路	2			重	小		奇	3	质	3
2009045	03 04 06 23 30 32-01	001	1	870	中				1路			重	小		奇	4	质	4
2009046	16 20 21 26 29 30-09	001	1	871	小				1路			重	小		奇	5	质	5
2009047	06 08 11 15 21 22-16	001	1	872	小				1路			重	小		奇		质	

续表

期号	开奖号码	3D	个	大	中	小	0路	1路	2路	重	大	小	奇	偶	质	合
2009048	03 07 11 15 17 31-01	246	6	873	中	1	0路	1	5	重	大	1	1	偶	1	合
2009049	09 12 14 20 30 31-06	045	5	874	中	2	1	2	2路	1	大	2	奇	1	质	1
2009050	13 21 24 29 30 32-04	004	4	875	中	3	2	1路	1	2	1	小	1	偶	1	合
2009051	06 10 13 16 21 23-07	002	2	876	1	小	3	1	2路	3	2	小	2	偶	质	1
2009052	09 11 15 19 21 30-08	024	4	877	中	4	1路	1	1	大	1	奇	偶	1	合	
2009053	07 12 18 19 22 28-04	235	5	878	中	5	1	2路	5	大	2	奇	质	合		
2009054	16 17 23 26 31 32-11	036	6	879	中	3	0路	2	1	重	大	2	奇	偶	质	合
2009055	03 04 18 22 24 29-11	012	2	880	1	小	1	3	2路	1	大	2	奇	2	质	1
2009056	04 09 10 18 29 32-08	001	1	881	2	小	2	1路	1	重	2	小	奇	1	质	2
2009057	05 07 10 14 17 25-11	036	6	882	中	1	0路	1	2	重	大	1	奇	偶	1	合
2009058	05 08 10 15 23 26-09	016	6	883	中	1	0路	2	3	重	大	1	奇	2	质	合
2009059	03 07 13 23 27 30-11	024	4	884	中	1	0路	1路	4	1	大	1	奇	3	质	合
2009060	07 13 17 26 32 33-04	046	6	885	中	1	0路	1	5	重	大	1	奇	4	质	合
2009061	10 11 13 16 19 30-03	023	3	886	中	5	0路	2	6	重	1	小	奇	1	质	合
2009062	10 19 20 21 23 32-10	006	6	887	中	6	0路	3	7	重	大	1	偶	1	合	

表4-15 断列3D号码个位指标遗漏明细表（统计截至2009062期所有数据）

项　目	大	中	小	0路	1路	2路	重	大	小	奇	偶	质	合
中奖概率	0	0.86	0.14	0.46	0.22	0.32	0.49	0.59	0.41	0.39	0.61	0.46	0.54
统计期数	887	887	887	887	887	887	887	887	887	887	887	887	887
最大遗漏	887	3	26	10	31	14	13	7	14	10	7	7	7
次大遗漏	0	2	23	9	27	13	9	5	9	7	6	6	6
当前遗漏	887	0	6	0	3	7	0	0	1	1	0	1	0
中出可信度	0	--	0.6	--	0.53	0.93	--	--	0.41	0.39	--	0.46	--
遗漏反转率	正…	--	0.26	--	0.11	0.54	--	--	0.11	0.14	--	0.17	--

项目	大	中	小	0路	1路	2路	重	大	小	奇	偶	质	合
统计期数	887	887	887	887	887	887	887	887	887	887	887	887	887
遗漏次数	1	100	107	215	158	189	215	217	217	215	215	224	224
最大遗漏	887	3	26	10	31	14	13	7	14	10	7	7	7
遗漏1次	0	93	12	93	37	55	103	132	96	80	137	97	129
遗漏2次	0	10	13	56	26	52	55	49	40	58	46	59	48
遗漏3次	0	3	10	26	23	25	25	18	34	35	18	38	22
遗漏4次	0	0	9	18	24	13	13	10	25	18	7	15	14
遗漏5次	0	0	3	11	11	8	10	7	11	6	2	5	6
遗漏6次	0	0	11	5	6	16	4	0	3	12	2	7	2
遗漏7次	0	0	9	3	9	9	2	1	2	6	3	3	3
遗漏8次	0	0	7	0	1	3	1	0	0	3	0	0	0
遗漏9次	0	0	6	1	4	2	1	0	2	0	0	0	0
遗漏10次	0	0	3	1	0	1	0	0	0	0	0	0	0
遗漏10次以上	1	0	24	0	10	8	1	0	1	0	0	0	0
最佳遗漏范围	1~11	1~1	1~11	1~3	1~6	1~5	1~3	1~2	1~4	1~4	1~2	1~3	1~3

表4-16　断列3D号码个位指标惯性明细表（统计截至2009062期所有数据）

项　目	大	中	小	0路	1路	2路	重	大	小	奇	偶	质	合
中奖概率	0	0.86	0.14	0.46	0.22	0.32	0.49	0.59	0.41	0.39	0.61	0.46	0.54
统计期数	887	887	887	887	887	887	887	887	887	887	887	887	887
最大惯性	0	26	3	8	5	5	8	14	7	7	10	7	7
次大惯性	0	23	2	7	4	4	7	9	5	6	7	6	6
当前惯性	--	6	--	3	--	--	3	1	--	--	1	--	1
中出可信度	--	0.08	--	0.04	--	--	0.07	0.18	--	--	0.26	--	0.26
惯性反转率	--	0.26	--	0.43	--	--	0.43	0.11	--	--	0.14	--	0.17

项目	大	中	小	0路	1路	2路	重	大	小	奇	偶	质	合
统计期数	887	887	887	887	887	887	887	887	887	887	887	887	887
惯性次数	0	107	106	216	157	188	216	217	217	215	215	224	224
最大惯性	0	26	3	8	5	5	8	14	7	7	10	7	7
惯性1次	0	12	93	118	121	125	112	96	132	137	80	129	97
惯性2次	0	13	10	58	25	41	52	40	49	46	56	48	59
惯性3次	0	10	3	19	8	17	22	34	18	18	35	22	38
惯性4次	0	9	0	9	1	4	15	25	10	7	18	14	15
惯性5次	0	3	0	6	2	1	8	11	7	2	6	6	5
惯性6次	0	11	0	0	0	3	3	3	0	2	12	2	7
惯性7次	0	9	0	2	0	0	3	2	0	3	6	3	3
惯性8次	0	7	0	0	1	0	3	0	0	0	0	0	0
惯性9次	0	6	0	0	0	0	0	0	0	0	0	0	0
惯性10次	0	3	0	0	0	0	0	0	0	0	2	0	0
惯性10次以上	0	24	0	0	0	0	0	1	0	0	0	0	0
最佳惯性范围	1~0	1~11	1~1	1~2	1~2	1~2	1~3	1~4	1~2	1~2	1~4	1~3	1~3

2. 指标的分析选择

本次分析预测断列3D号码所使用的图表已经加以罗列，那么接下来需要做的就是怎么根据这些图表以及相关统计数据去正确地选择实战中需要使用的每一个指标。

在每次进行实战指标分析选择之前，彩民都必须遵循下面四个要点来做好前期准备工作，这样才能更准确地分析、选择指标。

要点一：了解掌握指标的中长期趋势。彩民平时要对所有图表的历史数据多观察、多了解，领悟每个阶段各个指标的趋势动态，随着了解的深入，对图表的感觉以及分析的能力会逐渐增加。

要点二：领悟运用"彩票均衡论"。彩票均衡论是指导彩民正确分析指标、选择指标的重要应用理论，平时必须结合图表多观察历史数据中每个指标是如何遵循彩票均衡理论进行相互转化的，只有不断学习领悟理论的精髓，才能在实战中更好地加以运用。

要点三：时刻谨记"指标选用原则"。指标的八大选用原则是每个彩民必须遵守的"金科玉律"。

要点四：选择指标要有限度。当分析完每一个图表进行指标选择时，所选择使用的指标最多不能超过 3 个，否则选择的指标越多，错误的概率越大；相反，选择的指标越少，正确的概率反而提高。其实这就是"宁精毋滥"原则，也是"指标选用原则"的内容之一，因为它在实战中极其重要，因此对其要加以特别说明。

根据实战中的具体分析思路，简明扼要地讲解选择断列 3D 号码的全部过程。

（1）断列 3D 号码百位指标的分析选择。看图表选指标，首先要看图表中哪个指标有明显的态势可抓，"呼之欲出"的指标是首选。

表 4-8 断列 3D 号码百位指标分布表的大中小指标区，一目了然，小数指标出现的概率极高，通过指标参数表可知小数指标的理论出现概率是 96%，再根据小数指标在断列 3D 号码百位指标分布表中的大中小特征，更说明了小数指标是彩民在实战中选择断列 3D 号码百位号码时的首选。

指标分布表中 1 路指标已经连续遗漏了 32 次，通过表 4-9 断列 3D 号码百位指标遗漏明细表可以看到，1 路指标的中出可信度已经达到 95%，预示着 1 路号码 1、4（1 路号码包括 1、4、7，可是断列 3D 号码百位的理论范围在 1~4，因此只选择 1 和 4，后面实战中也存在类似情况，不再说明）。在百位断列 3D 号码百位上的出现已经迫在眉睫。

我们再看指标分布表中的重合码指标区，重合码指标当前也遗漏了 32 期，通过表 4-9 断列 3D 号码百位指标遗漏明细表可以看到，重合码指标的中出可信度已经达到了 97%，遗漏反转率也达到了 91%，说明接下来重合码 1、3 在断列 3D 号码百位上的出现概率极高，值得彩民高度关注。

同样通过指标分布表可以看到奇数指标区出现异常状态，即在分布表中奇数指标当前同样遗漏了 32 期，通过表 4-9 断列 3D 号码百位指标遗漏明细表可以看到，奇数指标的中出可信度已经达到了 97%，遗漏反转率也达到了 91%，说明接下来奇数 1、3 在断列 3D 号码百位上的出现概率极高，值得彩民高度关注。我们再看偶数指标，连续出现了 32 期，通过表 4-10 断列 3D 号码百位指标惯性明细表可以看到，偶数指标的惯性反转率已经达到了 91%，说明接下来偶数指标出现的概率极低，从另一方面也证明了奇数指标出现的概率极高。

根据对断列3D号码百位指标分布表内各指标的分析，我们选择小数指标和奇数指标作为本期选择百位号码的首选指标。小数指标包括0、1、2三个数字，奇数指标包括1、3两个数字，交集后同时符合这两个指标的数字为1，因此分析后选择号码1作为断列3D号码的百位号码，也就是说，行列分布表中的第1列是本期断列区域。

我们在之前的分析中极度关注的重合码指标虽然没有被采用，但是从另一个角度也验证了彩民选择号码1（1属于重合码指标）为当期百位号码是正确的。

将实战中最被看好的、出现概率最高的指标称为主要指标，其他则被称为次要指标。虽然实战中彩民使用主要指标，但是次要指标的佐证作用不可忽视。次要指标佐证的强大作用也真实地说明了各个指标之间相辅相成、相互印证的重要性，在实战中要注意结合使用。

（2）断列3D号码十位指标的分析选择。从表4-11断列3D号码十位指标分布表中可以看到有4个指标具有明显的态势可抓：0路指标、重合码指标、大数指标和奇数指标。

我们先看指标分布表中的0路指标，它在2009058～2009061期连续遗漏了4期，在短期内呈现一个小的偏态，在求均衡原理的作用下于2009062期进行"调偏回补"。由表4-12断列3D号码十位指标遗漏明细表可知，0路指标的理论出现概率最高，达到了47%，仅仅回补了一次往往达不到调偏的需求，所以接下来继续出现的概率还是很高。尤其是2路指标近期出现了2次，以其23%的理论出现概率，在短期内出现的概率极低，也正如我们所分析的，2路指标在间隔了5期后的第2009068期才出现。排除了2路指标的出现，也就增加了0路和1路指标的出现概率。同时还可以看到近期内1路指标也出现了3次，和它30%的理论概率相吻合。种种迹象表明，接下来0路指标值得彩民重点关注。在断列3D号码十位上，0和3属于0路指标，之前断列3D号码百位选择1，则十位号码只有3值得重点关注了。

指标分布表中重合码指标和奇数指标都是同时遗漏了4期，可是通过指标参数表可知，重合码指标的理论概率为29%，而奇数的理论概率高达38%，理论概率越高的指标出现的概率越大，因此选择奇数指标进行分析。奇数指标当前遗漏 4 期，根据表 4-12 断列 3D 号码十位指标遗漏明细表，该指标中出可信度达到 85%，呈现明显的冷态，在求均衡原理的作用下，接下来会"调偏回补"，因此当期要重点关注奇数指标，也就是号码 1、3、5。事实上也正如我们所分析的，在接下来的 3 期中，奇数指标连续出现回补。

其实，在表 4-11 断列 3D 号码十位指标分布表中，最具明显态势的指标是大小数指标区的大数指标，因为连续遗漏了 46 期。通过表 4-12 断列 3D 号码十位指标遗漏明细表可知，此时该指标的中出可信度达到 99%，遗漏反转率达到 100%；通过表 4-13 断列 3D 号码十位指标惯性明细表可知，此时小数指标的惯性反转率也达到 100%。这些数据都说明了大数指标目前处于极度深冷的状态。根据"追热避冷"的指标选用原则，这样的指标虽然看着诱人，可是千万不能触碰。我们每个人都会清楚地算一笔账，对于一个冷的指标，如果追了 100 期，即使在第 100 期的时候中出了，彩民也付出了 99 期失败的惨重代价，从某个指标的中奖率来算也就是 1%；而如果彩民不追这个指标，反而期期排除它，那么 100 期中我们会正确 99 期，单个指标的中奖率可以达到99%。事实胜于雄辩，大数指标在遗漏了 53 期后的第 2009069 期才终于露面。根据分析，大数指标虽然是个极大的冷态，但是我们只关注它，却不会轻易选择它，即使它可能会出现。

综上所述，我们本期选择断列 3D 号码十位号码的范围是 0 路指标和奇数指标，0 路指标包括 0、3，奇数指标包括 1、3、5，那么交集后同时符合条件的数字是 3。因此，当期彩民应该选择号码 3 作为断列 3D 号码的十位号码。

（3）断列 3D 号码个位指标的分析选择。在表 4-14 断列 3D 号码个位指标分布表中，中数指标因为理论概率高达 86% 及具有显著的惯性特征，而成为彩民每次选择的首选指标，虽然小数指标也会偶尔跳跃式出现。

指标分布表中的 0 路指标在短期内呈现出连续热出的状态，在求均衡原理作用下，接下来 1 路指标和 2 路指标调偏回补出现的概率极高。断列 3D 号码十位号码选择 3，那么断列 3D 号码的个位号码只有在 4～6 进行选择，因为之前分析 1 路指标和 2 路指标出现的概率极高，所以断列 3D 号码的个位号码只能在 4 和 5 中间进行选择。

重合码指标在短期内出现了 6 期，也是呈现为一种热态，同样在均衡原理作用下具有调偏回补的需求，因此接下来重合码指标出现的概率极低，也就排除了断列 3D 号码的个位号码是 1、3、6 的可能性，也佐证了前面分析断列 3D

号码的个位号码是 4 或 5 的高概率性。

这时我们再看偶数指标。通过表 4-15 断列 3D 号码个位指标遗漏明细表可知，偶数指标的理论出现概率是 61%，再通过指标分布表可知，偶数指标出现连续性的特征极强，即呈现明显的惯性状态。在第 2009061 期，偶数指标没有出现，第 2009062 期偶数指标出现，那么接下来偶数指标继续呈现惯性状态的概率很高，值得彩民重点关注。

综合以上分析，我们在当期使用偶数指标结合排除 0 路指标进行选择断列 3D 号码的个位号码。偶数指标包括号码 0、2、4，再结合排除 0 路指标所属的号码 0、3、6，那么只有号码 2、4 同时符合条件。当期选择的断列 3D 号码十位号码是 3，在备选的个位号码 2、4 中，只有号码 4 符合条件，因此我们选择断列 3D 号码个位号码为 4。

综合 1、2、3 项的分析结果，当期断列 3D 号码为 134。第 2009063 期双色球红球开奖号码为 02、05、11、26、30、32，断区转换后的断列 3D 号码正是 134，事实证明一切。

3. 断行 3D 号码分析图表

下面列出分析第 2009063 期断行 3D 号码所需的各种图表数据，请读者根据前面实战案例的分析思路和前面所学指标选用原则等知识进行实战分析。

实战分析或者模拟训练中不要怕错，每个彩民都必须要有一个学习、试错的过程，错误地选择指标并不可怕，可怕的是不能吸取教训和总结经验。几百万元、上千万元大奖不会凭空得来，只有不断地训练，历经多次的失败，举一反三，融会贯通，才能熟能生巧地进行精准选号。

表 4-17　断行 3D 号码百位指标分布表（2009033~2009062 期）

期号	开奖号码	3D	百	大	中	小	0路	1路	2路	重	大	小	奇	偶	质	合
2009033	07 08 13 14 29 30-06	146	1	858	11	小	1	1路	15	重	858	小	奇	1	质	1
2009034	09 12 18 21 22 26-07	016	0	859	12	小	0路	1	16	1	859	小	1	偶	1	合
2009035	06 15 21 26 29 31-05	002	0	860	13	小	0路	2	17	2	860	小	2	偶	2	合
2009036	06 09 18 23 32 33-07	005	0	861	14	小	0路	3	18	3	861	小	3	偶	3	合
2009037	02 06 15 18 20 31-03	025	0	862	15	小	0路	4	19	4	862	小	4	偶	4	合
2009038	12 13 15 23 28 32-05	001	0	863	16	小	0路	5	20	5	863	小	5	偶	5	合
2009039	05 12 14 15 21 27-03	006	0	864	17	小	0路	6	21	6	864	小	6	偶	6	合
2009040	04 07 10 20 26 30-12	036	0	865	18	小	0路	7	22	7	865	小	7	偶	7	合
2009041	01 08 23 26 28 33-08	003	0	866	19	小	0路	8	23	8	866	小	8	偶	8	合
2009042	08 16 22 23 27 30-11	016	0	867	20	小	0路	9	24	9	867	小	9	偶	9	合
2009043	04 09 10 15 18 26-07	046	0	868	21	小	0路	10	25	10	868	小	10	偶	10	合

期号	开奖号码	3D	百	大	中	小	0路	1路	2路	重	大	小	奇	偶	质	合
2009044	11 14 16 18 26 30-01	146	1	869	22	小	1	1路	26	重	869	小	奇	1	质	1
2009045	03 04 06 23 30 32-01	023	0	870	23	小	0路	1	27	1	870	小	1	偶	1	合
2009046	16 20 21 26 29 30-09	126	1	871	24	小	1	1路	28	重	871	小	奇	1	质	1
2009047	06 08 11 15 21 22-16	056	0	872	25	小	0路	1	29	1	872	小	1	偶	1	合
2009048	03 07 11 15 17 31-01	045	0	873	26	小	0路	2	30	2	873	小	2	偶	2	合
2009049	09 12 14 20 30 31-06	001	0	874	27	小	0路	3	31	3	874	小	3	偶	3	合
2009050	13 21 24 29 30 32-04	012	0	875	28	小	0路	4	32	4	875	小	4	偶	4	合
2009051	06 10 13 16 21 23-07	056	0	876	29	小	0路	5	33	5	876	小	5	偶	5	合
2009052	09 11 15 19 21 30-08	016	0	877	30	小	0路	6	34	6	877	小	6	偶	6	合
2009053	07 12 18 19 22 28-04	016	0	878	31	小	0路	7	35	7	878	小	7	偶	7	合
2009054	16 17 23 26 31 32-11	012	0	879	32	小	0路	8	36	8	879	小	8	偶	8	合
2009055	03 04 18 22 24 29-11	026	0	880	33	小	0路	9	37	9	880	小	9	偶	9	合
2009056	04 09 10 18 29 32-08	004	0	881	34	小	0路	10	38	10	881	小	10	偶	10	合
2009057	05 07 10 14 17 25-11	046	0	882	35	小	0路	11	39	11	882	小	11	偶	11	合
2009058	05 08 10 15 23 26-09	006	0	883	36	小	0路	12	40	12	883	小	12	偶	12	合
2009059	03 07 13 23 27 30-11	006	0	884	37	小	0路	13	41	13	884	小	13	偶	13	合
2009060	07 13 17 26 32 33-04	014	0	885	38	小	0路	14	42	14	885	小	14	偶	14	合
2009061	10 11 13 16 19 30-03	016	0	886	39	小	0路	15	43	15	886	小	15	偶	15	合
2009062	10 19 20 21 23 32-10	135	1	887	40	小	1	1路	44	重	887	小	奇	1	质	1

表4-18 断行3D号码百位指标遗漏明细表（统计截至2009062期所有数据）

项　目	大	中	小	0路	1路	2路	重	大	小	奇	偶	质	合
中奖概率	0	0.05	0.95	0.85	0.1	0.05	0.12	0	1	0.11	0.89	0.17	0.83
统计期数	887	887	887	887	887	887	887	887	887	887	887	887	887
最大遗漏	887	83	2	3	68	114	38	887	0	38	3	37	3
次大遗漏	0	60	1	2	43	80	36	0	0	36	2	31	2
当前遗漏	887	40	0	1	0	44	0	887	0	0	1	0	1
中出可信度	0	0.87	--	0.85	--	0.9	0	--	--	0.89	--	0.83	
遗漏反转率	正…	0.67	--	0.5	--	0.55	--	正…	--	--	0.5	--	0.5

项目	大	中	小	0路	1路	2路	重	大	小	奇	偶	质	合
统计期数	887	887	887	887	887	887	887	887	887	887	887	887	887
遗漏次数	1	42	41	113	81	42	96	1	0	96	97	125	126
最大遗漏	887	83	2	3	68	114	38	887	0	38	3	37	3
遗漏1次	0	5	39	95	12	4	12	0	0	12	82	26	99
遗漏2次	0	1	2	16	5	1	11	0	0	11	14	17	24
遗漏3次	0	3	0	2	2	2	7	0	0	7	1	11	3
遗漏4次	0	1	0	0	4	3	8	0	0	8	0	13	0
遗漏5次	0	1	0	0	11	0	10	0	0	10	0	12	0
遗漏6次	0	2	0	0	5	2	6	0	0	6	0	7	0
遗漏7次	0	0	0	0	3	2	4	0	0	4	0	4	0
遗漏8次	0	0	0	0	2	1	0	0	0	1	0	1	0
遗漏9次	0	3	0	0	0	0	8	0	0	8	0	10	0
遗漏10次	0	3	0	0	3	0	4	0	0	4	0	5	0
遗漏10次以上	1	23	0	0	25	26	25	1	0	25	0	19	0
最佳遗漏范围	1～11	1～11	1～1	1～1	1～11	1～11	1～11	1～11	1～0	1～11	1～1	1～9	1～2

表4-19　断行3D号码百位指标惯性明细表（统计截至2009062期所有数据）

项　目	大	中	小	0路	1路	2路	重	大	小	奇	偶	质	合
中奖概率	0	0.05	0.95	0.85	0.1	0.05	0.12	0	1	0.11	0.89	0.17	0.83
统计期数	887	887	887	887	887	887	887	887	887	887	887	887	887
最大惯性	0	2	83	32	2	2	3	0	887	3	38	3	37
次大惯性	0	1	60	29	1	1	2	0	0	2	36	2	31
当前惯性	--	--	40	--	1	--	1	--	887	1	--	1	--
中出可信度	--	--	0.55	--	0.1	--	0.14	--	1	0.14	--	0.19	--
惯性反转率	--	--	0.67	--	1	--	0.5	--	正…	0.5	--	0.5	--

项目	大	中	小	0路	1路	2路	重	大	小	奇	偶	质	合
统计期数	887	887	887	887	887	887	887	887	887	887	887	887	887
惯性次数	0	41	42	112	82	41	97	0	1	97	96	126	125
最大惯性	0	2	83	32	2	2	3	0	887	3.	38	3	37
惯性1次	0	39	5	21	74	39	82	0	0	82	12	99	26
惯性2次	0	0	8	8	8	2	14	0	0	14	11	24	17
惯性3次	0	0	3	8	0	0	1	0	0	1	7	3	11
惯性4次	0	0	1	15	0	0	0	0	0	0	8	0	13
惯性5次	0	0	1	13	0	0	0	0	0	0	10	0	12
惯性6次	0	0	2	6	0	0	0	0	0	0	6	0	7
惯性7次	0	0	0	0	0	0	0	0	0	0	4	0	4
惯性8次	0	0	0	0	0	0	0	0	0	0	1	0	1
惯性9次	0	0	0	0	0	0	0	0	0	0	8	0	10
惯性10次	0	0	3	4	0	0	0	0	0	0	4	0	5
惯性10次以上	0	0	23	22	0	0	0	0	1	0	25	0	19
最佳惯性范围	1~0	1~1	1~11	1~10	1~1	1~1	1~1	1~0	1~11	1~1	1~11	1~2	1~9

表4-20　断行3D号码十位指标分布表（2009033～2009062期）

期号	开奖号码	3D	十	大	中	小	0路	1路	2路	重	大	小	奇	偶	质	合
2009033	07 08 13 14 29 30-06	146	4	858	中	1	3	1路	2	1	11	小	1	偶	1	合
2009034	09 12 18 21 22 26-07	016	1	859	1	小	4	1路	3	重	12	小	奇	1	质	1
2009035	06 15 21 26 29 31-05	002	0	860	2	小	0路	1	4		13	小	1	偶	1	合
2009036	06 09 18 23 32 33-07	005	0	861	3	小	0路	2	5		14	小	2	偶	2	合
2009037	02 06 15 18 20 31-03	025	2	862	1	小	1	3	2路	3	15	小	3	偶	质	1
2009038	12 13 15 23 28 32-05	001	0	863	1	小	0路	4	2		16	小	1	偶		合
2009039	05 12 14 15 21 27-03	006	0	864	1	小	0路	5	2		17	小	5	偶	2	合
2009040	04 07 10 20 26 30-12	036	3	865	中	1	0路	6	3	重	18	奇	1	质		合
2009041	01 08 23 26 28 33-08	003	0	866	1	小	0路	7	4		19	小	1	偶		合
2009042	08 16 22 23 27 30-11	016	1	867	2	小	1	1路	5	重	20	奇	1	质		合
2009043	04 09 10 15 18 26-07	046	4	868	中	1	1路	6	1		21	小	1	偶	1	合
2009044	11 14 16 18 26 30-01	146	4	869	中	2	3	1路	7		22	小	2	偶	2	合
2009045	03 04 06 23 30 32-01	023	2	870	1	小	4	2路	3		23	小	3	偶	质	2
2009046	16 20 21 26 29 30-09	126	2	871	2	小	5	2路	4		24	小	4	偶	质	2
2009047	06 08 11 15 21 22-16	056	5	872	中	1	6	2路	5	大	1	奇	1	质		3

期号	开奖号码	3D	十	大	中	小	0路	1路	2路	重	大	小	奇	偶	质	合
2009048	03 07 11 15 17 31-01	045	4	873	中	2	7	1路	1	6	1	个	1	偶	1	合
2009049	09 12 14 20 30 31-06	001	0	874	1	小	0路	1	2	7	2	个	2	偶	2	合
2009050	13 21 24 29 30 32-04	012	1	875	2	小	1	1路	3	重	3	个	奇	1	质	合
2009051	06 10 13 16 21 23-07	056	5	876	中	1	2	1	2路	1	大	1	奇	2	质	3
2009052	09 11 15 19 21 30-08	016	1	877	1	小	4	1路	1	重	3	个	奇	3	质	3
2009053	07 12 18 19 22 28-04	016	1	878	1	小	4	1路	2	重	4	个	奇	4	质	4
2009054	16 17 23 26 31 32-11	012	1	879	1	个		1路	3	重	5	个	奇	5	质	5
2009055	03 04 18 22 24 29-11	026	2	880	4	个	6	1	2路	1	4	1	个	1	偶	质	6
2009056	04 09 10 18 29 32-08	004	0	881	5	个	0路	2	5	3	5	个	小	奇	1	合
2009057	05 07 10 14 17 25-11	046	4	882	中	1	个	1路	2	3	4	个	小	偶	合
2009058	05 08 10 15 23 26-09	006	0	883	0	小	0路	1	3	7	个	小	偶	合
2009059	03 07 13 23 27 30-11	006	0	884	0	小	0路	1	3	8	个	小	偶	合
2009060	07 13 17 26 32 33-04	014	1	885	0	1	1路	5	重	9	个	奇	1	质	1
2009061	10 11 13 16 19 30-03	016	1	886	4	个	2	1路	6	重	10	个	奇	2	质	2
2009062	10 19 20 21 23 32-10	135	3	887	中	1	0路	1	7	重	11	小	奇	质	3

表 4-21　断行 3D 号码十位指标遗漏明细表（统计截至 2009062 期所有数据）

项　目	大	中	小	0路	1路	2路	重	大	小	奇	偶	质	合
中奖摡率	0	0.4	0.6	0.45	0.28	0.27	0.29	0.12	0.88	0.41	0.59	0.56	0.44
统计期数	887	887	887	887	887	887	887	887	887	887	887	887	887
最大遗漏	887	14	8	9	13	20	15	59	3	8	6	6	9
次大遗漏	0	13	7	8	12	15	14	29	2	7	5	5	8
当前遗漏	887	0	1	0	1	7	0	11	0	0	3		3
中出可信度	0	--	0.6	--	0.28	0.89	--	0.75	--	--	0.93	--	0.82
遗漏反转率	正…	--	0.14	--	0.08	0.47	--	0.38	--	--	0.6	--	0.38

项目	大	中	小	0路	1路	2路	重	大	小	奇	偶	质	合
统计期数	887	887	887	887	887	887	887	887	887	887	887	887	887
遗漏次数	1	207	208	225	175	174	183	89	88	213	213	226	226
最大遗漏	887	14	8	9	13	20	15	59	3	8	6	6	9
遗漏1次	0	88	124	114	48	42	48	12	78	77	134	113	111
遗漏2次	0	62	51	55	30	30	33	6	9	55	47	63	55
遗漏3次	0	13	21	21	27	31	8	1		27	23	30	31
遗漏4次	0	14	4	12	18	20	21	8	0	22	4	14	11
遗漏5次	0	10	3	9	16	14	21	5	0	14	4	4	7
遗漏6次	0	3	3	7	10	10	9	4	0	9	1	2	5
遗漏7次	0	4	1	3	7	8	8	3	0	4	0	2	2
遗漏8次	0	5	1	3	6	6	7	0	0	5	0	0	3
遗漏9次	0	2	0	1	6	4	0	3	0	0	0	0	1
遗漏10次	0	1	0	0	2	1	0	7	0	0	0	0	0
遗漏10次以上	1	5	0	0	7	7	8	26	0	0	0	0	0
最佳遗漏范围	1~11	1~4	1~2	1~3	1~6	1~6	1~5	1~11	1~1	1~4	1~2	1~3	1~3

表4-22　断行3D号码十位指标惯性明细表（统计截至2009062期所有数据）

项　目	大	中	小	0路	1路	2路	重	大	小	奇	偶	质	合
中奖概率	0	0.4	0.6	0.45	0.28	0.27	0.29	0.12	0.88	0.41	0.59	0.56	0.44
统计期数	887	887	887	887	887	887	887	887	887	887	887	887	887
最大惯性	0	8	14	7	4	5	4	3	59	6	8	9	6
次大惯性	0	7	13	5	3	4	3	2	29	5	7	8	5
当前惯性	--	1	--	1	--	--	3	--	11	3	--	3	--
中出可信度	--	0.25	--	0.25	--	--	0.01	--	0.29	0.02	--	0.05	--
惯性反转率	--	0.14	--	0.2	--	--	1	--	0.38	0.6	--	0.38	--

项目	大	中	小	0路	1路	2路	重	大	小	奇	偶	质	合
统计期数	887	887	887	887	887	887	887	887	887	887	887	887	887
惯性次数	0	208	207	225	175	173	183	88	89	213	213	226	226
最大惯性	0	8	14	7	4	5	4	3	59	6	8	9	6
惯性1次	0	124	88	118	122	134	142	78	12	134	77	111	113
惯性2次	0	51	62	57	37	27	27	9	6	47	55	55	63
惯性3次	0	21	13	28	14	7	12	1	8	23	27	31	30
惯性4次	0	4	14	17	2	4	2	0	8	4	22	11	14
惯性5次	0	3	10	4	0	1	0	0	5	4	14	7	4
惯性6次	0	3	3	3	0	0	0	0	4	1	9	5	2
惯性7次	0	1	4	1	0	0	0	0	5	0	4	2	0
惯性8次	0	1	5	0	0	0	0	0	7	0	5	3	0
惯性9次	0	0	2	0	0	0	0	0	7	0	0	0	0
惯性10次	0	0	1	0	0	0	0	0	7	0	0	0	0
惯性10次以上	0	0	5	0	0	0	0	0	26	0	0	0	0
最佳惯性范围	1~0	1~2	1~4	1~3	1~2	1~2	1~2	1~1	1~11	1~2	1~4	1~3	1~3

表4-23　断行3D号码个位指标分布表（2009033～2009062期）

期号	开奖号码	3D	个	大	中	小	0路	1路	2路	重	大	小	奇	偶	质	合
2009033	07 08 13 14 29 30-06	146	6	858	中	3	0路	2	9	重	大	1	1	偶	1	合
2009034	09 12 18 21 22 26-07	016	6	859	中	4	0路	3	10	重	大	2	2	偶	2	合
2009035	06 15 21 26 29 31-05	002	2	860	1	小	1	4	2路	1	1	小	3	偶	质	1
2009036	06 09 18 23 32 33-07	005	5	861	中	1	2	5	2路	2	大	1	奇	1	质	2
2009037	02 06 15 18 20 31-03	025	5	862	中	3	3	6	2路	3	大	1	奇	2	质	3
2009038	12 13 15 23 28 32-05	001	1	863	中	小	4	1路	1	重	1	小	奇	3	质	4
2009039	05 12 14 15 21 27-03	006	6	864	中	1	0路	1	2	重	大	1	1	偶	1	合
2009040	04 07 10 20 26 30-12	036	6	865	中	1	0路	2	3	重	大	1	1	偶	2	合
2009041	01 08 23 26 28 33-08	003	3	866	中	3	0路	3	4	重	1	小	奇	1	质	1
2009042	08 16 22 23 27 30-11	016	6	867	中	4	0路	4	5	重	大	1	1	偶	2	合
2009043	04 09 10 15 18 26-07	046	6	868	中	5	0路	5	6	重	大	2	2	偶	1	合
2009044	11 14 16 18 26 30-01	146	6	869	中	6	0路	6	7	重	大	3	3	偶	1	合
2009045	03 04 06 23 30 32-01	023	3	870	7	小	0路	7	8	重	1	小	奇	偶	质	1
2009046	16 20 21 26 29 30-09	126	6	671	中	9	0路	8	9	重	大	1	1	偶	1	合
2009047	06 08 11 15 21 22-16	056	6	872	中	9	0路	9	10	重	大	2	奇	2	质	合

续表

期号	开奖号码	3D	个		大	中	小	0路	1路	2路	重	大	小	奇	偶	质	合
2009048	03 07 11 15 17 31-01	045	5	873	中	10	1		10	2路	1	大	3		奇	1	质	1
2009049	09 12 14 20 30 31-06	001	1	874	小	1	2	1路	1		重		小		奇	2	质	2
2009050	13 21 24 29 30 32-04	012	2	875	小	2	3		1	2路	1	小	2	小	1	偶	质	3
2009051	06 10 13 16 21 23-07	056	6	876	中	1		0路	2	1	重	大	2		偶		合
2009052	09 11 15 19 21 30-08	016	6	877	中	1		0路	3	2	重	大	3		偶		合
2009053	07 12 18 19 22 28-04	016	6	878	中	1		0路	4	3	重	大	4		偶	3	合
2009054	16 17 23 26 31 32-11	012	2	879	小	1	1		5	2路	1	小	1	小		偶	质	1
2009055	03 04 18 22 24 29-11	026	6	880	中	1		0路	1		重	1	小	1		偶		合
2009057	04 09 10 18 29 32-08	004	4	881	中	2	1	1路	2		1	1	小		奇		合
2009058	05 07 10 14 17 25-11	046	6	882	中	1		0路	1		重	2	小	1		偶		合
2009059	05 08 10 15 23 26-09	006	6	883	中	1		0路	2		重	1	小	4		偶		合
2009060	03 07 13 23 27 30-11	006	6	884	中	1		0路	3	5	重	1	小	5		偶	5	合
2009061	07 13 17 26 32 33-04	014	4	885	中	1		1路	6		1	1	小	11		偶		合
2009062	10 11 13 16 19 30-03	016	6	886	中	1		0路	1	7	重	1	小	12		偶	7	合
	10 19 20 21 23 32-10	135	5	887	中	8	1		2	2路	1	大	2		奇	1	质	1

表 4-24　断行 3D 号码个位指标遗漏明细表（统计截至 2009062 期所有数据）

项目	大	中	小	0路	1路	2路	重	大	小	奇	偶	质	合
中奖概率	0	0.88	0.12	0.64	0.15	0.21	0.65	0.68	0.32	0.27	0.73	0.34	0.66
统计期数	887	887	887	887	887	887	887	887	887	887	887	887	887
最大遗漏	887	3	41	5	32	26	5	5	14	14	4	11	5
次大遗漏	0	2	39	4	31	25	4	4	13	13	3	10	4
当前遗漏	887	0	8	1	2	0	1	0	2	0	1	0	1
中出可信度	0	--	0.64	0.64	0.28	--	0.65	--	0.54	--	0.73	--	0.66
遗漏反转率	正…	--	0.21	0.25	0.06	--	0.25	--	0.15	--	0.33	--	0.25

项目	大	中	小	0路	1路	2路	重	大	小	奇	偶	质	合
统计期数	887	887	887	887	887	887	887	887	887	887	887	887	887
遗漏次数	1	93	94	209	120	135	201	200	201	175	175	192	192
最大遗漏	887	3	41	5	32	26	5	5	14	14	4	11	5
遗漏1次	0	80	17	138	19	27	130	134	68	42	135	59	134
遗漏2次	0	12	11	48	16	22	48	46	49	37	31	43	41
遗漏3次	0	1	9	15	16	15	17	17	31	28	7	31	9
遗漏4次	0	0	5	6	8	15	5	2	11	18	2	17	5
遗漏5次	0	0	7	2	9	7	1	1	16	12	0	9	3
遗漏6次	0	0	3	0	13	6	0	0	4	8	0	10	0
遗漏7次	0	0	3	0	4	9	0	0	7	7	0	7	0
遗漏8次	0	0	5	0	5	6	0	0	7	6	0	5	0
遗漏9次	0	0	5	0	5	9	0	0	5	5	0	5	0
遗漏10次	0	0	7	0	8	6	0	0	4	8	0	4	0
遗漏10次以上	1	0	26	0	17	15	0	0	4	9	0	2	0
最佳遗漏范围	1~11	1~1	1~11	1~2	1~10	1~9	1~2	1~2	1~5	1~6	1~2	1~5	1~2

表4-25 断行3D号码个位指标惯性明细表（统计截至2009062期所有数据）

项 目	大	中	小	0路	1路	2路	重	大	小	奇	偶	质	合
中奖概率	0	0.88	0.12	0.64	0.15	0.21	0.65	0.68	0.32	0.27	0.73	0.34	0.66
统计期数	887	887	887	887	887	887	887	887	887	887	887	887	887
最大惯性	0	41	3	12	3	5	18	14	5	4	14	5	11
次大惯性	0	39	2	11	2	3	15	13	4	3	13	4	10
当前惯性	--	8	--	--	--	1	--	2	--	1	--	1	--
中出可信度	--	0.01	--	--	--	0.13	--	0.15	--	0.18	--	0.21	--
惯性反转率	--	0.21	--	--	--	0.33	--	0.15	--	0.33	--	0.25	--

项目	大	中	小	0路	1路	2路	重	大	小	奇	偶	质	合
统计期数	887	887	887	887	887	887	887	887	887	887	887	887	887
惯性次数	0	94	93	209	119	135	201	201	200	175	175	192	192
最大惯性	0	41	3	12	3	5	18	14	5	4	14	5	11
惯性1次	0	17	80	74	99	109	76	68	134	135	42	134	59
惯性2次	0	11	12	48	17	18	42	49	46	31	37	41	43
惯性3次	0	9	1	44	3	7	34	31	17	7	28	9	31
惯性4次	0	5	0	11	0	0	14	11	2	2	18	5	17
惯性5次	0	0	0	11	0	1	13	16	1	0	12	3	9
惯性6次	0	3	0	6	0	0	4	4	0	0	8	0	10
惯性7次	0	3	0	4	0	0	3	7	0	0	7	0	7
惯性8次	0	0	0	4	0	0	4	4	0	0	0	0	2
惯性9次	0	1	0	2	0	0	4	4	0	0	0	0	3
惯性10次	0	7	0	3	0	0	4	4	0	0	0	0	6
惯性10次以上	0	26	0	4	0	0	4	4	0	0	9	0	2
最佳惯性范围	1~0	1~11	1~1	1~4	1~1	1~1	1~4	1~5	1~2	1~2	1~6	1~2	1~5

（二）第二阶段：组号

第2009063期的断行3D号码为034，不知道你选择对了吗？如果你的选择正确，那么恭喜你，但也不要沾沾自喜，因为这只是开始，一次选对不代表每次都能选对，有稳定的概率才说明技术过关。如果选择不正确，请复盘核对，看看是什么地方出现了问题，然后吸取教训，总结一些经验为以后的实战打下坚实的基础。

这里需要广大彩民注意的是，如果在选择断行或断列3D号码的某个位置上不能精确地选择一个号码，不要强求精益求精，那样往往容易出错导致满盘皆输。彩民完全可以使用断区两码技术辅助缩小断区3D号码的组合，一样能达到精确范围、减少投注数量的最终目的。

断列和断行 3D 号码选择好以后，接下来需要做的工作就是第二阶段——组号。组号可以分为手工组号和软件组号两种方式，彩民可以根据实际情况和自身的需求进行选择使用。

我们已经选择了断列 3D 号码为 134、断行 3D 号码为 034，如果选择手工组号，那么通过行列分布表就可以把断列 3D 号码 134 所对应的第 1 列、第 3 列和第 4 列红球排除掉，同时还可以把断行 3D 号码 034 所对应的第 3 行和第 4 行红球号码排除掉。双色球的 33 个红球号码经过在行列分布表中排除后，剩余的红球号码有 02、05、06、08、11、12、26、29、30、32 共计 10 个红球号码。对于这 10 个红球号码彩民可以根据自己的实际需求进行组号，或利用旋转矩阵进行组号投注，或直接复式投注，或胆拖投注等。

10 个红球号码的所有组合包括 210 注，如果这 10 个红球号码内包括 6 个红球开奖号码，那么只有购买所有的 210 注号码才能 100% 中得 6 个红球。

如果彩民在电脑上安装了根据本书设计开发的【彩霸王】双色球富豪版彩票软件，这时把断列 3D 号码 134、断行 3D 号码 034 这两个条件依次按每个位置输入软件中，通过"断层覆盖算法"计算组合后，得到的红球投注号码包括 108 注。这款彩票软件仅仅依靠这两个条件，在同样达到 100% 中奖率的前提下，把号码压缩到了 108 注，压缩率达到了 48.6%。

中奖概率不变，却极大地节约了大量的投入资金，真正达到了"小投入大产出"的博彩目的，因此建议有条件的彩民尽量使用软件，这样更方便，更精确，更利于实战。

大家知道，如果此时还能正确选择一个蓝球号码，那么这 108 注号码一定会中取一注双色球大奖，可能是 500 万元，更可能是 1000 万元！

作者的第一本双色球著作《双色球擒号绝技》对很多彩民来说并不陌生，无数彩民应用该书中的"排序定位法"进行实战选号投注，收益良多，不断有喜报传来。

这里需要着重说明的是，如果彩民朋友在实战中能把"排序定位法"与"断区转换法"这两种最前沿、最核心的选号技术举一反三、融会贯通地进行结合使用，它们不但相辅相成、相互印证，还将会产生意想不到的神奇效果——在精确的范围内高概率地捕捉大奖！这才是彩民真正需要的博彩技术，这也是作者应广大彩民的迫切需求而推出两种核心技术的真正目的所在，彩民如能用心领悟、细细品味，定会受益无穷。

　　我们设计开发的【彩霸王】双色球富豪版彩票软件就囊括了"排序定位法"和"断区转换法"两大核心选号技术的应用，还有旋转矩阵、智能排序搜索、智能冷热推荐等强大功能，彩民可以登录中奖快线网（http：//www.51caishen.com）下载试用。

第五章　双色球实战工具

"工欲善其事，必先利其器"，这句话很生动地说明"好工具"的重要性。在双色球玩法实战中，专业实战工具的最大特点就是让选号、组号变得更方便、更精准、更高效。

我们这里介绍的双色球实战工具包括彩票软件、投注速查工具和旋转矩阵公式。

彩票软件包括"排序定位"、"断区转换"以及"旋转矩阵"等强大的高级功能，极其方便彩民进行选号、组号和过滤号码。

投注速查工具可以帮助彩民根据自己的备选号码在进行单式、复式或胆拖投注时，快速准确地计算投注号码数量、投注所需金额以及相应的中奖金额，极其实用，方便快捷。

我们汇总了 8~15 个红球中 6 保 5 的高级双色球旋转矩阵公式，是为了方便不能使用彩票软件的朋友在选号后进行手工矩阵组号时快捷地应用。

彩民可以根据自己的实际情况和实际需求进行选择、使用。

一、彩票软件应用

（一）软件简介

【彩霸王】双色球富豪版软件是专业用于双色球玩法，配合本书内"断区转换法"以及《双色球擒号绝技》一书中"排序定位法"的两大核心选号技术的一款智能化彩票软件。

软件内配置先进的排序定位和行列断区图表统计系统，对各种图表有价值的各项数据参数进行精确、科学、完整的统计，帮助广大用户在实战中精确分析、高效使用。

软件内的"排序定位"和"断区转换"两大高级过滤功能采用独创的排序算法与断层覆盖算法，其科学精密的极限算法由中奖快线网旗下大智彩票工作室独创并首次应用于乐透型彩票软件。

"排序定位"功能是通过对投注号码中每个排序号码尾数的定位限定来缩小中奖号码的选择范围，从而帮助用户提高中奖概率，是运用"排序定位法"的用户实现功效最大化的专业运算平台。

"断区转换"功能是帮助用户在几十注断区 3D 号码与 110 万注双色球红球号码之间任意转换，从而高概率选择中奖号码范围的高级过滤功能。用户只要针对几十注断区 3D 号码做到正确的分析判断，即可达到在最小范围内、最高概率地锁定双色球红球中奖号码的神奇功效，因而这个功能也被形象地称为"乾坤大挪移"，是名副其实的二等奖选号之王。更为神奇的是，该过滤程序采用超越常规的"断层覆盖算法"，在压缩率高达 40% ~ 98% 的极限情况下，只要用户正确选择断区 3D 号码，在极小的号码范围内同样可以保证双色球二等奖的存在。

软件不但拥有"排序定位"和"断区转换"这样强大的过滤系统，还内嵌了保证程度最高的、矩阵算法最优化、矩阵结果最少的"双色球旋转矩阵公式"。旋转矩阵是投注乐透型彩票必不可少的实用工具，帮助彩民在节省大量投注资金的情况下，同样可以获得相应的奖项。选六型的"中 6 保 5"矩阵公式，可以帮助用户任意操作 8 ~ 28 个红球号码进行旋转矩阵，随心所欲，游刃有余！

用户综合使用"排序定位"、"断区转换"与"旋转矩阵"三大过滤功能，完全可以实现"定位旋转矩阵"、"断层旋转矩阵"的战术运用，这也是本款软件的一大专利特色。在 100% 地达到相应旋转矩阵保证程度的前提下，可以极大限度地缩小中奖号码的选择范围，功效之巨大，绝无仅有。在帮助用户极限缩减投注数量、节省大量投注资金的情况下，却丝毫不会降低中得大奖的概率，帮助用户直奔大奖而去。

作为一款智能化的软件，"智能排序"、"智能冷号"、"智能热号"也是本软件的亮点功能。一键点击后，不但自动统计相关数据，并且智能推荐超过90% 准确概率的参数范围，方便、快捷、高概率，小小的功能可以发挥巨大的能量，极大地缩小了中奖号码的选择范围。

软件取精华、去糟粕，操作简易流畅，功能强悍精妙，运算速度极快，绝对是双色球投资者最佳的中奖助手。软件不但可以实时在线升级版本、更新数据，而且图表分析、参数查询、组号过滤、投注条件的导入导出、投注结果的保存打印、中奖查询等功能全方位为用户提供贴心周到的一条龙服务，让用户操作起来得心应手、方便灵活。

软件秉承"科学分析指标，高概率选择号码"的博彩原则，根据统计学、概率学原理，详尽地统计指标，利用图表直观地显示各项统计数据及相关参数，通过独特的视角展示各种技术指标的规律，从而帮助彩民高概率地把握指标的趋势动态，精准地选择号码，为中奖保驾护航。

（二）软件特色

1. 断区转换——软件最核心功能及其巨大实战价值

软件内置的最核心的、最前沿的功能是"断区转换"功能。断区转换功能是根据本书介绍的独特的选号技术——"断区转换法"设计研发的。断区转换功能在实战中占有极其重要的地位。如果彩民在当期通过对行列断区图表的统计数据以及参数能够进行精准的分析判断，精确地选择当期的断列 3D 号码（断列的百位、十位、个位）和断行 3D 号码（断行的百位、十位、个位），那么在实战中，在通过这个参数过滤后获得的几注到几百注不等的投注号码中，就一定会包括当期双色球的 6 个红球中奖号码。

经过统计，断列 3D 号码中百位号码的取值范围在 0~4，但是实战中绝大多数情况下出现概率极高的区间为 0~2，占 96%，尤其 0 的出现概率在理论上为 82.56%，实战中一般情况下取值为 0，几乎不用选择；断列十位号码的取值范围在 0~5，但是实战中绝大多数情况下出现概率极高的区间为 0~4，占 91%；断列个位号码的取值范围在 0~6，但是实战中绝大多数情况下出现概率极高的区间为 3~6，占 86%。

断行 3D 号码的百位号码的取值范围在 0~4，但是实战中绝大多数情况下出现概率极高的区间为 0~2，占 95%，尤其 0 的出现概率在理论上为 80.75%，实战中一般情况下取值为 0，几乎不用选择；断行十位号码的取值范围为 0~5，但是实战中绝大多数情况下出现概率极高的区间为 0~4，占 88%；断行个位号码的取值范围为 0~6，但是实战中绝大多数情况下出现概率极高的区间为 3~6，占 88% 左右。

断列 3D 号码百位、十位、个位位置和断行号码一共六个位置，如果选取每个位置上的高概率范围出现区间依次为：

断列百位：0 ~ 0

断列十位：0 ~ 4

断列个位：3 ~ 6

断行百位：0 ~ 0

断行十位：0 ~ 4

断行个位：3 ~ 6

那么通过"断区转换"后断列 3D 号码百位、十位、个位位置，断行 3D 号码百位、十位、个位位置共计六个位置同时正确中出的概率为 $1/1×5×4×1×5×4=1/400$。我们通过断区转换功能高概率获得的投注号码几注到几百注可以达到 1/400 的中奖概率，相对于双色球红球中奖号码的理论中奖概率 1/1100000 来比较，概率提高了近 2750 倍，不但降低了选号难度，还极大地提高了中奖概率。

彩民都知道，福彩 3D、体彩排列 3 等选 3 型小盘玩法彩票的直选中奖率为 1/1000，正是因为它们中奖率高而深受众多彩民的喜欢。而现在通过"断区转换"的技术和功能，把双色球 6 个红球号码的中奖概率提高到 1/400，这比选 3 玩法的中奖概率还提高了许多，难度也降低了很多，而它们的奖金却是不能在同一个档次上进行比较的。

强大、科学的断区转换功能，真正地降低了双色球红球号码的选号难度，提高了中奖概率，称其为双色球最核心、最前沿的技术功能，是名副其实的。

2. 断层覆盖算法——软件最核心算法及其巨大实战价值

软件内置的最核心算法是基于"断区转换"功能自主研发设计的"断层覆盖算法"，在压缩率高达 40% ~ 98% 的极限情况下，只要用户正确选择断区 3D 号码（包括断列 3D 号码、断行 3D 号码），在极小的号码范围内同样可以保证中得双色球的 6 个红球中奖号码，即中得双色球二等奖。

例如，假设我们通过对行列断区图表的数据统计及参数分析后，得出当期断列 3D 号码为 134，断行 3D 号码为 034，那么通过【彩霸王】双色球富豪版软件的"断区转换"功能，输入参数断列号码 134、断行号码 034，过滤后获得的投注号码为 108 注（不考虑蓝球）；这时我们再看所有 33 个双色球红球号码通过 6 列 6 行的排列后得到的行列分布表内用手工排除掉第 1、3、4 列所包括的号码，再排除掉第 3、4 行所包括的号码，共计排除掉 18 个号码，剩余的 15 个号码的全部选 6 型组合为 5005 注号码。我们可以清楚地看到，同样是断列号码 134 和断行号码 034 的参数设置，前后获得的投注结果却相差悬殊，前者通过软件"断区转换"获得的过滤结果仅仅是后者通过手工过滤获得的组合结果的 2.16%。这一个例子清晰地体现了软件中"断区转换"功能的强大与神奇。这里需要说明的是，只要之前所选择的断列 3D 号码和断行 3D 号码准确无误，那么当期双色球的 6 个红球中奖号码会 100% 地出现在利用软件过滤后的 108 注结果内，中得当期的双色球二等奖；如果这时蓝球中奖号码的选择也同样正确，那么就会成功地中得一注当期双色球最大的奖项，奖金会高达几百万元乃至千万元不等！

在实战中达到中奖目的并节省 98% 的投入资金，没有人会舍弃运用【彩霸王】双色球富豪版软件中强大的"断区转换"功能而进行手工断区过滤组号。在信息高度发达的今天，在互联网普及的今天，在电脑走进千家万户的今天，在彩民步入技术性博彩的今天，软件的快捷、方便、强大是手工组号无法比拟及替代的，它会给千万彩民带来丰厚的收益！

（三）软件功能及应用价值

1. 简单方便的"系统管理"功能

系统管理包括自动更新数据、手动更新数据、软件在线升级三个功能。①自动更新数据是在电脑连接互联网的前提下，软件可以通过此功能自动到远程服务器更新开奖数据。②手动更新数据功能是用户通过手工添加的方式更新开奖数据，支持添加、修改、删除开奖数据，此功能非常适合不能上网的用户使用。③通过"软件在线升级"功能，可以把当前软件升级到最新版本，快捷方便。

2. 快捷实用的"中奖查询"功能

软件内置了独特的"中奖查询"功能，不但让每个彩民可以快捷、准确、方便地进行兑奖查询，更重要的是，利用这个功能可以帮助每个彩民进行模拟实战的复盘训练。"中奖查询"功能演示如图 5-1 所示。

每个彩民只有通过不断的学习，不断地进行模拟实战以及复盘训练，才能提高自己使用软件和驾驭软件的能力，从而提升自身的中奖能力。

所有彩民都要清楚地明白一点：世界上没有 1+1＝2 中奖公式，否则博彩

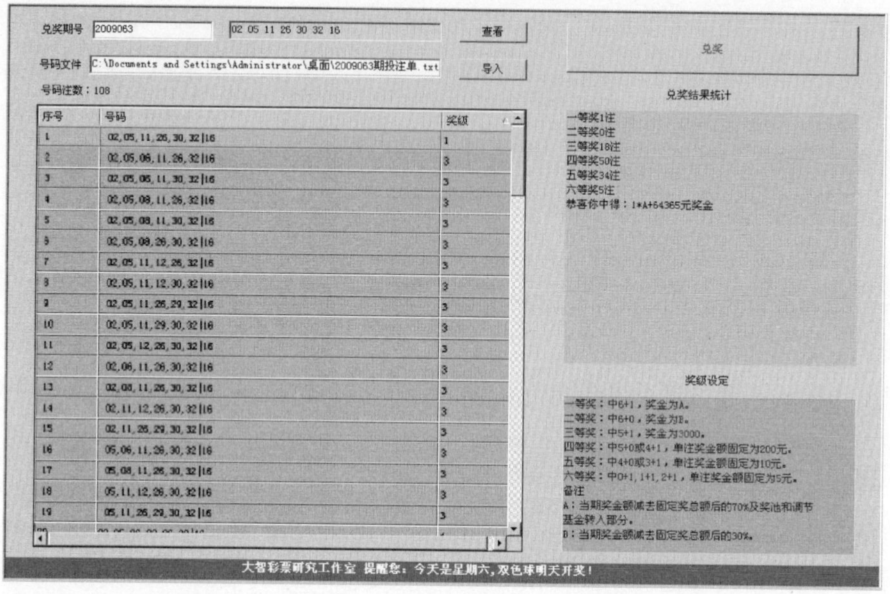

图 5-1 【彩霸王】双色球软件"中奖查询"界面

行业也不会存在。只有掌握良好的技术，使用实用的工具，进行不断的学习训练，才能到达中奖的"彼岸"。

运气不可或缺，但是要记住：学习、学习、再学习，加上运气，才能中奖。

3. 强大科学的"数据统计"功能

软件上方"排序定位"和"行列断区"，具有强大科学的"数据统计"功能，本书中"断区转换法"和《双色球擒号绝技》书中"排序定位法"两大选号技术所涉及的图表以及相关的数据参数，都可以通过此软件功能自动计算并显示，用户可以轻轻松松地一键完成所有图表数据的统计，不但方便快捷，而且精确高效。

"数据统计"功能的图表包括如下内容：

第一，双色球开奖号码各个位置号码的排序定位图表六大类 13 个指标的数据分布统计、遗漏和惯性参数统计，如图 5-2 所示。

第二，双色球红球号码的断区转换图表和蓝球分析图表的六大类 13 个指标的数据分布统计、遗漏和惯性参数统计，以及后区分析图表的相关数据统计和参数统计，如图 5-3 所示。

红球一号码
红球二号码
红球三号码
红球四号码
红球五号码
红球六号码
蓝球码

红球一号码排序统计表

● 遗漏分析 ○ 惯性分析 显示期数 50　截止期号 2009118　　绘图　遗漏明细　惯性明细　隐藏统计

项　目	大	中	小	0路	1路	2路	重	大	小	奇	偶	质	合
中奖概率	0.15	0.43	0.41	0.29	0.39	0.32	0.48	0.33	0.67	0.55	0.45	0.68	0.32
统计期数	943	943	943	943	943	943	943	943	943	943	943	943	943
最大遗漏	31	8	16	19	16	18	14	12	5	5	10	5	11
次大遗漏	23	7	12	13	15	16	11	11	4	4	4	4	10
当前遗漏	11	0	4	5	0	4	1	0	1	0	0	0	5
中出可信度	0.83	0.43	--	0.75	0.92	--	0.93	0.33	--	0.55	--	--	0.85
遗漏反转率	0.48	0.1	--	0.31	0.33	--	0.36	0.09	--	0.25	--	--	0.5

期号	开奖号码	红1	大	中	小	0路	1路	2路	重	大	小	奇	偶	质	合
2009069	03 05 12 18 21 23-02	03	4	中数	3	0路	2		3	重		小数	奇数	1	质数	1
2009070	01 02 09 10 21 31-10	01	5		小数	1	1路	4		重	2	小数	奇数	2	质数	2
2009071	04 05 23 26 31 32-06	04	6		1	2	1路	5		1		小数		偶数	1	质数	1
2009072	01 03 12 20 21 29-04	01	7		1	3	1路		6	重		小数		奇数	质数	1
2009073	09 16 17 18 22 27-14	09	大数	2		0路	1		1	大数			奇数		质数	合数
2009074	05 10 16 19 23 28-13	05	1	中数		1	2路		重		小数		奇数	3	质数	1
2009075	01 13 15 17 20 30-05	01	2		小数	1	0路		1	重	2	小数		奇数		质数	合数
2009076	09 18 19 25 28 31-06	09	3	大数		0路	2		2	大数			奇数		质数	合数
2009077	01 09 14 16 28 32-16	01	1		小数	2	1路		重		小数		奇数	6	质数	1
2009078	05 07 12 14 15 20-13	05	1	中数		1	2路		大数			奇数	7	质数	1
2009079	02 09 16 21 30 31-13	02	3		小数	1	1路	2		小数			偶数	质数	1
2009080	01 11 13 25 32 33-06	01	4		2	4	0路		1	重		小数		奇数	质数	1
2009081	04 05 06 25 29 30-03	04	5		1	1路			1		小数		偶数		合数
2009082	11 15 18 21 27 29-02	01	6		小数	2	1路	3		重		小数		奇数	质数	1

图5-2　【彩霸王】双色球软件"排序定位图表"界面

红球断列3D图
　断列百位图
　断列十位图
　断列个位图
　断列两码图
红球断行3D图
　断行百位图
　断行十位图
　断行个位图
　断行两码图
蓝球分析图
　内码合图表
　内码差图表

红球断列3D号码百位统计表

● 遗漏分析 ○ 惯性分析 显示期数 50　截止期号 2009118　　绘图　遗漏明细　惯性明细　隐藏统计

项　目	大	中	小	0路	1路	2路	重	大	小	奇	偶	质	合
中奖概率	0	0.04	0.96	0.86	0.09	0.05	0.1	0	1	0.1	0.9	0.15	0.85
统计期数	943	943	943	943	943	943	943	943	943	943	943	943	943
最大遗漏	943	110	2	3	66	77	49	943	0	49	2	35	3
次大遗漏	0	99	1	2	49	44	35	0	0	35	1	21	2
当前遗漏	943	6	0	0	15	44	6	943	0	6	0	6	0
中出可信度	0	0.22	--	--	0.76	0.9	0.47	0	--	0.47	--	0.62	--
遗漏反转率	正..	0.06	--	--	0.31	1	0.17	正..	--	0.17	--	0.29	--

期号	开奖号码	3D	百	大	中	小	0路	1路	2路	重	大	小	奇	偶	质	合
2009069	03 05 12 18 21 23-02	124	1	894	77	小		1路	16		重	894	小		奇	1	质	1
2009070	01 02 09 10 21 31-10	056	0	895	78	小	0路		1	17		1	895	小		偶	1	合
2009071	04 05 23 26 31 32-06	036	0	896	79	小	0路		2	18		2	896	小		偶	1	合
2009072	01 03 12 20 21 29-04	004	0	897	80	小	0路		3	19		897	小		偶	1	合
2009073	09 16 17 18 22 27-14	012	0	898	81	小	0路		4	20		898	小		偶	1	合
2009074	05 10 16 19 23 28-13	236	2	899	82	小		2路	5		1	899	小		奇	1	质	1
2009075	01 13 15 17 20 30-05	004	0	900	83	小	0路		6	1		6	900	小		偶	2	合
2009076	09 18 19 25 28 31-06	025	0	901	84	小	0路		7	2		901	小		偶	1	合
2009077	01 09 14 16 28 32-16	056	0	902	85	小	0路		8	3		902	小		偶	1	合
2009078	05 07 12 14 15 20-13	004	0	903	86	小	0路		9	4		903	小		偶	1	合
2009079	02 09 16 21 30 31-13	005	0	904	87	小	0路		5	10		904	小	10		奇	5	质	1
2009080	01 11 13 25 32 33-06	046	0	905	88	小	0路		11	5		905	小	11		偶	5	合
2009081	04 05 06 25 29 30-03	023	0	906	89	小	0路		12	7		906	小	12		偶	7	合
2009082	11 15 18 21 27 29-02	124	1	907	90	小		1路	8		重	907	小		奇	1	质	1

图5-3　【彩霸王】双色球软件"断区转换图表"界面

通过以上这些功能图表，用户需要做的就是运用"彩票均衡论"，利用强大科学的统计数据以及精确的参数报告进行当期条件指标的分析判断，高概率地进行取舍，从而高效地选择中奖号码的范围。

这些图表不但数据准确、可以实时更新，而且各项参数实战意义巨大。只有通过这些设计独特的统计分析图表，才能给彩民展示出每个指标、条件的规律特征和趋势动态，帮助彩民在最小的范围内选择中奖号码。统计分析图表绝对是彩民中奖的最佳助手。

4. 顶级核心的"超级过滤"功能

软件的"超级过滤"功能就像人的大脑一样，无疑是软件的中枢系统，能汇总各种分析数据参数，运算处理所有条件，精准、快捷地出具投注结果。

超级过滤功能界面如图 5-4 所示。

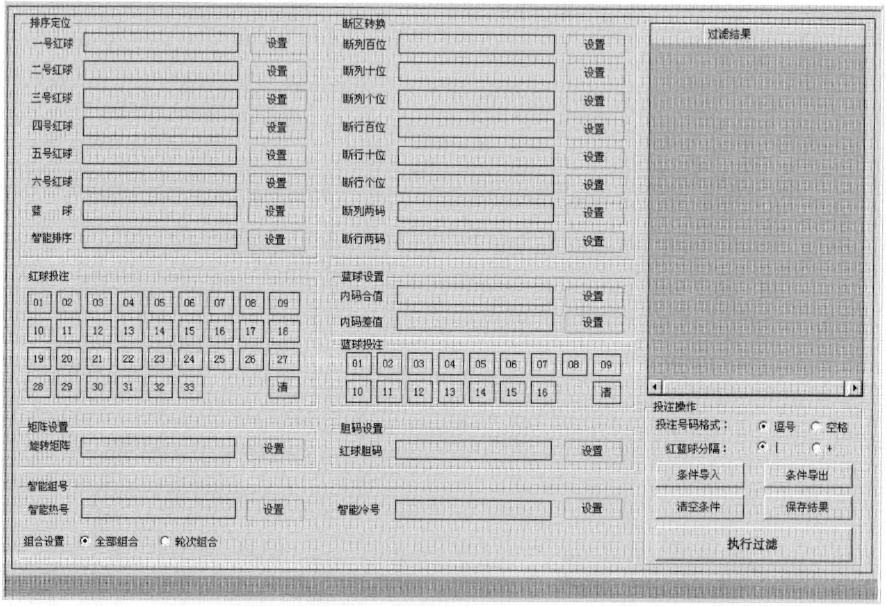

图 5-4　【彩霸王】双色球软件"超级过滤器"界面

"超级过滤"包括很多功能设置，这里重点介绍排序定位、断区转换、蓝球设置、旋转矩阵、智能排序、智能热号、智能冷号以及投注操作。

（1）超级过滤之排序定位。用户通过对"排序定位"图表统计分析，选择当期指标参数，在该功能界面点击对应排序号码位置的"设置"按钮，然后点击所选择的参数数字，最后点击"确定"即可。

　　假设当期双色球红球第一位置排序尾选择参数为 0、1、2，如图 5-5 所示。点击"设置"进入图 5-6 第一位排序尾设置界面，点选数字 0、1、2，其后改变为深颜色，最后点击"确定"，即可完成设置。

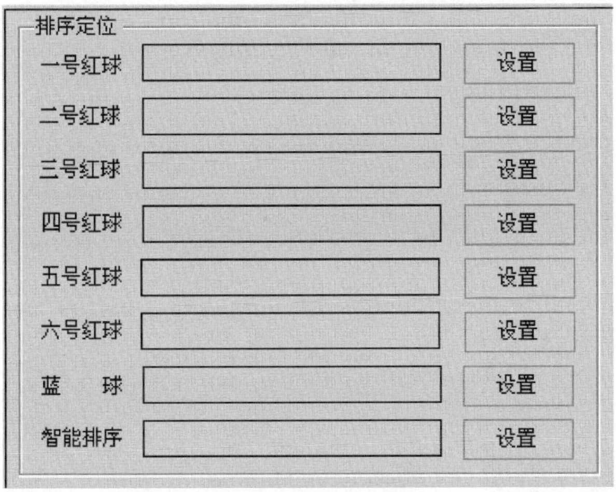

图 5-5　【彩霸王】双色球软件"排序定位"过滤器设置界面

图 5-6　【彩霸王】双色球软件"一号红球尾"设置界面

　　（2）超级过滤之断区转换。用户通过对"行列断区"图表统计分析，选择当期指标参数，在该功能界面点击对应断区号码位置的"设置"按钮，然后点击所选择的参数数字，最后点击"确定"即可。

　　假设当期双色球红球号码断列百位号码取值参数为 1，如图 5-7 所示。点击"设置"后进入图5-8前区断列百位设置界面，点选数字1，其后改变为深颜色，最后点击"确定"，即可完成设置。

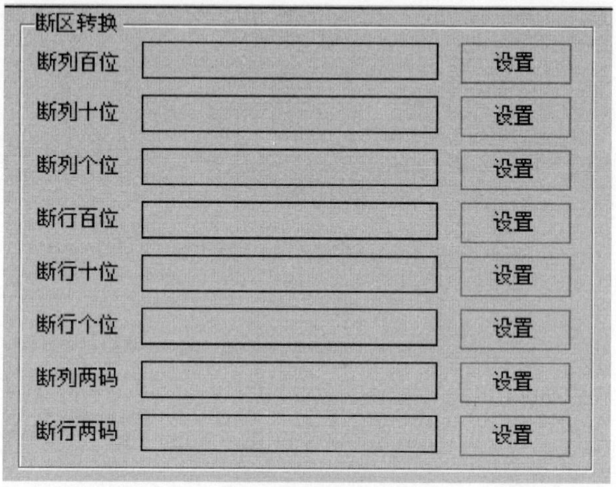

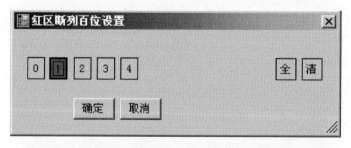

图5-7 【彩霸王】双色球软件"断区转换"过滤器设置界面

图5-8 【彩霸王】双色球软件"红区断列百位"设置界面

（3）超级过滤之蓝球设置。用户通过对蓝球分析图表统计分析，选择当期指标参数，在该功能界面点击对应位置的"设置"按钮，然后点击所选择的参数数字，最后点击"确定"即可。

假设当期双色球蓝球内码合取值参数为1、3、4，如图5-9所示。点击"设置"后进入图5-10蓝球内码合值设置界面，点选数字1、3、4，其后改变为深颜色，最后点击"确定"，即可完成设置。

图5-9 【彩霸王】双色球软件"蓝球"过滤器设置界面

图5-10 【彩霸王】双色球软件"蓝球内码合值"设置界面

（4）超级过滤之智能排序。用户首先点击图5-11的"设置"按钮，进入到图5-12"智能排序值数据报告"的界面，在对智能统计的"排序范围"的数据报告进行分析后，进行各个位置排序值的最后设置。

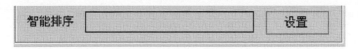

图5-11 【彩霸王】双色球软件"智能排序"过滤器设置界面

假设在当期排序值选择参数时，第一位置使用概率为80％的排序值，第二位置选择使用概率为90％的排序值，第三、四、五、六位置选择使用概率为80％的排序值，如图5-12"智能排序值数据报告"的设置界面，依次点选使用的排序值，其后改变为深颜色，最后点击"确定"，即可完成设置。

众所周知，双色球中奖号码中的每个红球号码在摇奖过程中先后出现的顺序是不固定的，更没有任何规律可言，如28、02、32、18、26、15，每个号码都是电脑随机摇出的。如果在实战中彩民按照双色球实际的出球顺序和位置来对它的历史中奖号码进行统计分析，以此观察和总结双色球中奖号码的出现规律，不但过程烦琐，而且很难找出号码间的特征和规律，从而不能精准地分

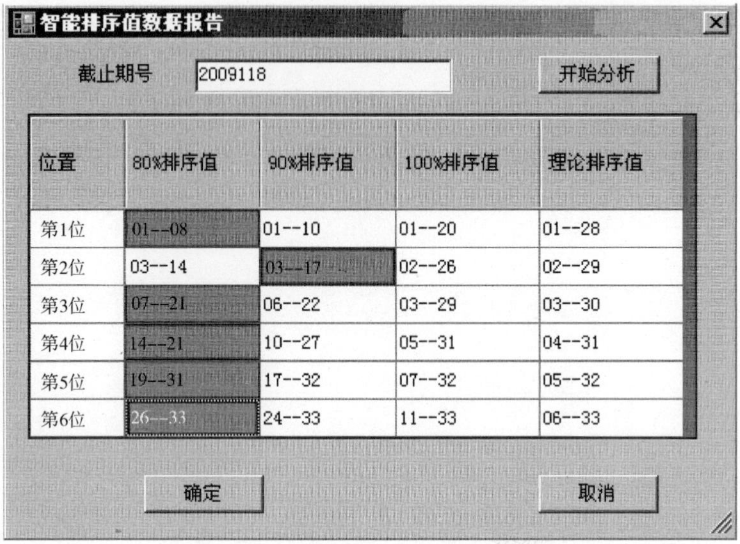

位置	80%排序值	90%排序值	100%排序值	理论排序值
第1位	01--08	01--10	01--20	01--28
第2位	03--14	03--17	02--26	02--29
第3位	07--21	06--22	03--29	03--30
第4位	14--21	10--27	05--31	04--31
第5位	19--31	17--32	07--32	05--32
第6位	26--33	24--33	11--33	06--33

图 5-12　【彩霸王】双色球软件“智能排序值数据报告”界面

析、判断和选择即将开奖号码的范围。那么，有没有专门针对双色球的既省力又有效的方法？当然有！我们引入一个简单而重要的全新概念——排序。

所谓“排序”，就是把双色球的开奖号码按照从小到大的顺序重新进行排列组合的一种号码展示方式。例如，双色球 2006088 期开奖号码中红球实际开奖时的出球顺序是 25、03、11、24、20、26，排序后的红球号码为 03、11、20、24、25、26。

在双色球游戏中，每注号码的红球号码区均由 6 个号码组成，其号码选择范围为 01 ~ 33。根据排列组合理论，我们知道，在所有的红球号码组合中，最小号码的红球组合是 01、02、03、04、05、06，而最大号码的红球组合为 28、29、30、31、32、33，由此可知，如果对开奖号码进行排序，它的第一位号码（最小号码）的开出范围在 01 ~ 28，第二位号码的开出范围为 02 ~ 29，第三位号码的开出范围为 03 ~ 30，第四位号码的开出范围为 04 ~ 31，第五位号码的开出范围为 05 ~ 32，第六位号码的开出范围为 06 ~ 33。这样，通过排序，双色球开奖号码中的每个红球号码在每个位置上的出现范围已经固定，这就是排序定位。从理论上讲，没有任何一个位置的红球号码会超越它本身的出现范围，在实战中更不会发生。

将双色球开奖号码重新排序后，每个位置上红球号码都有一个固定的范围区间（如第一位红球号码一定在 01～28），我们称之为排序值。排序值分为理论排序值和实际排序值两种。

双色球红球号码理论排序值就是指理论上每个双色球红球号码的最大出现范围，如第一位红球号码的理论出现范围是 01～28。双色球六个位置红球号码理论排序值如下：

第一位红球排序值：01～28

第二位红球排序值：02～29

第三位红球排序值：03～30

第四位红球排序值：04～31

第五位红球排序值：05～32

第六位红球排序值：06～33

实际排序值是指双色球某一个位置红球在实际统计期内出现的最大范围，【彩霸王】双色球富豪版软件中使用的"排序值"概念就是指实际排序值。例如，一个统计阶段内双色球第一位红球号码的出现范围是 01～19，那么 01～19 其实就是第一位红球的实际排序值。实战中，假设知道了统计期内第一位红球号码的实际排序值是 01～19，那么在选择第一位红球时就把在理论排序值（01～28）内选号变成了在实际排序值（01～19）内进行选号，极大降低了选号难度。

在双色球游戏中，所有红球号码一共包含 1107568 个组合，100% 地覆盖了所有的排序值。但是，从 2003001 期双色球开奖截至 2008032 期共 700 多期数据中可以看到，历史开奖号码的每个位置上红球号码开出的实际排序值远远小于理论排序值。通过表 5-1 中的数据可以看到，随着实战中每个排序值的范围不同，每个位置上红球号码的中奖概率也随之变化。

表 5-1　双色球红球号码排序值统计表（2003001～2008032 期）

排序位置	80% 排序值	90% 排序值	100% 排序值	理论排序值
第一位红球	01～07	01～11	01～19	01～28
第二位红球	03～14	03～17	02～24	02～29
第三位红球	07～21	07～23	03～29	03～30
第四位红球	13～27	11～28	05～31	04～31

续表

排序位置	80%排序值	90%排序值	100%排序值	理论排序值
第五位红球	19 ~ 31	17 ~ 32	07 ~ 32	05 ~ 32
第六位红球	26 ~ 33	24 ~ 33	11 ~ 33	06 ~ 33
所需注数	370797	718485	1072212	1107568

注：

1. 100%排序值指在实际开奖中各位置号码出现概率为100%的实际排序值。

2. 90%排序值指在实际开奖中各位置号码出现概率为90%的实际排序值。

3. 80%排序值指在实际开奖中各位置号码出现概率为80%的实际排序值。

4. 以上统计数据为第2003001 ~ 2008032期共703期开奖数据。

例如，第一位红球号码的理论排序值是01 ~ 28，但从第2003001 ~ 2008032期所有的开奖数据的第一位红球号码从来没有超过19。因此，若在01 ~ 19选择第一位置红球号码，准确率可以达到100%；这里100%的排序值是通过统计后获得的第2003001 ~ 2008032期开奖数据中第一位红球号码的实际排序值。同理，若在01 ~ 11选择第一位置红球号码，准确率能达到90%，如果在01 ~ 07选号，准确率也能达到80%。

通过观察表5-1双色球红球号码排序值统计表的统计数据，再对照双色球历史开奖号码数据，我们可以获得一个用于选号使用的实战规律：根据排序值范围进行选号，不但可以明显地降低双色球每个位置红球号码的选择难度、缩小每个位置上红球号码的选择范围，还依然能保证很高的准确率。这个极其实用的实战规律，可以让彩民选择当期红球中奖号码范围的准确率保持在一个较高的水平，选号的方向性和针对性也大大增强。实践证明，利用实际排序值进行双色球红球选号具有巨大的实战意义。

假设在实战中，我们使用其他技术能确定02、08、13、16共四个号码是第一位红球备选号码（按照位置选择双色球红球号码的技术可以阅读《双色球擒号绝技》第二版），极有可能包括当期的第一位红球开奖号码。通过表5-1可知，如果想达到100%的准确率，只有选择所有的备选号码；如果想达到90%的准确率，依据第一位红球号码出现的排序区间为01 ~ 11，那么在02、08、13、16四个号码中只有前两个红球备选号码符合条件，从而就可以排除掉号码13和16；同理，如果确保选号的正确率为80%，其选号区间为01 ~ 07，则备选号码就剩下了一个红球号码08；一般在实战中，80%的准确率是底线，虽然概率相对降低，但是第一位置上的红球备选号码也只剩下了一个号码；也就是说，即使剩下一个号码，还保持着80%的中奖概率，完全可以进行实战。

这个例子生动地说明了在实战中应用实际排序值选择双色球红球号码，可以有效地筛选和过滤号码，为双色球的红球选号提供一个清晰明朗的方向，能更精准地指导彩民进行双色球红球选号实战。

【彩霸王】双色球富豪版软件内的智能排序功能，可以自动计算并提供双色球开奖至今所有开奖数据的实际排序值统计，让彩民在实战中可以一目了然地观察双色球各个位置红球不同中奖概率的排序值，这有助于彩民准确地分析和选择每个位置的排序值，从而极大地缩小双色球红球号码的选号范围、提高中奖概率。

我们了解了排序值的实战价值，那么实战中通过【彩霸王】双色球富豪版软件该如何应用呢？

第一步：智能统计。

打开软件进入"智能排序"界面，点击"开始分析"，软件会自动统计并展示所有双色球开奖数据的排序值数据报告。

第二步：个人分析。

首先，直接使用，功效俱佳。实战中，对于每个双色球红球位置，一般可以直接全部"点选"使用90%排序值，高概率过滤掉大约40万注双色球红球号码组合，也就是直接去掉1/3还多的双色球红球号码组合，缩小投注数量的功效极其显著。因为概率极高，效果奇佳，很多双色球彩民几乎每期都会采用智能排序功能制作双色球红球号码的大底，在此基础上再添加其他条件以过滤缩水。

激进一点儿的彩民在使用【彩霸王】双色球富豪版软件的智能排序功能时，将所有红球位置直接设置为80%排序值，双色球红球组合1107568注直接过滤掉736771注，这个功能直接把双色球红球号码组合过滤了2/3，功效之强大可想而知。其实，这不是盲目激进，因为这样设置成功的概率最低80%，是大概率事件。

其次，"对照"开奖数据"分析"智能排序值数据，安全高效两不误。为了安全起见，所有位置可以初步选择使用90%排序值，然后观察上期每个双色球红球开奖号码是否脱离智能排序值数据报告显示的80%排序值。

根据历史经验，某个位置上的红球号码一般很少连续脱离80%排序值范围，因此一旦上期某个位置红球号码脱离对应的80%排序值范围，则下期极有可能会迅速回归，而且概率会超过90%以上。这时，彩民就可以将这个位置的红球选择使用80%排序值，在安全的前提下可以进一步精确双色球红球号码的选号范围，这是保守型彩民在使用这个功能时一种高性价比的选择。

掌握并应用好上述经验，就能更好地使用智能排序功能，从而可以准确地选择某个位置的排序值范围，最终达到极度缩小双色球红球号码投注数量、提高中奖概率的目的。

（5）超级过滤之智能热号。用户首先点击图5-13的智能热号"设置"按钮，进入到图5-14的智能热号设置界面，设置分析期数和截止期号后（图5-14中期数分析设置为5，截止期号为2009118期），点击"开始分析"按钮进行分析，然后通过对"智能热号数据分析报告"进行分析后，选择"使用推荐结果"或"自定义"，最后进行设置。

图5-13　【彩霸王】双色球软件"智能热号"过滤器设置界面

图5-14　【彩霸王】双色球软件"智能热号"分析设置界面

什么是热号？在实战中有什么价值？为了方便读者或用户了解智能热号，下面进一步说明热号及热号的实战价值。

热号是指在前 N 期双色球红球中奖号码中出现次数最多的号码。N 期是个正整数，可以是 3 期、5 期、6 期等，没有固定的量化值，但是实战中我们总结出 4～7 期的热号范围值最有价值。

那么，热号在实战运用中有什么实战价值呢？热号的实战价值在于通过分析前 N 期中热号出现的总个数，以及在最新开奖中出现的个数，从而排除掉不可能出现的号码组合，极大地缩小中奖号码的选择范围。

如图 5-14 所示，我们设置热号分析期数（N）为 5 期，截止期号为第 2009118 期，也就是统计截至第 2009118 期前 5 期双色球红球中奖号码中热号出现的总个数。在统计后可以通过图 5-14 看到本期热号的出现总个数为 18 个，接下来需要做的就是判断这 18 个热号在最新一期的开奖中会出现几个问题。

热号在最新一期会出现几个？实战中分为以下七种情况，实战意义如下：

第一种情况为出现 0 个热号。如果分析判断这 18 个热号在最新开奖中会出现 0 个，那么这 18 个号码所涉及的所有组合在当期实战中可以被完全排除，极大缩小选号范围。

第二种情况为出现 1 个热号。如果判断这 18 个热号在最新开奖中会出现 1 个，那么包括这 18 个热号中 0 个、2 个或 2 个以上热号的所有投注组合也同样可以被完全排除掉，只保留包括 18 个热号中任意 1 个号码的投注组合。

第三种情况为出现 2 个热号。如果判断这 18 个热号在最新开奖中会出现 2 个，那么包括这 18 个热号中 0 个、1 个、2 个以上热号的所有投注组合也同样可以被完全排除掉，只保留包括 18 个热号中任意 2 个号码的投注组合。

第四种情况为出现 3 个热号。如果判断这 18 个热号在最新开奖中会出现 3 个，那么包括这 18 个热号中 0 个、1 个、2 个以及 3 个以上热号的所有投注组合也同样可以被完全排除掉，只保留包括 18 个热号中任意 3 个号码的投注组合。

第五种情况为出现 4 个热号。如果判断这 18 个热号在最新开奖中会出现 4 个，那么包括这 18 个热号中 0 个、1 个、2 个、3 个以及 4 个以上热号的所有投注组合也同样可以被完全排除掉，只保留包括 18 个热号中任意 4 个号码的投注组合。

第六种情况为出现 5 个热号。如果判断这 18 个热号在最新开奖中会出现 5 个，那么包括这 18 个热号中 0 个、1 个、2 个、3 个、4 个热号的所有投注组合也同样可以被完全排除掉，只保留包括 18 个热号中任意 5 个号码的投注组合。

第七种情况为出现 6 个热号。如果判断这 18 个热号在最新开奖中会出现 6 个，那么包括这 18 个热号中 0 个、1 个、2 个、3 个、4 个、5 个热号的所有投注组合也同样可以被完全排除掉，只保留包括 18 个热号中任意 6 个号码的投注组合。也就是说，当期双色球的 6 个红球中奖号码一定会出现在这 18 个热号的投注组合内。

实战中，可以通过两种方式分析判断当期热号的出现个数，从而缩小双色球红球中奖号码的选择范围：一是智能推荐，二是人工分析。

智能推荐如图 5-14 所示。输入期数分析、截止期号，点击"开始分析"按钮后，下方可以自动显示"智能热号数据分析报告"，该报告对本期热号个数、当期高概率范围数（90% 以上）、当期推荐范围共三项重要数据进行了详细的分析和结果推荐。使用软件智能热号推荐功能的优势在于一键完成，轻轻松松地排除掉几万注或几十万注不等的双色球红球中奖号码，而且无任何人为因素，准确率可以高达 90% 以上。

人工分析如图 5-14 所示。根据图内右侧热号出现个数的统计表，按每种热号中出个数的遗漏或惯性趋势来分析判断哪种情况最可能出现或最不可能出现，再结合智能推荐结果选择出现概率最高的热号中出个数，最后在自定义栏输入并进行设置。人工分析后判断取舍的优点在于参数的范围选择精确，排除垃圾号码的威力强大；缺点是人工分析准确概率相对降低。在实战中，因为该功能杀号威力强大，建议彩民加以使用。

以图 5-14 为例，假设在当期分析判断后使用自定义结果 3，通过软件过滤后排除掉的垃圾号码有 728720 注。双色球红球号码组合共计 1100000 注，使用自定义功能排除掉 728720 注垃圾号码，可见其杀号威力巨大。

（6）超级过滤之智能冷号。用户首先点击图 5-15 的智能冷号"设置"按钮，进入图 5-16 智能冷号设置界面，设置分析期数和截止期号后（图 5-16 中期数分析设置为 7，截止期号为第 2009118 期），点击"开始分析"按钮进行分析，然后通过对"智能冷号数据分析报告"进行分析，选择"使用推荐结果"或"自定义"，最后进行设置。

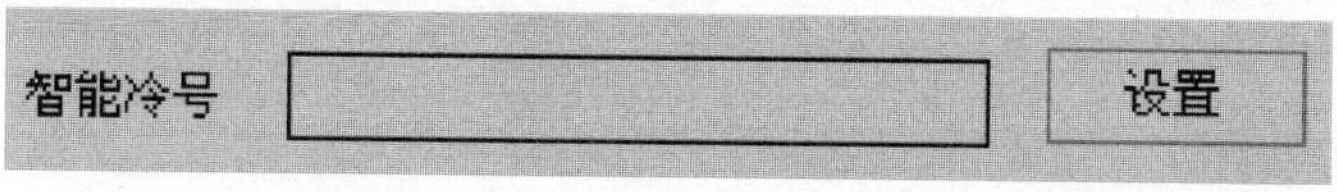

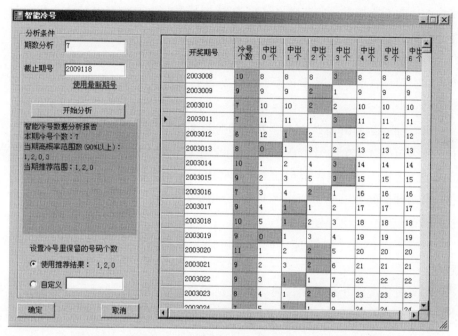

图 5-15　【彩霸王】双色球软件"智能冷号"过滤器设置界面

图 5-16　【彩霸王】双色球软件"智能冷号"分析设置界面

　　什么是冷号？在实战中有什么价值？为了方便读者或用户了解智能冷号，下面进一步说明冷号及冷号的实战价值。

　　冷号是指在前 N 期双色球红球开奖号码中出现次数最少的号码。N 期是个正整数，可以是 7 期、9 期、11 期等，没有固定的量化值，但是实战中总结的 7~11 期的冷号范围值最有价值。

　　冷号在实战运用中有什么实战价值呢？冷号的实战价值在于通过分析前 N 期中冷号的出现总个数，以及在最新开奖中出现的个数，从而排除掉不可能出现的号码组合，极大地缩小中奖号码的选择范围。

　　如图 5-16 所示，我们设置冷号分析期数（N）为 7 期，截止期号第 2009118 期，即统计截至第 2009118 期前 7 期双色球红球中奖号码中冷号出现的总个数。经过统计后可知，本期冷号的出现总个数为 7 个，接下来需要做的就是判断这 7 个冷号在最新一期的开奖中会出现的几个问题。

冷号在最新一期会出现几个？实战中分为以下七种情况，实战意义如下：

第一种情况为出现 0 个冷号。如果分析判断这 7 个冷号在最新开奖中会出现 0 个，那么这 7 个号码所涉及的所有组合在当期实战中可以被完全排除掉，极大缩小选号范围。

第二种情况为出现 1 个冷号。如果判断这 7 个冷号在最新开奖中会出现 1 个，那么包括这 7 个冷号中 0 个、2 个或 2 个以上冷号的所有投注组合也同样可以被完全排除掉，只保留包括 7 个冷号中任意 1 个号码的投注组合。

第三种情况为出现 2 个冷号。如果判断这 7 个冷号在最新开奖中会出现 2 个，那么包括这 7 个冷号中 0 个、1 个、2 个以上冷号的所有投注组合也同样可以被完全排除掉，只保留包括 7 个冷号中任意 2 个号码的投注组合。

第四种情况为出现 3 个冷号。如果判断这 7 个冷号在最新开奖中会出现 3 个，那么包括这 7 个冷号中 0 个、1 个、2 个以及 3 个以上冷号的所有投注组合也同样可以被完全排除掉，只保留包括 7 个冷号中任意 3 个号码的投注组合。

第五种情况为出现 4 个冷号。如果判断这 7 个冷号在最新开奖中会出现 4 个，那么包括这 7 个冷号中 0 个、1 个、2 个、3 个以及 4 个以上冷号的所有投注组合也同样可以被完全排除掉，只保留包括 7 个冷号中任意 4 个号码的投注组合。

第六种情况为出现 5 个冷号。如果判断这 7 个冷号在最新开奖中会出现 5 个，那么包括这 7 个冷号中 0 个、1 个、2 个、3 个、4 个冷号的所有投注组合也同样可以被完全排除掉，只保留包括 7 个冷号中任意 5 个号码的投注组合。

第七种情况为出现 6 个冷号。如果判断这 7 个冷号在最新开奖中会出现 6 个，那么包括这 7 个冷号中 0 个、1 个、2 个、3 个、4 个、5 个冷号的所有投注组合也同样可以被完全排除掉，只保留包括 7 个冷号中任意 6 个号码的投注组合。也就是说，当期双色球的 6 个红球中奖号码一定会出现在这 7 个冷号的投注组合内，但是实战中这种情况极少出现。

实战中，可以通过两种方式分析判断当期冷号的出现个数，从而缩小双色球红球中奖号码的选择范围：一是智能推荐，二是人工分析。

智能推荐如图 5-16 所示。输入期数分析、截止期号，点击"开始分析"

按钮后，下方可以自动显示"智能冷号数据分析报告"，该报告对本期冷号个数、当期高概率范围数（90%以上）、当期推荐范围共计三项重要数据进行了详细的分析和结果推荐。使用软件智能冷号推荐功能的优势在于一键完成，轻轻松松地排除掉几万注、几十万注不等的双色球红球投注号码，而且无任何人为因素，准确率可以高达90%以上。

以图5-16为例，使用智能推荐结果为0、1、2，过滤后排除掉的垃圾号码有95360注。双色球红球号码组合共计1100000注，智能冷号功能的90%以上的高概率可以轻松排除掉95360注垃圾号码，实战意义巨大。

人工分析如图5-16所示。根据图内右侧冷号出现个数的统计表，按每种冷号中出个数的遗漏或惯性趋势来分析判断哪种情况最可能出现或最不可能出现，再结合智能推荐结果选择出现概率最高的冷号中出个数，最后在自定义栏输入并进行设置。人工分析后判断取舍的优点在于参数的范围选择精确，从而排除垃圾号码的威力强大；缺点是人工分析准确概率相对降低。在实战中，因为该功能杀号威力强大，建议彩民加以使用。

同样以图5-16为例，假设在当期分析判断后使用自定义结果1，通过软件过滤后排除掉的垃圾号码有639540注。双色球红球号码组合共计1100000注，使用自定义功能排除掉639540注垃圾号码，可见其杀号威力巨大。

（7）超级过滤之旋转矩阵。软件内置双色球红球号码中6保5的旋转矩阵公式，结合排序定位功能同时进行过滤使用，称为定位旋转矩阵；结合断区转换功能同时进行过滤使用，称为断层旋转矩阵。其均为更高级别的旋转矩阵。

图5-17为超级过滤功能之旋转矩阵功能设置界面。在双色球红球备选号码进行旋转矩阵之前，必须在红球投注区选择相应的备选号码，然后才能点击"设置"按钮进入旋转矩阵设置界面，如图5-18所示。点选"不执行旋转"代表该区备选号码不进行旋转矩阵，点选"执行旋转"代表该区备选号码进行旋转矩阵并参与过滤，点选后可以选择"确定"或"取消"设置。

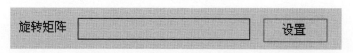

图5-17 【彩霸王】双色球软件"旋转短阵"过滤器设置界面

图 5-18　【彩霸王】双色球软件"旋转短阵"设置界面

（8）超级过滤之投注操作。图 5-19 为"投注操作"功能界面。

图 5-19　【彩霸王】双色球软件"投注操作"界面

　　投注操作包括投注号码格式、红蓝球分隔、条件导入、条件导出、清空条件、保存结果 6 个选项，是软件内超级过滤功能之一的辅助功能。

　　投注号码格式与红蓝球分隔的功能是为了方便通过网络投注的用户专业设计的功能，可以极大满足网络投注时用户对投注格式的需求。

　　例如，选择"逗号"、红蓝球分隔为"＋"后的投注号码形式为 01，02，03，04，05，06＋01；选择"空格"、红蓝球分隔为"＋"后的投注号码形式为 01 02 03 04 05 06＋01。

　　再如，选择"逗号"、红蓝球分隔为"｜"后的投注号码形式为 01，02，03，04，05，06｜01；选择"空格"、红蓝球分隔为"｜"后的投注号码形式为 01 02 03 04 05 06｜01。

　　条件导出、条件导入的功能可以方便用户进行条件的保存和使用，以及用户间条件的交流。

清空条件是指把当前超级过滤功能界面所选择使用的条件进行快速清除。

保存结果的功能是指把过滤后的投注结果进行保存，方便开奖后及时进行兑奖或复盘训练使用，快捷准确。

5. 优质贴心的"商务服务"功能

【彩霸王】双色球富豪版彩票软件不但技术理念独特，设计科学合理，核心功能强大，而且具有完善优质的商务服务。

中奖快线网（http：//www.51caishen.com）是广大读者、【彩霸王】双色球富豪版软件用户获得优质商务服务的唯一官方网站，是专业的彩票技术交流平台。

欲下载试用软件、获得最完整软件实战技术都可以登录"中奖快线网"，还能获得更多、更详细的彩票实战技术和相关资讯服务。

（四）【彩霸王】软件实战操作指南

本书第一版发行后，广大读者对【彩霸王】双色球富豪版软件内断区转换的"断层覆盖算法"智能极度压缩投注号码数量高达48%～98%的神奇功效产生了极大兴趣，纷纷登录网站下载使用。应广大彩民的要求，下面对【彩霸王】双色球富豪版软件的实战操作流程及要点做详细的讲解，便于彩民更好地了解以及实战应用。

使用【彩霸王】双色球富豪版软件，实战中按照以下操作指南设置条件即可过滤，获得当期投注号码。

1. 设置红球过滤条件

【彩霸王】双色球富豪版软件中的选择红球的核心功能是排序定位和断区转换，是否能花最少的钱在最小的投注范围内锁定红球中奖号码依彩民排序定位图表和行列断区图表分析研判的准确性而定。

实战中，如果能将排序定位或者断区转换任意一个功能的条件使用到极致，即选择得非常精准，都可以在极小的范围内锁定红球中奖号码组合。因此，从这个层面来说，这两个功能没有主次之分，用户完全可以根据个人的喜好以及当期条件的准确率来选择使用。

实战中，建议用户按照以下流程进行红球过滤条件的选择和设置。

（1）排序定位设置，这是每期必用的红球过滤条件。每期通过观察分析排序定位的各个图表，选择设置使用的条件。一般建议排序定位每个位置以选择3～4个数字为佳，如果遇到特别好的位置指标，可以精选。

需要注意的是，如果遇到同时使用断区转换功能，并且断区条件可以精确选择，那么排序定位的每个位置选择范围可以适当扩大到5个数字左右，这时排序定位要起到辅助的功效，必须以稳定和高概率为主。

如果本期断区各个位置上没有好条件可以使用，那么排序定位的每个位置最好精确到1～3个数字，只有这样才能降低投注量，但是中奖概率降低的风险也随之而来。

（2）智能排序设置，这是每期必用的红球过滤条件，而且准确率极高。一般情况下，智能排序每个位置都选择90%排序值。如果上期某个位置脱离80%的范围，那么当期该位置可以选择80%排序值。

（3）红球投注，这是可选择使用的过滤条件。一般彩民会根据投注站或者网络上的双色球走势图来选择当期红球中奖号码的大致出现范围，或者与朋友交流时获得一个稳定的红球组合大底，在概率较高的前提下可以在红球投注区设置使用参与过滤，从而缩小中奖号码范围。

实战时，我们建议选择的红球号码数量多一些，如果没有太大的把握，尽量不要排除太多的号码。

（4）断区转换设置，这是每期必用的红球过滤条件。每期通过观察分析行列断区的各个图表，选择设置使用的条件。如果遇到个别位置的指标特别好的，可以精选。一般建议每个断区位置上最多选择2个数字，断列百位和断行百位上每期固定选择数字0即可，概率高达80%以上。

需要注意的是，如果同时使用排序定位功能，并且排序条件可以精确选择，那么每个断区位置选择范围可以适当扩大到2～3个数字，这时断区只起到辅助的功效，必须以稳定高概率为主。

如果本期排序各个位置没有好条件可以使用，那么每个断区位置最好精确到1～2个数字，只能这样才能降低投注量，但是中奖概率降低的风险也随之而来。

如果针对断区的每个位置选择数字过多，就要选择使用断区两码，否则投注数量会居高不下，导致投入资金过多。

（5）旋转矩阵设置，这是可以选用的过滤条件。旋转矩阵功能是把"双刃剑"，在花最少的钱并保证获得一定奖项的同时，中6个红球的概率只有7%左右。也就是说，使用旋转矩阵的巨大代价是以大概率牺牲大奖为前提的，所以是否使用这个功能取决于用户的期望值。

（6）智能组号，这是每期必用的过滤条件。实战中，智能热号一般选择5期热号、智能冷号一般选择9期进行智能分析，然后使用推荐结果参与过滤。因为自动推荐选择的范围比较大，因此概率极高，但是过滤号码的效果没有使用自定义设置的效果明显。实战中可以结合实际情况选择使用。

（7）红球胆码，这是可选择使用的过滤条件。红球胆码就是最看好在当期出现的红球号码，可以是一个，也可以是多个。一般在实战中选择1～2个胆码参与过滤，过滤效果极其显著。如果失误也会导致满盘皆输，所以要小心谨慎地挑选1～2个出现概率比较高的红球号码使用。

2. 设置蓝球过滤条件

（1）蓝球设置，这是每期必用的过滤条件。内码合值和内码差值是选择蓝球的核心功能，如果能相辅相成地应用得当，即可在1～2个蓝球内锁定当期蓝球中奖号码。

实战选择时需要注意的是，如果可以精确选择内码合值条件，那么这时内码差值条件应该起到辅助的功效，选择范围可以适当扩大，保证稳定、高概率地选择蓝球。

同样，如果可以精确选择内码差值条件，那么内码合值条件要同时起到辅助的功效，选择范围可以适当扩大，保证稳定、高概率地选择蓝球。

实战中，尽量不要同时精确选择内码合值和内码差值的条件，虽然这样可以极度精确蓝球号码的范围，但中奖概率降低的风险也随之提升了无数倍。

（2）蓝球投注，这是可选择使用的过滤条件。一般彩民会根据投注站或者网络上的双色球走势图选择当期蓝球中奖号码的出现范围，在概率较高的前提下可以在蓝球投注区设置使用参与过滤，从而缩小中奖号码范围。

实战时，我们建议选择的蓝球号码数量多一些，如果没有太大的把握尽量不要排除太多的蓝球号码。

3. 设置辅助过滤条件

（1）组合设置，这是可选择使用的过滤条件。只有在实战中选择了多个蓝球，才会考虑是否使用这个功能。

假设实战中选择的红球和蓝球号码范围均包括当期的中奖号码，那么只有选择"全部组合"，才能100%地包括当期中奖号码；如果选择"轮次组合"，只能保证中得一个二等奖，是否一定能中大奖则不能确定，除非红球组合和蓝球很巧合地轮次组合在一起。

使用轮次组合的优势在于：可以多选蓝球，总投注数量不变，在保证命中二等奖的前提下，有中取大奖的可能。

（2）投注操作，这是可以选择使用的过滤条件。投注格式和红蓝分隔符号是为了便于彩民通过购彩网站上传投注号码而设计的，实战中选择符合购彩网站所要求的投注格式设置即可。

4. 条件选择设置的一些经验

在实战中选择分析图表和过滤条件时，必须要时刻提醒自己遵守以下三个规定：

第一，看好应用的条件必须绝对精确，而且一旦认定绝不修改。

第二，不是十分确定的条件尽量把选择范围绝对放大，这样在高概率的前提下同样可以起到缩小投注量的效果。

第三，不看好的条件绝对不用。

【彩霸王】双色球富豪版软件"超级过滤"内每个条件都可以单独使用或联合使用，不限制条件数量。但是需要说明的是，使用的条件越多，每个条件的范围越小，那么过滤后获得的投注号码数量越少；如果条件设置得太苛刻，导致条件之间相互矛盾，就会没有过滤结果，这时就要重新审视条件，看看哪个或者哪几个条件有问题，要重新分析和修正。

使用条件的目的是过滤号码以筛选出当期中奖号码的范围，通俗地讲，就是杀号。条件用得越多，错误的概率也随之越高。所以说，条件也是一把"双刃剑"，用好了，在极少的范围内即可捕获大奖；用不好，就会与大奖越走越远。

在实战中选择条件时要一点点加条件，要稳定地加，不能为了精确到几组投注号码，每次选号时就要用到所有条件，那样只会提高出错的概率。

二、投注速查工具

（一）双色球红球复式中奖计算表

表5-2　双色球红球复式中奖计算表

中奖号码个数 投注金额	奖等	设奖金额	红球7 14	红球8 56	红球9 168	红球10 420	红球11 924	红球12 1848	红球13 3432	红球14 6006	红球15 10010	红球16 16016	红球17 24752	红球18 37128	红球19 54264	红球20 77520
6个红球+1个蓝球	1	A	1	1	1	1	1	1	1	1	1	1	1	1	1	1
	3	3000	6	12	18	24	30	36	42	48	54	60	66	72	78	84
	4	200	-	15	45	90	150	225	315	420	540	675	825	990	1170	1365
	5	10	-	-	20	80	200	400	700	1120	1680	2400	3300	4400	5720	7280
	6	5	-	-	-	15	81	262	658	1414	2730	4872	8184	13101	20163	30030
奖金合计			1A+18000	1A+39000	1A+63200	1A+90875	1A+122405	1A+158310	1A+199290	1A+246270	1A+300450	1A+363360	1A+436920	1A+523505	1A+626015	1A+747950
6个红球	2	B	1	1	1	1	1	1	1	1	1	1	1	1	1	1
	4	200	6	12	18	24	30	36	42	48	54	60	66	72	78	84
	5	10	-	15	45	90	150	225	315	420	540	675	825	990	1170	1365
奖金合计			1B+1200	1B+2550	1B+4050	1B+5700	1B+7500	1B+9450	1B+11550	1B+13800	1B+16200	1B+18750	1B+21450	1B+24300	1B+27300	1B+30450
5个红球+1个蓝球	3	3000	2	3	4	5	6	7	8	9	10	11	12	13	14	15
	4	200	5	15	30	50	75	105	140	180	225	275	330	390	455	525
	5	10	-	10	40	100	200	350	560	840	1200	1650	2200	2860	3640	4550
	6	5	-	-	10	55	181	462	1008	1974	3570	6072	9834	15301	23023	33670
奖金合计			7000	12100	18450	26275	35905	47810	62640	81270	104850	134860	173170	222105	284515	363850
5个红球	4	200	2	3	4	5	6	7	8	9	10	11	12	13	14	15
	5	10	5	15	30	50	75	105	140	180	225	275	330	390	455	525
奖金合计			450	750	1100	1500	1950	2450	3000	3600	4250	4950	5700	6500	7350	8250
4个红球+1个蓝球	4	200	3	6	10	15	21	28	36	45	55	66	78	91	105	120
	5	10	4	16	40	80	140	224	336	480	660	880	1144	1456	1820	2240
	6	5	-	6	34	115	301	672	1344	2478	4290	7062	11154	17017	25207	36400
奖金合计			640	1390	2570	4375	7105	11200	17280	26190	39050	57310	82810	117845	165235	228400
4个红球	5	10	3	6	10	15	21	28	36	45	55	66	78	91	105	120
奖金合计			30	60	100	150	210	280	360	450	550	660	780	910	1050	1200
3个红球+1个蓝球	5	10	4	10	20	35	56	84	120	165	220	286	364	455	560	680
	6	5	3	18	64	175	406	840	1596	2838	4785	7722	12012	18109	26572	38080
奖金合计			55	190	520	1225	2590	5040	9180	15840	26125	41470	63700	95095	138460	197200
2个红球+1个蓝球	6	5	7	28	84	210	462	924	1716	3003	5005	8008	12376	18564	27132	38760
奖金合计			35	140	420	1050	2310	4620	8580	15015	25025	40040	61880	92820	135660	193800
1个红球+1个蓝球	6	5	7	28	84	210	462	924	1716	3003	5005	8008	12376	18564	27132	38760
奖金合计			35	140	420	1050	2310	4620	8580	15015	25025	40040	61880	92820	135660	193800
1个蓝球	6	5	7	28	84	210	462	924	1716	3003	5005	8008	12376	18564	27132	38760
奖金合计			35	140	420	1050	2310	4620	8580	15015	25025	40040	61880	92820	135660	193800

注:

1. A表示当期单注一等奖奖金；B表示当期单注二等奖奖金。

2. 红球复式：从红色球号码中选择7~20个号码，从蓝色球号码中选择1个号码。

（二）双色球蓝球复式中奖计算表

表5-3 双色球蓝球复式中奖计算表

中奖号码个数	奖等	设奖金额	蓝球复式中奖注数														
投注金额			蓝球2	蓝球3	蓝球4	蓝球5	蓝球6	蓝球7	蓝球8	蓝球9	蓝球10	蓝球11	蓝球12	蓝球13	蓝球14	蓝球15	蓝球16
			4	6	8	10	12	14	16	18	20	22	24	26	28	30	32
6个红球+1个蓝球	1	A	1	1	1	1	1	1	1	1	1	1	1	1	1	1	1
	2	B	1	2	3	4	5	6	7	8	9	10	11	12	13	14	15
奖金合计			1A+1B	1A+2B	1A+3B	1A+4B	1A+5B	1A+6B	1A+7B	1A+8B	1A+9B	1A+10B	1A+11B	1A+12B	1A+13B	1A+14B	1A+15B
6个红球	2	B	2	3	4	5	6	7	8	9	10	11	12	13	14	15	16
奖金合计			2B	3B	4B	5B	6B	7B	8B	9B	10B	11B	12B	13B	14B	15B	16B
5个红球+1个蓝球	3	3000	1	1	1	1	1	1	1	1	1	1	1	1	1	1	1
	4	200	1	2	3	4	5	6	7	8	9	10	11	12	13	14	15
奖金合计			3200	3400	3600	3800	4000	4200	4400	4600	4800	5000	5200	5400	5600	5800	6000
5个红球	4	200	2	3	4	5	6	7	8	9	10	11	12	13	14	15	16
奖金合计			400	600	800	1000	1200	1400	1600	1800	2000	2200	2400	2600	2800	3000	3200
4个红球+1个蓝球	4	200	1	1	1	1	1	1	1	1	1	1	1	1	1	1	1
	5	10	1	2	3	4	5	6	7	8	9	10	11	12	13	14	15
奖金合计			210	220	230	240	250	260	270	280	290	300	310	320	330	340	350
4个红球	5	10	2	3	4	5	6	7	8	9	10	11	12	13	14	15	16
奖金合计			20	30	40	50	60	70	80	90	100	110	120	130	140	150	160
3个红球+1个蓝球	5	10	1	1	1	1	1	1	1	1	1	1	1	1	1	1	1
奖金合计			10	10	10	10	10	10	10	10	10	10	10	10	10	10	10
2个红球+1个蓝球	6	5	1	1	1	1	1	1	1	1	1	1	1	1	1	1	1
奖金合计			5	5	5	5	5	5	5	5	5	5	5	5	5	5	5
1个红球+1个蓝球	6	5	1	1	1	1	1	1	1	1	1	1	1	1	1	1	1
奖金合计			5	5	5	5	5	5	5	5	5	5	5	5	5	5	5
1个蓝球	6	5	1	1	1	1	1	1	1	1	1	1	1	1	1	1	1
奖金合计			5	5	5	5	5	5	5	5	5	5	5	5	5	5	5

注：

1. A表示当期单注一等奖奖金；B表示当期单注二等奖奖金。

2. 蓝球复式：红色球号码中选择6个号码，从蓝色球号码中选择2~16个号码。

（三）双色球胆拖投注金额计算表

表5-4 双色球红球胆拖投注金额计算表

投注金额（元）		红球拖码个数														
		2	3	4	5	6	7	8	9	10	11	12	13	14	15	16
红球胆码个数	1					12	42	112	252	504	924	1584	2574	4004	6006	8736
	2				10	30	70	140	252	420	660	990	1430	2002	2730	3640
	3			8	20	40	70	112	168	240	330	440	572	728	990	1120
	4		6	12	20	30	42	56	72	90	110	132	156	182	210	240
	5	4	6	8	10	12	14	16	18	20	22	24	26	28	30	32

投注金额		红球拖码个数														
（元）		17	18	19	20	21	22	23	24	25	26	27	28	29	30	31
红球胆码个数	1	12376	17136	23256	31008	40698	52668	57684	85008	106260	131560	161460	196560	237510	285012	339822
	2	4760	6120	7752	9690	11970	14630	17710	21252	25300	29900	35100	40950	47502	54810	62930
	3	1360	1632	1938	2280	2660	3080	3542	4048	4600	5200	5850	6552	7308	8120	
	4	272	306	342	380	420	462	506	552	600	650	702	756	812		
	5	34	36	38	40	42	44	46	48	50	52	54	56			

注：

1. 本表只计算选择一个蓝球时红球胆拖投注金额，若蓝球选择 n 个，则胆拖投注金额为表"投注金额"乘以蓝球个数 n。

2. 投注金额除以 2 等于投注数量。

（四）双色球全复式中奖计算表（完整版）

使用方法：如彩民当期投注 7 个红球号码和 2 个蓝球号码，通过表找到对应行，可知投注金额为 28 元；如果投注号码中得当期 6 个红球和 1 个蓝球，一定会中得一等奖 1 注、二等奖 1 注和固定奖金 19200 元。其他依此类推。双色球复式投注奖金计算表如下，表中 A 代表本期一等奖奖金，B 代表本期二等奖奖金。

表 5-5　双色球复式投注奖金计算表（完整版）

投红球数	投蓝球数	投注金额	中红球数	中蓝球数	中奖金额
7	1	14	6	1	1A+18000
7	1	14	6	0	1B+1200
7	1	14	5	1	7000
7	1	14	5	0	450
7	1	14	4	1	640
7	1	14	4	0	30
7	1	14	3	1	55
7	1	14	2	1	35

投红球数	投蓝球数	投注金额	中红球数	中蓝球数	中奖金额
7	1	14	1	1	35
7	1	14	0	1	35
7	2	28	6	1	1A+1B+19200
7	2	28	6	0	2B+2400
7	2	28	5	1	7450
7	2	28	5	0	900
7	2	28	4	1	670
7	2	28	4	0	60
7	2	28	3	1	55
7	2	28	2	1	35
7	2	28	1	1	35
7	2	28	0	1	35
7	3	42	6	1	1A+2B+20400
7	3	42	6	0	3B+3600
7	3	42	5	1	7900
7	3	42	5	0	1350
7	3	42	4	1	700
7	3	42	4	0	90
7	3	42	3	1	55
7	3	42	2	1	35
7	3	42	1	1	35
7	3	42	0	1	35
7	4	56	6	1	1A+3B+21600
7	4	56	6	0	4B+4800
7	4	56	5	1	8350
7	4	56	5	0	1800
7	4	56	4	1	730

投红球数	投蓝球数	投注金额	中红球数	中蓝球数	中奖金额
7	4	56	4	0	120
7	4	56	3	1	55
7	4	56	2	1	35
7	4	56	1	1	35
7	4	56	0	1	35
7	5	70	6	1	1A+4B+22800
7	5	70	6	0	5B+6000
7	5	70	5	1	8800
7	5	70	5	0	2250
7	5	70	4	1	760
7	5	70	4	0	150
7	5	70	3	1	55
7	5	70	2	1	35
7	5	70	1	1	35
7	5	70	0	1	35
7	6	84	6	1	1A+5B+24000
7	6	84	6	0	6B+7200
7	6	84	5	1	9250
7	6	84	5	0	2700
7	6	84	4	1	790
7	6	84	4	0	180
7	6	84	3	1	55
7	6	84	2	1	35
7	6	84	1	1	35
7	6	84	0	1	35
7	7	98	6	1	1A+6B+25200
7	7	98	6	0	7B+8400

投红球数	投蓝球数	投注金额	中红球数	中蓝球数	中奖金额
7	7	98	5	1	9700
7	7	98	5	0	3150
7	7	98	4	1	820
7	7	98	4	0	210
7	7	98	3	1	55
7	7	98	2	1	35
7	7	98	1	1	35
7	7	98	0	1	35
7	8	112	6	1	1A+7B+26400
7	8	112	6	0	8B+9600
7	8	112	5	1	10150
7	8	112	5	0	3600
7	8	112	4	1	850
7	8	112	4	0	240
7	8	112	3	1	55
7	8	112	2	1	35
7	8	112	1	1	35
7	8	112	0	1	35
7	9	126	6	1	1A+8B+27600
7	9	126	6	0	9B+10800
7	9	126	5	1	10600
7	9	126	5	0	4050
7	9	126	4	1	880
7	9	126	4	0	270
7	9	126	3	1	55
7	9	126	2	1	35
7	9	126	1	1	35

投红球数	投蓝球数	投注金额	中红球数	中蓝球数	中奖金额
7	9	126	0	1	35
7	10	140	6	1	1A+9B+28800
7	10	140	6	0	10B+12000
7	10	140	5	1	11050
7	10	140	5	0	4500
7	10	140	4	1	910
7	10	140	4	0	300
7	10	140	3	1	55
7	10	140	2	1	35
7	10	140	1	1	35
7	10	140	0	1	35
7	11	154	6	1	1A+10B+30000
7	11	154	6	0	11B+13200
7	11	154	5	1	11500
7	11	154	5	0	4950
7	11	154	4	1	940
7	11	154	4	0	330
7	11	154	3	1	55
7	11	154	2	1	35
7	11	154	1	1	35
7	11	154	0	1	35
7	12	168	6	1	1A+11B+31200
7	12	168	6	0	12B+14400
7	12	168	5	1	11950
7	12	168	5	0	5400
7	12	168	4	1	970
7	12	168	4	0	360

投红球数	投蓝球数	投注金额	中红球数	中蓝球数	中奖金额
7	12	168	3	1	55
7	12	168	2	1	35
7	12	168	1	1	35
7	12	168	0	1	35
7	13	182	6	1	1A+12B+32400
7	13	182	6	0	13B+15600
7	13	182	5	1	12400
7	13	182	5	0	5850
7	13	182	4	1	1000
7	13	182	4	0	390
7	13	182	3	1	55
7	13	182	2	1	35
7	13	182	1	1	35
7	13	182	0	1	35
7	14	196	6	1	1A+13B+33600
7	14	196	6	0	14B+16800
7	14	196	5	1	12850
7	14	196	5	0	6300
7	14	196	4	1	1030
7	14	196	4	0	420
7	14	196	3	1	55
7	14	196	2	1	35
7	14	196	1	1	35
7	14	196	0	1	35
7	15	210	6	1	1A+14B+34800
7	15	210	6	0	15B+18000
7	15	210	5	1	13300

投红球数	投蓝球数	投注金额	中红球数	中蓝球数	中奖金额
7	15	210	5	0	6750
7	15	210	4	1	1060
7	15	210	4	0	450
7	15	210	3	1	55
7	15	210	2	1	35
7	15	210	1	1	35
7	15	210	0	1	35
7	16	224	6	1	1A+15B+36000
7	16	224	6	0	16B+19200
7	16	224	5	1	13750
7	16	224	5	0	7200
7	16	224	4	1	1090
7	16	224	4	0	480
7	16	224	3	1	55
7	16	224	2	1	35
7	16	224	1	1	35
7	16	224	0	1	35
8	1	56	6	1	1A+39000
8	1	56	6	0	1B+2550
8	1	56	5	1	12100
8	1	56	5	0	750
8	1	56	4	1	1390
8	1	56	4	0	60
8	1	56	3	1	190
8	1	56	2	1	140
8	1	56	1	1	140
8	1	56	0	1	140

投红球数	投蓝球数	投注金额	中红球数	中蓝球数	中奖金额
8	2	112	6	1	1A+1B+41550
8	2	112	6	0	2B+5100
8	2	112	5	1	12850
8	2	112	5	0	1500
8	2	112	4	1	1450
8	2	112	4	0	120
8	2	112	3	1	190
8	2	112	2	1	140
8	2	112	1	1	140
8	2	112	0	1	140
8	3	168	6	1	1A+2B+44100
8	3	168	6	0	3B+7650
8	3	168	5	1	13600
8	3	168	5	0	2250
8	3	168	4	1	1510
8	3	168	4	0	180
8	3	168	3	1	190
8	3	168	2	1	140
8	3	168	1	1	140
8	3	168	0	1	140
8	4	224	6	1	1A+3B+46650
8	4	224	6	0	4B+10200
8	4	224	5	1	14350
8	4	224	5	0	3000
8	4	224	4	1	1570
8	4	224	4	0	240
8	4	224	3	1	190

续表

投红球数	投蓝球数	投注金额	中红球数	中蓝球数	中奖金额
8	4	224	2	1	140
8	4	224	1	1	140
8	4	224	0	1	140
8	5	280	6	1	1A+4B+49200
8	5	280	6	0	5B+12750
8	5	280	5	1	15100
8	5	280	5	0	3750
8	5	280	4	1	1630
8	5	280	4	0	300
8	5	280	3	1	190
8	5	280	2	1	140
8	5	280	1	1	140
8	5	280	0	1	140
8	6	336	6	1	1A+5B+51750
8	6	336	6	0	6B+15300
8	6	336	5	1	15850
8	6	336	5	0	4500
8	6	336	4	1	1690
8	6	336	4	0	360
8	6	336	3	1	190
8	6	336	2	1	140
8	6	336	1	1	140
8	6	336	0	1	140
8	7	392	6	1	1A+6B+54300
8	7	392	6	0	7B+17850
8	7	392	5	1	16600
8	7	392	5	0	5250

投红球数	投蓝球数	投注金额	中红球数	中蓝球数	中奖金额
8	7	392	4	1	1750
8	7	392	4	0	420
8	7	392	3	1	190
8	7	392	2	1	140
8	7	392	1	1	140
8	7	392	0	1	140
8	8	448	6	1	1A+7B+56850
8	8	448	6	0	8B+20400
8	8	448	5	1	17350
8	8	448	5	0	6000
8	8	448	4	1	1810
8	8	448	4	0	480
8	8	448	3	1	190
8	8	448	2	1	140
8	8	448	1	1	140
8	8	448	0	1	140
8	9	504	6	1	1A+8B+59400
8	9	504	6	0	9B+22950
8	9	504	5	1	18100
8	9	504	5	0	6750
8	9	504	4	1	1870
8	9	504	4	0	540
8	9	504	3	1	190
8	9	504	2	1	140
8	9	504	1	1	140
8	9	504	0	1	140
8	10	560	6	1	1A+9B+61950

投红球数	投蓝球数	投注金额	中红球数	中蓝球数	中奖金额
8	10	560	6	0	10B+25500
8	10	560	5	1	18850
8	10	560	5	0	7500
8	10	560	4	1	1930
8	10	560	4	0	600
8	10	560	3	1	190
8	10	560	2	1	140
8	10	560	1	1	140
8	10	560	0	1	140
8	11	616	6	1	1A+10B+64500
8	11	616	6	0	11B+28050
8	11	616	5	1	19600
8	11	616	5	0	8250
8	11	616	4	1	1990
8	11	616	4	0	660
8	11	616	3	1	190
8	11	616	2	1	140
8	11	616	1	1	140
8	11	616	0	1	140
8	12	672	6	1	1A+11B+67050
8	12	672	6	0	12B+30600
8	12	672	5	1	20350
8	12	672	5	0	9000
8	12	672	4	1	2050
8	12	672	4	0	720
8	12	672	3	1	190
8	12	672	2	1	140

投红球数	投蓝球数	投注金额	中红球数	中蓝球数	中奖金额
8	12	672	1	1	140
8	12	672	0	1	140
8	13	728	6	1	1A+12B+69600
8	13	728	6	0	13B+33150
8	13	728	5	1	21100
8	13	728	5	0	9750
8	13	728	4	1	2110
8	13	728	4	0	780
8	13	728	3	1	190
8	13	728	2	1	140
8	13	728	1	1	140
8	13	728	0	1	140
8	14	784	6	1	1A+13B+72150
8	14	784	6	0	14B+35700
8	14	784	5	1	21850
8	14	784	5	0	10500
8	14	784	4	1	2170
8	14	784	4	0	840
8	14	784	3	1	190
8	14	784	2	1	140
8	14	784	1	1	140
8	14	784	0	1	140
8	15	840	6	1	1A+14B+74700
8	15	840	6	0	15B+38250
8	15	840	5	1	22600
8	15	840	5	0	11250
8	15	840	4	1	2230

续表

投红球数	投蓝球数	投注金额	中红球数	中蓝球数	中奖金额
8	15	840	4	0	900
8	15	840	3	1	190
8	15	840	2	1	140
8	15	840	1	1	140
8	15	840	0	1	140
8	16	896	6	1	1A+15B+77250
8	16	896	6	0	16B+40800
8	16	896	5	1	23350
8	16	896	5	0	12000
8	16	896	4	1	2290
8	16	896	4	0	960
8	16	896	3	1	190
8	16	896	2	1	140
8	16	896	1	1	140
8	16	896	0	1	140
9	1	168	6	1	1A+63200
9	1	168	6	0	1B+4050
9	1	168	5	1	18450
9	1	168	5	0	1100
9	1	168	4	1	2570
9	1	168	4	0	100
9	1	168	3	1	520
9	1	168	2	1	420
9	1	168	1	1	420
9	1	168	0	1	420
9	2	336	6	1	1A+1B+67250
9	2	336	6	0	2B+8100

投红球数	投蓝球数	投注金额	中红球数	中蓝球数	中奖金额
9	2	336	5	1	19550
9	2	336	5	0	2200
9	2	336	4	1	2670
9	2	336	4	0	200
9	2	336	3	1	520
9	2	336	2	1	420
9	2	336	1	1	420
9	2	336	0	1	420
9	3	504	6	1	1A+2B+71300
9	3	504	6	0	3B+12150
9	3	504	5	1	20650
9	3	504	5	0	3300
9	3	504	4	1	2770
9	3	504	4	0	300
9	3	504	3	1	520
9	3	504	2	1	420
9	3	504	1	1	420
9	3	504	0	1	420
9	4	672	6	1	1A+3B+75350
9	4	672	6	0	4B+16200
9	4	672	5	1	21750
9	4	672	5	0	4400
9	4	672	4	1	2870
9	4	672	4	0	400
9	4	672	3	1	520
9	4	672	2	1	420
9	4	672	1	1	420

投红球数	投蓝球数	投注金额	中红球数	中蓝球数	中奖金额
9	4	672	0	1	420
9	5	840	6	1	1A+4B+79400
9	5	840	6	0	5B+20250
9	5	840	5	1	22850
9	5	840	5	0	5500
9	5	840	4	1	2970
9	5	840	4	0	500
9	5	840	3	1	520
9	5	840	2	1	420
9	5	840	1	1	420
9	5	840	0	1	420
9	6	1008	6	1	1A+5B+83450
9	6	1008	6	0	6B+24300
9	6	1008	5	1	23950
9	6	1008	5	0	6600
9	6	1008	4	1	3070
9	6	1008	4	0	600
9	6	1008	3	1	520
9	6	1008	2	1	420
9	6	1008	1	1	420
9	6	1008	0	1	420
9	7	1176	6	1	1A+6B+87500
9	7	1176	6	0	7B+28350
9	7	1176	5	1	25050
9	7	1176	5	0	7700
9	7	1176	4	1	3170
9	7	1176	4	0	700

续表

投红球数	投蓝球数	投注金额	中红球数	中蓝球数	中奖金额
9	7	1176	3	1	520
9	7	1176	2	1	420
9	7	1176	1	1	420
9	7	1176	0	1	420
9	8	1344	6	1	1A+7B+91550
9	8	1344	6	0	8B+32400
9	8	1344	5	1	26150
9	8	1344	5	0	8800
9	8	1344	4	1	3270
9	8	1344	4	0	800
9	8	1344	3	1	520
9	8	1344	2	1	420
9	8	1344	1	1	420
9	8	1344	0	1	420
9	9	1512	6	1	1A+8B+95600
9	9	1512	6	0	9B+36450
9	9	1512	5	1	27250
9	9	1512	5	0	9900
9	9	1512	4	1	3370
9	9	1512	4	0	900
9	9	1512	3	1	520
9	9	1512	2	1	420
9	9	1512	1	1	420
9	9	1512	0	1	420
9	10	1680	6	1	1A+9B+99650
9	10	1680	6	0	10B+40500
9	10	1680	5	1	28350

投红球数	投蓝球数	投注金额	中红球数	中蓝球数	中奖金额
9	10	1680	5	0	11000
9	10	1680	4	1	3470
9	10	1680	4	0	1000
9	10	1680	3	1	520
9	10	1680	2	1	420
9	10	1680	1	1	420
9	10	1680	0	1	420
9	11	1848	6	1	1A+10B+103700
9	11	1848	6	0	11B+44550
9	11	1848	5	1	29450
9	11	1848	5	0	12100
9	11	1848	4	1	3570
9	11	1848	4	0	1100
9	11	1848	3	1	520
9	11	1848	2	1	420
9	11	1848	1	1	420
9	11	1848	0	1	420
9	12	2016	6	1	1A+11B+107750
9	12	2016	6	0	12B+48600
9	12	2016	5	1	30550
9	12	2016	5	0	13200
9	12	2016	4	1	3670
9	12	2016	4	0	1200
9	12	2016	3	1	520
9	12	2016	2	1	420
9	12	2016	1	1	420
9	12	2016	0	1	420

投红球数	投蓝球数	投注金额	中红球数	中蓝球数	中奖金额
9	13	2184	6	1	1A+12B+111800
9	13	2184	6	0	13B+52650
9	13	2184	5	1	31650
9	13	2184	5	0	14300
9	13	2184	4	1	3770
9	13	2184	4	0	1300
9	13	2184	3	1	520
9	13	2184	2	1	420
9	13	2184	1	1	420
9	13	2184	0	1	420
9	14	2352	6	1	1A+13B+115850
9	14	2352	6	0	14B+56700
9	14	2352	5	1	32750
9	14	2352	5	0	15400
9	14	2352	4	1	3870
9	14	2352	4	0	1400
9	14	2352	3	1	520
9	14	2352	2	1	420
9	14	2352	1	1	420
9	14	2352	0	1	420
9	15	2520	6	1	1A+14B+119900
9	15	2520	6	0	15B+60750
9	15	2520	5	1	33850
9	15	2520	5	0	16500
9	15	2520	4	1	3970
9	15	2520	4	0	1500
9	15	2520	3	1	520

续表

投红球数	投蓝球数	投注金额	中红球数	中蓝球数	中奖金额
9	15	2520	2	1	420
9	15	2520	1	1	420
9	15	2520	0	1	420
9	16	2688	6	1	1A+15B+123950
9	16	2688	6	0	16B+64800
9	16	2688	5	1	34950
9	16	2688	5	0	17600
9	16	2688	4	1	4070
9	16	2688	4	0	1600
9	16	2688	3	1	520
9	16	2688	2	1	420
9	16	2688	1	1	420
9	16	2688	0	1	420
10	1	420	6	1	1A+90875
10	1	420	6	0	1B+5700
10	1	420	5	1	26275
10	1	420	5	0	1500
10	1	420	4	1	4375
10	1	420	4	0	150
10	1	420	3	1	1225
10	1	420	2	1	1050
10	1	420	1	1	1050
10	1	420	0	1	1050
10	2	840	6	1	1A+1B+96575
10	2	840	6	0	2B+11400
10	2	840	5	1	27775
10	2	840	5	0	3000

投红球数	投蓝球数	投注金额	中红球数	中蓝球数	中奖金额
10	2	840	4	1	4525
10	2	840	4	0	300
10	2	840	3	1	1225
10	2	840	2	1	1050
10	2	840	1	1	1050
10	2	840	0	1	1050
10	3	1260	6	1	1A+2B+102275
10	3	1260	6	0	3B+17100
10	3	1260	5	1	29275
10	3	1260	5	0	4500
10	3	1260	4	1	4675
10	3	1260	4	0	450
10	3	1260	3	1	1225
10	3	1260	2	1	1050
10	3	1260	1	1	1050
10	3	1260	0	1	1050
10	4	1680	6	1	1A+3B+107975
10	4	1680	6	0	4B+22800
10	4	1680	5	1	30775
10	4	1680	5	0	6000
10	4	1680	4	1	4825
10	4	1680	4	0	600
10	4	1680	3	1	1225
10	4	1680	2	1	1050
10	4	1680	1	1	1050
10	4	1680	0	1	1050
10	5	2100	6	1	1A+4B+113675

投红球数	投蓝球数	投注金额	中红球数	中蓝球数	中奖金额
10	5	2100	6	0	5B+28500
10	5	2100	5	1	32275
10	5	2100	5	0	7500
10	5	2100	4	1	4975
10	5	2100	4	0	750
10	5	2100	3	1	1225
10	5	2100	2	1	1050
10	5	2100	1	1	1050
10	5	2100	0	1	1050
10	6	2520	6	1	1A+5B+119375
10	6	2520	6	0	6B+34200
10	6	2520	5	1	33775
10	6	2520	5	0	9000
10	6	2520	4	1	5125
10	6	2520	4	0	900
10	6	2520	3	1	1225
10	6	2520	2	1	1050
10	6	2520	1	1	1050
10	6	2520	0	1	1050
10	7	2940	6	1	1A+6B+125075
10	7	2940	6	0	7B+39900
10	7	2940	5	1	35275
10	7	2940	5	0	10500
10	7	2940	4	1	5275
10	7	2940	4	0	1050
10	7	2940	3	1	1225
10	7	2940	2	1	1050

投红球数	投蓝球数	投注金额	中红球数	中蓝球数	中奖金额
10	7	2940	1	1	1050
10	7	2940	0	1	1050
10	8	3360	6	1	1A+7B+130775
10	8	3360	6	0	8B+45600
10	8	3360	5	1	36775
10	8	3360	5	0	12000
10	8	3360	4	1	5425
10	8	3360	4	0	1200
10	8	3360	3	1	1225
10	8	3360	2	1	1050
10	8	3360	1	1	1050
10	8	3360	0	1	1050
10	9	3780	6	1	1A+8B+136475
10	9	3780	6	0	9B+51300
10	9	3780	5	1	38275
10	9	3780	5	0	13500
10	9	3780	4	1	5575
10	9	3780	4	0	1350
10	9	3780	3	1	1225
10	9	3780	2	1	1050
10	9	3780	1	1	1050
10	9	3780	0	1	1050
10	10	4200	6	1	1A+9B+142175
10	10	4200	6	0	10B+57000
10	10	4200	5	1	39775
10	10	4200	5	0	15000
10	10	4200	4	1	5725

续表

投红球数	投蓝球数	投注金额	中红球数	中蓝球数	中奖金额
10	10	4200	4	0	1500
10	10	4200	3	1	1225
10	10	4200	2	1	1050
10	10	4200	1	1	1050
10	10	4200	0	1	1050
10	11	4620	6	1	1A+10B+147875
10	11	4620	6	0	11B+62700
10	11	4620	5	1	41275
10	11	4620	5	0	16500
10	11	4620	4	1	5875
10	11	4620	4	0	1650
10	11	4620	3	1	1225
10	11	4620	2	1	1050
10	11	4620	1	1	1050
10	11	4620	0	1	1050
10	12	5040	6	1	1A+11B+153575
10	12	5040	6	0	12B+68400
10	12	5040	5	1	42775
10	12	5040	5	0	18000
10	12	5040	4	1	6025
10	12	5040	4	0	1800
10	12	5040	3	1	1225
10	12	5040	2	1	1050
10	12	5040	1	1	1050
10	12	5040	0	1	1050
10	13	5460	6	1	1A+12B+159275
10	13	5460	6	0	13B+74100

投红球数	投蓝球数	投注金额	中红球数	中蓝球数	中奖金额
10	13	5460	5	1	44275
10	13	5460	5	0	19500
10	13	5460	4	1	6175
10	13	5460	4	0	1950
10	13	5460	3	1	1225
10	13	5460	2	1	1050
10	13	5460	1	1	1050
10	13	5460	0	1	1050
10	14	5880	6	1	1A+13B+164975
10	14	5880	6	0	14B+79800
10	14	5880	5	1	45775
10	14	5880	5	0	21000
10	14	5880	4	1	6325
10	14	5880	4	0	2100
10	14	5880	3	1	1225
10	14	5880	2	1	1050
10	14	5880	1	1	1050
10	14	5880	0	1	1050
10	15	6300	6	1	1A+14B+170675
10	15	6300	6	0	15B+85500
10	15	6300	5	1	47275
10	15	6300	5	0	22500
10	15	6300	4	1	6475
10	15	6300	4	0	2250
10	15	6300	3	1	1225
10	15	6300	2	1	1050
10	15	6300	1	1	1050

投红球数	投蓝球数	投注金额	中红球数	中蓝球数	中奖金额
10	15	6300	0	1	1050
10	16	6720	6	1	1A+15B+176375
10	16	6720	6	0	16B+91200
10	16	6720	5	1	48775
10	16	6720	5	0	24000
10	16	6720	4	1	6625
10	16	6720	4	0	2400
10	16	6720	3	1	1225
10	16	6720	2	1	1050
10	16	6720	1	1	1050
10	16	6720	0	1	1050
11	1	924	6	1	1A+122405
11	1	924	6	0	1B+7500
11	1	924	5	1	35905
11	1	924	5	0	1950
11	1	924	4	1	7105
11	1	924	4	0	210
11	1	924	3	1	2590
11	1	924	2	1	2310
11	1	924	1	1	2310
11	1	924	0	1	2310
11	2	1848	6	1	1A+1B+129905
11	2	1848	6	0	2B+15000
11	2	1848	5	1	37855
11	2	1848	5	0	3900
11	2	1848	4	1	7315
11	2	1848	4	0	420

投红球数	投蓝球数	投注金额	中红球数	中蓝球数	中奖金额
11	2	1848	3	1	2590
11	2	1848	2	1	2310
11	2	1848	1	1	2310
11	2	1848	0	1	2310
11	3	2772	6	1	1A+2B+137405
11	3	2772	6	0	3B+22500
11	3	2772	5	1	39805
11	3	2772	5	0	5850
11	3	2772	4	1	7525
11	3	2772	4	0	630
11	3	2772	3	1	2590
11	3	2772	2	1	2310
11	3	2772	1	1	2310
11	3	2772	0	1	2310
11	4	3696	6	1	1A+3B+144905
11	4	3696	6	0	4B+30000
11	4	3696	5	1	41755
11	4	3696	5	0	7800
11	4	3696	4	1	7735
11	4	3696	4	0	840
11	4	3696	3	1	2590
11	4	3696	2	1	2310
11	4	3696	1	1	2310
11	4	3696	0	1	2310
11	5	4620	6	1	1A+4B+152405
11	5	4620	6	0	5B+37500
11	5	4620	5	1	43705

投红球数	投蓝球数	投注金额	中红球数	中蓝球数	中奖金额
11	5	4620	5	0	9750
11	5	4620	4	1	7945
11	5	4620	4	0	1050
11	5	4620	3	1	2590
11	5	4620	2	1	2310
11	5	4620	1	1	2310
11	5	4620	0	1	2310
11	6	5544	6	1	1A+5B+159905
11	6	5544	6	0	6B+45000
11	6	5544	5	1	45655
11	6	5544	5	0	11700
11	6	5544	4	1	8155
11	6	5544	4	0	1260
11	6	5544	3	1	2590
11	6	5544	2	1	2310
11	6	5544	1	1	2310
11	6	5544	0	1	2310
11	7	6468	6	1	1A+6B+167405
11	7	6468	6	0	7B+52500
11	7	6468	5	1	47605
11	7	6468	5	0	13650
11	7	6468	4	1	8365
11	7	6468	4	0	1470
11	7	6468	3	1	2590
11	7	6468	2	1	2310
11	7	6468	1	1	2310
11	7	6468	0	1	2310

投红球数	投蓝球数	投注金额	中红球数	中蓝球数	中奖金额
11	8	7392	6	1	1A+7B+174905
11	8	7392	6	0	8B+60000
11	8	7392	5	1	49555
11	8	7392	5	0	15600
11	8	7392	4	1	8575
11	8	7392	4	0	1680
11	8	7392	3	1	2590
11	8	7392	2	1	2310
11	8	7392	1	1	2310
11	8	7392	0	1	2310
11	9	8316	6	1	1A+8B+182405
11	9	8316	6	0	9B+67500
11	9	8316	5	1	51505
11	9	8316	5	0	17550
11	9	8316	4	1	8785
11	9	8316	4	0	1890
11	9	8316	3	1	2590
11	9	8316	2	1	2310
11	9	8316	1	1	2310
11	9	8316	0	1	2310
11	10	9240	6	1	1A+9B+189905
11	10	9240	6	0	10B+75000
11	10	9240	5	1	53455
11	10	9240	5	0	19500
11	10	9240	4	1	8995
11	10	9240	4	0	2100
11	10	9240	3	1	2590

续表

投红球数	投蓝球数	投注金额	中红球数	中蓝球数	中奖金额
11	10	9240	2	1	2310
11	10	9240	1	1	2310
11	10	9240	0	1	2310
11	11	10164	6	1	1A+10B+197405
11	11	10164	6	0	11B+82500
11	11	10164	5	1	55405
11	11	10164	5	0	21450
11	11	10164	4	1	9205
11	11	10164	4	0	2310
11	11	10164	3	1	2590
11	11	10164	2	1	2310
11	11	10164	1	1	2310
11	11	10164	0	1	2310
11	12	11088	6	1	1A+11B+204905
11	12	11088	6	0	12B+90000
11	12	11088	5	1	57355
11	12	11088	5	0	23400
11	12	11088	4	1	9415
11	12	11088	4	0	2520
11	12	11088	3	1	2590
11	12	11088	2	1	2310
11	12	11088	1	1	2310
11	12	11088	0	1	2310
11	13	12012	6	1	1A+12B+212405
11	13	12012	6	0	13B+97500
11	13	12012	5	1	59305
11	13	12012	5	0	25350

投红球数	投蓝球数	投注金额	中红球数	中蓝球数	中奖金额
11	13	12012	4	1	9625
11	13	12012	4	0	2730
11	13	12012	3	1	2590
11	13	12012	2	1	2310
11	13	12012	1	1	2310
11	13	12012	0	1	2310
11	14	12936	6	1	1A+13B+219905
11	14	12936	6	0	14B+105000
11	14	12936	5	1	61255
11	14	12936	5	0	27300
11	14	12936	4	1	9835
11	14	12936	4	0	2940
11	14	12936	3	1	2590
11	14	12936	2	1	2310
11	14	12936	1	1	2310
11	14	12936	0	1	2310
11	15	13860	6	1	1A+14B+227405
11	15	13860	6	0	15B+112500
11	15	13860	5	1	63205
11	15	13860	5	0	29250
11	15	13860	4	1	10045
11	15	13860	4	0	3150
11	15	13860	3	1	2590
11	15	13860	2	1	2310
11	15	13860	1	1	2310
11	15	13860	0	1	2310
11	16	14784	6	1	1A+15B+234905

投红球数	投蓝球数	投注金额	中红球数	中蓝球数	中奖金额
11	16	14784	6	0	16B+120000
11	16	14784	5	1	65155
11	16	14784	5	0	31200
11	16	14784	4	1	10255
11	16	14784	4	0	3360
11	16	14784	3	1	2590
11	16	14784	2	1	2310
11	16	14784	1	1	2310
11	16	14784	0	1	2310
12	1	1848	6	1	1A+158310
12	1	1848	6	0	1B+9450
12	1	1848	5	1	47810
12	1	1848	5	0	2450
12	1	1848	4	1	11200
12	1	1848	4	0	280
12	1	1848	3	1	5040
12	1	1848	2	1	4620
12	1	1848	1	1	4620
12	1	1848	0	1	4620
12	2	3696	6	1	1A+1B+167760
12	2	3696	6	0	2B+18900
12	2	3696	5	1	50260
12	2	3696	5	0	4900
12	2	3696	4	1	11480
12	2	3696	4	0	560
12	2	3696	3	1	5040
12	2	3696	2	1	4620

投红球数	投蓝球数	投注金额	中红球数	中蓝球数	中奖金额
12	2	3696	1	1	4620
12	2	3696	0	1	4620
12	3	5544	6	1	1A+2B+177210
12	3	5544	6	0	3B+28350
12	3	5544	5	1	52710
12	3	5544	5	0	7350
12	3	5544	4	1	11760
12	3	5544	4	0	840
12	3	5544	3	1	5040
12	3	5544	2	1	4620
12	3	5544	1	1	4620
12	3	5544	0	1	4620
12	4	7392	6	1	1A+3B+186660
12	4	7392	6	0	4B+37800
12	4	7392	5	1	55160
12	4	7392	5	0	9800
12	4	7392	4	1	12040
12	4	7392	4	0	1120
12	4	7392	3	1	5040
12	4	7392	2	1	4620
12	4	7392	1	1	4620
12	4	7392	0	1	4620
12	5	9240	6	1	1A+4B+196110
12	5	9240	6	0	5B+47250
12	5	9240	5	1	57610
12	5	9240	5	0	12250
12	5	9240	4	1	12320

续表

投红球数	投蓝球数	投注金额	中红球数	中蓝球数	中奖金额
12	5	9240	4	0	1400
12	5	9240	3	1	5040
12	5	9240	2	1	4620
12	5	9240	1	1	4620
12	5	9240	0	1	4620
12	6	11088	6	1	1A+5B+205560
12	6	11088	6	0	6B+56700
12	6	11088	5	1	60060
12	6	11088	5	0	14700
12	6	11088	4	1	12600
12	6	11088	4	0	1680
12	6	11088	3	1	5040
12	6	11088	2	1	4620
12	6	11088	1	1	4620
12	6	11088	0	1	4620
12	7	12936	6	1	1A+6B+215010
12	7	12936	6	0	7B+66150
12	7	12936	5	1	62510
12	7	12936	5	0	17150
12	7	12936	4	1	12880
12	7	12936	4	0	1960
12	7	12936	3	1	5040
12	7	12936	2	1	4620
12	7	12936	1	1	4620
12	7	12936	0	1	4620
12	8	14784	6	1	1A+7B+224460
12	8	14784	6	0	8B+75600

续表

投红球数	投蓝球数	投注金额	中红球数	中蓝球数	中奖金额
12	8	14784	5	1	64960
12	8	14784	5	0	19600
12	8	14784	4	1	13160
12	8	14784	4	0	2240
12	8	14784	3	1	5040
12	8	14784	2	1	4620
12	8	14784	1	1	4620
12	8	14784	0	1	4620
12	9	16632	6	1	1A+8B+233910
12	9	16632	6	0	9B+85050
12	9	16632	5	1	67410
12	9	16632	5	0	22050
12	9	16632	4	1	13440
12	9	16632	4	0	2520
12	9	16632	3	1	5040
12	9	16632	2	1	4620
12	9	16632	1	1	4620
12	9	16632	0	1	4620
12	10	18480	6	1	1A+9B+243360
12	10	18480	6	0	10B+94500
12	10	18480	5	1	69860
12	10	18480	5	0	24500
12	10	18480	4	1	13720
12	10	18480	4	0	2800
12	10	18480	3	1	5040
12	10	18480	2	1	4620
12	10	18480	1	1	4620

投红球数	投蓝球数	投注金额	中红球数	中蓝球数	中奖金额
12	10	18480	0	1	4620
12	11	20328	6	1	1A+10B+252810
12	11	20328	6	0	11B+103950
12	11	20328	5	1	72310
12	11	20328	5	0	26950
12	11	20328	4	1	14000
12	11	20328	4	0	3080
12	11	20328	3	1	5040
12	11	20328	2	1	4620
12	11	20328	1	1	4620
12	11	20328	0	1	4620
12	12	22176	6	1	1A+11B+262260
12	12	22176	6	0	12B+113400
12	12	22176	5	1	74760
12	12	22176	5	0	29400
12	12	22176	4	1	14280
12	12	22176	4	0	3360
12	12	22176	3	1	5040
12	12	22176	2	1	4620
12	12	22176	1	1	4620
12	12	22176	0	1	4620
12	13	24024	6	1	1A+12B+271710
12	13	24024	6	0	13B+122850
12	13	24024	5	1	77210
12	13	24024	5	0	31850
12	13	24024	4	1	14560
12	13	24024	4	0	3640

投红球数	投蓝球数	投注金额	中红球数	中蓝球数	中奖金额
12	13	24024	3	1	5040
12	13	24024	2	1	4620
12	13	24024	1	1	4620
12	13	24024	0	1	4620
12	14	25872	6	1	1A+13B+281160
12	14	25872	6	0	14B+132300
12	14	25872	5	1	79660
12	14	25872	5	0	34300
12	14	25872	4	1	14840
12	14	25872	4	0	3920
12	14	25872	3	1	5040
12	14	25872	2	1	4620
12	14	25872	1	1	4620
12	14	25872	0	1	4620
12	15	27720	6	1	1A+14B+290610
12	15	27720	6	0	15B+141750
12	15	27720	5	1	82110
12	15	27720	5	0	36750
12	15	27720	4	1	15120
12	15	27720	4	0	4200
12	15	27720	3	1	5040
12	15	27720	2	1	4620
12	15	27720	1	1	4620
12	15	27720	0	1	4620
12	16	29568	6	1	1A+15B+300060
12	16	29568	6	0	16B+151200
12	16	29568	5	1	84560

续表

投红球数	投蓝球数	投注金额	中红球数	中蓝球数	中奖金额
12	16	29568	5	0	39200
12	16	29568	4	1	15400
12	16	29568	4	0	4480
12	16	29568	3	1	5040
12	16	29568	2	1	4620
12	16	29568	1	1	4620
12	16	29568	0	1	4620
13	1	3432	6	1	1A+199290
13	1	3432	6	0	1B+11550
13	1	3432	5	1	62640
13	1	3432	5	0	3000
13	1	3432	4	1	17280
13	1	3432	4	0	360
13	1	3432	3	1	9180
13	1	3432	2	1	8580
13	1	3432	1	1	8580
13	1	3432	0	1	8580
13	2	6864	6	1	1A+1B+210840
13	2	6864	6	0	2B+23100
13	2	6864	5	1	65640
13	2	6864	5	0	6000
13	2	6864	4	1	17640
13	2	6864	4	0	720
13	2	6864	3	1	9180
13	2	6864	2	1	8580
13	2	6864	1	1	8580
13	2	6864	0	1	8580

续表

投红球数	投蓝球数	投注金额	中红球数	中蓝球数	中奖金额
13	3	10296	6	1	1A+2B+222390
13	3	10296	6	0	3B+34650
13	3	10296	5	1	68640
13	3	10296	5	0	9000
13	3	10296	4	1	18000
13	3	10296	4	0	1080
13	3	10296	3	1	9180
13	3	10296	2	1	8580
13	3	10296	1	1	8580
13	3	10296	0	1	8580
13	4	13728	6	1	1A+3B+233940
13	4	13728	6	0	4B+46200
13	4	13728	5	1	71640
13	4	13728	5	0	12000
13	4	13728	4	1	18360
13	4	13728	4	0	1440
13	4	13728	3	1	9180
13	4	13728	2	1	8580
13	4	13728	1	1	8580
13	4	13728	0	1	8580
13	5	17160	6	1	1A+4B+245490
13	5	17160	6	0	5B+57750
13	5	17160	5	1	74640
13	5	17160	5	0	15000
13	5	17160	4	1	18720
13	5	17160	4	0	1800
13	5	17160	3	1	9180

投红球数	投蓝球数	投注金额	中红球数	中蓝球数	中奖金额
13	5	17160	2	1	8580
13	5	17160	1	1	8580
13	5	17160	0	1	8580
13	6	20592	6	1	1A+5B+257040
13	6	20592	6	0	6B+69300
13	6	20592	5	1	77640
13	6	20592	5	0	18000
13	6	20592	4	1	19080
13	6	20592	4	0	2160
13	6	20592	3	1	9180
13	6	20592	2	1	8580
13	6	20592	1	1	8580
13	6	20592	0	1	8580
13	7	24024	6	1	1A+6B+268590
13	7	24024	6	0	7B+80850
13	7	24024	5	1	80640
13	7	24024	5	0	21000
13	7	24024	4	1	19440
13	7	24024	4	0	2520
13	7	24024	3	1	9180
13	7	24024	2	1	8580
13	7	24024	1	1	8580
13	7	24024	0	1	8580
13	8	27456	6	1	1A+7B+280140
13	8	27456	6	0	8B+92400
13	8	27456	5	1	83640
13	8	27456	5	0	24000

投红球数	投蓝球数	投注金额	中红球数	中蓝球数	中奖金额
13	8	27456	4	1	19800
13	8	27456	4	0	2880
13	8	27456	3	1	9180
13	8	27456	2	1	8580
13	8	27456	1	1	8580
13	8	27456	0	1	8580
13	9	30888	6	1	1A+8B+291690
13	9	30888	6	0	9B+103950
13	9	30888	5	1	86640
13	9	30888	5	0	27000
13	9	30888	4	1	20160
13	9	30888	4	0	3240
13	9	30888	3	1	9180
13	9	30888	2	1	8580
13	9	30888	1	1	8580
13	9	30888	0	1	8580
13	10	34320	6	1	1A+9B+303240
13	10	34320	6	0	10B+115500
13	10	34320	5	1	89640
13	10	34320	5	0	30000
13	10	34320	4	1	20520
13	10	34320	4	0	3600
13	10	34320	3	1	9180
13	10	34320	2	1	8580
13	10	34320	1	1	8580
13	10	34320	0	1	8580
13	11	37752	6	1	1A+10B+314790

续表

投红球数	投蓝球数	投注金额	中红球数	中蓝球数	中奖金额
13	11	37752	6	0	11B+127050
13	11	37752	5	1	92640
13	11	37752	5	0	33000
13	11	37752	4	1	20880
13	11	37752	4	0	3960
13	11	37752	3	1	9180
13	11	37752	2	1	8580
13	11	37752	1	1	8580
13	11	37752	0	1	8580
13	12	41184	6	1	1A+11B+326340
13	12	41184	6	0	12B+138600
13	12	41184	5	1	95640
13	12	41184	5	0	36000
13	12	41184	4	1	21240
13	12	41184	4	0	4320
13	12	41184	3	1	9180
13	12	41184	2	1	8580
13	12	41184	1	1	8580
13	12	41184	0	1	8580
13	13	44616	6	1	1A+12B+337890
13	13	44616	6	0	13B+150150
13	13	44616	5	1	98640
13	13	44616	5	0	39000
13	13	44616	4	1	21600
13	13	44616	4	0	4680
13	13	44616	3	1	9180
13	13	44616	2	1	8580

续表

投红球数	投蓝球数	投注金额	中红球数	中蓝球数	中奖金额
13	13	44616	1	1	8580
13	13	44616	0	1	8580
13	14	48048	6	1	1A+13B+349440
13	14	48048	6	0	14B+161700
13	14	48048	5	1	101640
13	14	48048	5	0	42000
13	14	48048	4	1	21960
13	14	48048	4	0	5040
13	14	48048	3	1	9180
13	14	48048	2	1	8580
13	14	48048	1	1	8580
13	14	48048	0	1	8580
13	15	51480	6	1	1A+14B+360990
13	15	51480	6	0	15B+173250
13	15	51480	5	1	104640
13	15	51480	5	0	45000
13	15	51480	4	1	22320
13	15	51480	4	0	5400
13	15	51480	3	1	9180
13	15	51480	2	1	8580
13	15	51480	1	1	8580
13	15	51480	0	1	8580
13	16	54912	6	1	1A+15B+372540
13	16	54912	6	0	16B+184800
13	16	54912	5	1	107640
13	16	54912	5	0	48000
13	16	54912	4	1	22680

投红球数	投蓝球数	投注金额	中红球数	中蓝球数	中奖金额
13	16	54912	4	0	5760
13	16	54912	3	1	9180
13	16	54912	2	1	8580
13	16	54912	1	1	8580
13	16	54912	0	1	8580
14	1	6006	6	1	1A+246270
14	1	6006	6	0	1B+13800
14	1	6006	5	1	81270
14	1	6006	5	0	3600
14	1	6006	4	1	26190
14	1	6006	4	0	450
14	1	6006	3	1	15840
14	1	6006	2	1	15015
14	1	6006	1	1	15015
14	1	6006	0	1	15015
14	2	12012	6	1	1A+1B+260070
14	2	12012	6	0	2B+27600
14	2	12012	5	1	84870
14	2	12012	5	0	7200
14	2	12012	4	1	26640
14	2	12012	4	0	900
14	2	12012	3	1	15840
14	2	12012	2	1	15015
14	2	12012	1	1	15015
14	2	12012	0	1	15015
14	3	18018	6	1	1A+2B+273870
14	3	18018	6	0	3B+41400

续表

投红球数	投蓝球数	投注金额	中红球数	中蓝球数	中奖金额
14	3	18018	5	1	88470
14	3	18018	5	0	10800
14	3	18018	4	1	27090
14	3	18018	4	0	1350
14	3	18018	3	1	15840
14	3	18018	2	1	15015
14	3	18018	1	1	15015
14	3	18018	0	1	15015
14	4	24024	6	1	1A+3B+287670
14	4	24024	6	0	4B+55200
14	4	24024	5	1	92070
14	4	24024	5	0	14400
14	4	24024	4	1	27540
14	4	24024	4	0	1800
14	4	24024	3	1	15840
14	4	24024	2	1	15015
14	4	24024	1	1	15015
14	4	24024	0	1	15015
14	5	30030	6	1	1A+4B+301470
14	5	30030	6	0	5B+69000
14	5	30030	5	1	95670
14	5	30030	5	0	18000
14	5	30030	4	1	27990
14	5	30030	4	0	2250
14	5	30030	3	1	15840
14	5	30030	2	1	15015
14	5	30030	1	1	15015

投红球数	投蓝球数	投注金额	中红球数	中蓝球数	中奖金额
14	5	30030	0	1	15015
14	6	36036	6	1	1A+5B+315270
14	6	36036	6	0	6B+82800
14	6	36036	5	1	99270
14	6	36036	5	0	21600
14	6	36036	4	1	28440
14	6	36036	4	0	2700
14	6	36036	3	1	15840
14	6	36036	2	1	15015
14	6	36036	1	1	15015
14	6	36036	0	1	15015
14	7	42042	6	1	1A+6B+329070
14	7	42042	6	0	7B+96600
14	7	42042	5	1	102870
14	7	42042	5	0	25200
14	7	42042	4	1	28890
14	7	42042	4	0	3150
14	7	42042	3	1	15840
14	7	42042	2	1	15015
14	7	42042	1	1	15015
14	7	42042	0	1	15015
14	8	48048	6	1	1A+7B+342870
14	8	48048	6	0	8B+110400
14	8	48048	5	1	106470
14	8	48048	5	0	28800
14	8	48048	4	1	29340
14	8	48048	4	0	3600

续表

投红球数	投蓝球数	投注金额	中红球数	中蓝球数	中奖金额
14	8	48048	3	1	15840
14	8	48048	2	1	15015
14	8	48048	1	1	15015
14	8	48048	0	1	15015
14	9	54054	6	1	1A+8B+356670
14	9	54054	6	0	9B+124200
14	9	54054	5	1	110070
14	9	54054	5	0	32400
14	9	54054	4	1	29790
14	9	54054	4	0	4050
14	9	54054	3	1	15840
14	9	54054	2	1	15015
14	9	54054	1	1	15015
14	9	54054	0	1	15015
14	10	60060	6	1	1A+9B+370470
14	10	60060	6	0	10B+138000
14	10	60060	5	1	113670
14	10	60060	5	0	36000
14	10	60060	4	1	30240
14	10	60060	4	0	4500
14	10	60060	3	1	15840
14	10	60060	2	1	15015
14	10	60060	1	1	15015
14	10	60060	0	1	15015
14	11	66066	6	1	1A+10B+384270
14	11	66066	6	0	11B+151800
14	11	66066	5	1	117270

续表

投红球数	投蓝球数	投注金额	中红球数	中蓝球数	中奖金额
14	11	66066	5	0	39600
14	11	66066	4	1	30690
14	11	66066	4	0	4950
14	11	66066	3	1	15840
14	11	66066	2	1	15015
14	11	66066	1	1	15015
14	11	66066	0	1	15015
14	12	72072	6	1	1A+11B+398070
14	12	72072	6	0	12B+165600
14	12	72072	5	1	120870
14	12	72072	5	0	43200
14	12	72072	4	1	31140
14	12	72072	4	0	5400
14	12	72072	3	1	15840
14	12	72072	2	1	15015
14	12	72072	1	1	15015
14	12	72072	0	1	15015
14	13	78078	6	1	1A+12B+411870
14	13	78078	6	0	13B+179400
14	13	78078	5	1	124470
14	13	78078	5	0	46800
14	13	78078	4	1	31590
14	13	78078	4	0	5850
14	13	78078	3	1	15840
14	13	78078	2	1	15015
14	13	78078	1	1	15015
14	13	78078	0	1	15015

续表

投红球数	投蓝球数	投注金额	中红球数	中蓝球数	中奖金额
14	14	84084	6	1	1A+13B+425670
14	14	84084	6	0	14B+193200
14	14	84084	5	1	128070
14	14	84084	5	0	50400
14	14	84084	4	1	32040
14	14	84084	4	0	6300
14	14	84084	3	1	15840
14	14	84084	2	1	15015
14	14	84084	1	1	15015
14	14	84084	0	1	15015
14	15	90090	6	1	1A+14B+439470
14	15	90090	6	0	15B+207000
14	15	90090	5	1	131670
14	15	90090	5	0	54000
14	15	90090	4	1	32490
14	15	90090	4	0	6750
14	15	90090	3	1	15840
14	15	90090	2	1	15015
14	15	90090	1	1	15015
14	15	90090	0	1	15015
14	16	96096	6	1	1A+15B+453270
14	16	96096	6	0	16B+220800
14	16	96096	5	1	135270
14	16	96096	5	0	57600
14	16	96096	4	1	32940
14	16	96096	4	0	7200
14	16	96096	3	1	15840

续表

投红球数	投蓝球数	投注金额	中红球数	中蓝球数	中奖金额
14	16	96096	2	1	15015
14	16	96096	1	1	15015
14	16	96096	0	1	15015
15	1	10010	6	1	1A+300450
15	1	10010	6	0	1B+16200
15	1	10010	5	1	104850
15	1	10010	5	0	4250
15	1	10010	4	1	39050
15	1	10010	4	0	550
15	1	10010	3	1	26125
15	1	10010	2	1	25025
15	1	10010	1	1	25025
15	1	10010	0	1	25025
15	2	20020	6	1	1A+1B+316650
15	2	20020	6	0	2B+32400
15	2	20020	5	1	109100
15	2	20020	5	0	8500
15	2	20020	4	1	39600
15	2	20020	4	0	1100
15	2	20020	3	1	26125
15	2	20020	2	1	25025
15	2	20020	1	1	25025
15	2	20020	0	1	25025
15	3	30030	6	1	1A+2B+332850
15	3	30030	6	0	3B+48600
15	3	30030	5	1	113350
15	3	30030	5	0	12750

双色球终极战法（第二版）
shuangseqiuzhongjizhanfa

投红球数	投蓝球数	投注金额	中红球数	中蓝球数	中奖金额
15	3	30030	4	1	40150
15	3	30030	4	0	1650
15	3	30030	3	1	26125
15	3	30030	2	1	25025
15	3	30030	1	1	25025
15	3	30030	0	1	25025
15	4	40040	6	1	1A+3B+349050
15	4	40040	6	0	4B+64800
15	4	40040	5	1	117600
15	4	40040	5	0	17000
15	4	40040	4	1	40700
15	4	40040	4	0	2200
15	4	40040	3	1	26125
15	4	40040	2	1	25025
15	4	40040	1	1	25025
15	4	40040	0	1	25025
15	5	50050	6	1	1A+4B+365250
15	5	50050	6	0	5B+81000
15	5	50050	5	1	121850
15	5	50050	5	0	21250
15	5	50050	4	1	41250
15	5	50050	4	0	2750
15	5	50050	3	1	26125
15	5	50050	2	1	25025
15	5	50050	1	1	25025
15	5	50050	0	1	25025
15	6	60060	6	1	1A+5B+381450

投红球数	投蓝球数	投注金额	中红球数	中蓝球数	中奖金额
15	6	60060	6	0	6B+97200
15	6	60060	5	1	126100
15	6	60060	5	0	25500
15	6	60060	4	1	41800
15	6	60060	4	0	3300
15	6	60060	3	1	26125
15	6	60060	2	1	25025
15	6	60060	1	1	25025
15	6	60060	0	1	25025
15	7	70070	6	1	1A+6B+397650
15	7	70070	6	0	7B+113400
15	7	70070	5	1	130350
15	7	70070	5	0	29750
15	7	70070	4	1	42350
15	7	70070	4	0	3850
15	7	70070	3	1	26125
15	7	70070	2	1	25025
15	7	70070	1	1	25025
15	7	70070	0	1	25025
15	8	80080	6	1	1A+7B+413850
15	8	80080	6	0	8B+129600
15	8	80080	5	1	134600
15	8	80080	5	0	34000
15	8	80080	4	1	42900
15	8	80080	4	0	4400
15	8	80080	3	1	26125
15	8	80080	2	1	25025

投红球数	投蓝球数	投注金额	中红球数	中蓝球数	中奖金额
15	8	80080	1	1	25025
15	8	80080	0	1	25025
15	9	90090	6	1	1A+8B+430050
15	9	90090	6	0	9B+145800
15	9	90090	5	1	138850
15	9	90090	5	0	38250
15	9	90090	4	1	43450
15	9	90090	4	0	4950
15	9	90090	3	1	26125
15	9	90090	2	1	25025
15	9	90090	1	1	25025
15	9	90090	0	1	25025
15	10	100100	6	1	1A+9B+446250
15	10	100100	6	0	10B+162000
15	10	100100	5	1	143100
15	10	100100	5	0	42500
15	10	100100	4	1	44000
15	10	100100	4	0	5500
15	10	100100	3	1	26125
15	10	100100	2	1	25025
15	10	100100	1	1	25025
15	10	100100	0	1	25025
15	11	110110	6	1	1A+10B+462450
15	11	110110	6	0	11B+178200
15	11	110110	5	1	147350
15	11	110110	5	0	46750
15	11	110110	4	1	44550

投红球数	投蓝球数	投注金额	中红球数	中蓝球数	中奖金额
15	11	110110	4	0	6050
15	11	110110	3	1	26125
15	11	110110	2	1	25025
15	11	110110	1	1	25025
15	11	110110	0	1	25025
15	12	120120	6	1	1A+11B+478650
15	12	120120	6	0	12B+194400
15	12	120120	5	1	151600
15	12	120120	5	0	51000
15	12	120120	4	1	45100
15	12	120120	4	0	6600
15	12	120120	3	1	26125
15	12	120120	2	1	25025
15	12	120120	1	1	25025
15	12	120120	0	1	25025
15	13	130130	6	1	1A+12B+494850
15	13	130130	6	0	13B+210600
15	13	130130	5	1	155850
15	13	130130	5	0	55250
15	13	130130	4	1	45650
15	13	130130	4	0	7150
15	13	130130	3	1	26125
15	13	130130	2	1	25025
15	13	130130	1	1	25025
15	13	130130	0	1	25025
15	14	140140	6	1	1A+13B+511050
15	14	140140	6	0	14B+226800

续表

投红球数	投蓝球数	投注金额	中红球数	中蓝球数	中奖金额
15	14	140140	5	1	160100
15	14	140140	5	0	59500
15	14	140140	4	1	46200
15	14	140140	4	0	7700
15	14	140140	3	1	26125
15	14	140140	2	1	25025
15	14	140140	1	1	25025
15	14	140140	0	1	25025
15	15	150150	6	1	1A+14B+527250
15	15	150150	6	0	15B+243000
15	15	150150	5	1	164350
15	15	150150	5	0	63750
15	15	150150	4	1	46750
15	15	150150	4	0	8250
15	15	150150	3	1	26125
15	15	150150	2	1	25025
15	15	150150	1	1	25025
15	15	150150	0	1	25025
15	16	160160	6	1	1A+15B+543450
15	16	160160	6	0	16B+259200
15	16	160160	5	1	168600
15	16	160160	5	0	68000
15	16	160160	4	1	47300
15	16	160160	4	0	8800
15	16	160160	3	1	26125
15	16	160160	2	1	25025
15	16	160160	1	1	25025

投红球数	投蓝球数	投注金额	中红球数	中蓝球数	中奖金额
15	16	160160	0	1	25025
16	1	16016	6	1	1A+363360
16	1	16016	6	0	1B+18750
16	1	16016	5	1	134860
16	1	16016	5	0	4950
16	1	16016	4	1	57310
16	1	16016	4	0	660
16	1	16016	3	1	41470
16	1	16016	2	1	40040
16	1	16016	1	1	40040
16	1	16016	0	1	40040
16	2	32032	6	1	1A+1B+382110
16	2	32032	6	0	2B+37500
16	2	32032	5	1	139810
16	2	32032	5	0	9900
16	2	32032	4	1	57970
16	2	32032	4	0	1320
16	2	32032	3	1	41470
16	2	32032	2	1	40040
16	2	32032	1	1	40040
16	2	32032	0	1	40040
16	3	48048	6	1	1A+2B+400860
16	3	48048	6	0	3B+56250
16	3	48048	5	1	144760
16	3	48048	5	0	14850
16	3	48048	4	1	58630
16	3	48048	4	0	1980

投红球数	投蓝球数	投注金额	中红球数	中蓝球数	中奖金额
16	3	48048	3	1	41470
16	3	48048	2	1	40040
16	3	48048	1	1	40040
16	3	48048	0	1	40040
16	4	64064	6	1	1A+3B+419610
16	4	64064	6	0	4B+75000
16	4	64064	5	1	149710
16	4	64064	5	0	19800
16	4	64064	4	1	59290
16	4	64064	4	0	2640
16	4	64064	3	1	41470
16	4	64064	2	1	40040
16	4	64064	1	1	40040
16	4	64064	0	1	40040
16	5	80080	6	1	1A+4B+438360
16	5	80080	6	0	5B+93750
16	5	80080	5	1	154660
16	5	80080	5	0	24750
16	5	80080	4	1	59950
16	5	80080	4	0	3300
16	5	80080	3	1	41470
16	5	80080	2	1	40040
16	5	80080	1	1	40040
16	5	80080	0	1	40040
16	6	96096	6	1	1A+5B+457110
16	6	96096	6	0	6B+112500
16	6	96096	5	1	159610

投红球数	投蓝球数	投注金额	中红球数	中蓝球数	中奖金额
16	6	96096	5	0	29700
16	6	96096	4	1	60610
16	6	96096	4	0	3960
16	6	96096	3	1	41470
16	6	96096	2	1	40040
16	6	96096	1	1	40040
16	6	96096	0	1	40040
16	7	112112	6	1	1A+6B+475860
16	7	112112	6	0	7B+131250
16	7	112112	5	1	164560
16	7	112112	5	0	34650
16	7	112112	4	1	61270
16	7	112112	4	0	4620
16	7	112112	3	1	41470
16	7	112112	2	1	40040
16	7	112112	1	1	40040
16	7	112112	0	1	40040
16	8	128128	6	1	1A+7B+494610
16	8	128128	6	0	8B+150000
16	8	128128	5	1	169510
16	8	128128	5	0	39600
16	8	128128	4	1	61930
16	8	128128	4	0	5280
16	8	128128	3	1	41470
16	8	128128	2	1	40040
16	8	128128	1	1	40040
16	8	128128	0	1	40040

投红球数	投蓝球数	投注金额	中红球数	中蓝球数	中奖金额
16	9	144144	6	1	1A+8B+513360
16	9	144144	6	0	9B+168750
16	9	144144	5	1	174460
16	9	144144	5	0	44550
16	9	144144	4	1	62590
16	9	144144	4	0	5940
16	9	144144	3	1	41470
16	9	144144	2	1	40040
16	9	144144	1	1	40040
16	9	144144	0	1	40040
16	10	160160	6	1	1A+9B+532110
16	10	160160	6	0	10B+187500
16	10	160160	5	1	179410
16	10	160160	5	0	49500
16	10	160160	4	1	63250
16	10	160160	4	0	6600
16	10	160160	3	1	41470
16	10	160160	2	1	40040
16	10	160160	1	1	40040
16	10	160160	0	1	40040
16	11	176176	6	1	1A+10B+550860
16	11	176176	6	0	11B+206250
16	11	176176	5	1	184360
16	11	176176	5	0	54450
16	11	176176	4	1	63910
16	11	176176	4	0	7260
16	11	176176	3	1	41470

投红球数	投蓝球数	投注金额	中红球数	中蓝球数	中奖金额
16	11	176176	2	1	40040
16	11	176176	1	1	40040
16	11	176176	0	1	40040
16	12	192192	6	1	1A+11B+569610
16	12	192192	6	0	12B+225000
16	12	192192	5	1	189310
16	12	192192	5	0	59400
16	12	192192	4	1	64570
16	12	192192	4	0	7920
16	12	192192	3	1	41470
16	12	192192	2	1	40040
16	12	192192	1	1	40040
16	12	192192	0	1	40040
16	13	208208	6	1	1A+12B+588360
16	13	208208	6	0	13B+243750
16	13	208208	5	1	194260
16	13	208208	5	0	64350
16	13	208208	4	1	65230
16	13	208208	4	0	8580
16	13	208208	3	1	41470
16	13	208208	2	1	40040
16	13	208208	1	1	40040
16	13	208208	0	1	40040
16	14	224224	6	1	1A+13B+607110
16	14	224224	6	0	14B+262500
16	14	224224	5	1	199210
16	14	224224	5	0	69300

投红球数	投蓝球数	投注金额	中红球数	中蓝球数	中奖金额
16	14	224224	4	1	65890
16	14	224224	4	0	9240
16	14	224224	3	1	41470
16	14	224224	2	1	40040
16	14	224224	1	1	40040
16	14	224224	0	1	40040
16	15	240240	6	1	1A+14B+625860
16	15	240240	6	0	15B+281250
16	15	240240	5	1	204160
16	15	240240	5	0	74250
16	15	240240	4	1	66550
16	15	240240	4	0	9900
16	15	240240	3	1	41470
16	15	240240	2	1	40040
16	15	240240	1	1	40040
16	15	240240	0	1	40040
16	16	256256	6	1	1A+15B+644610
16	16	256256	6	0	16B+300000
16	16	256256	5	1	209110
16	16	256256	5	0	79200
16	16	256256	4	1	67210
16	16	256256	4	0	10560
16	16	256256	3	1	41470
16	16	256256	2	1	40040
16	16	256256	1	1	40040
16	16	256256	0	1	40040
17	1	24752	6	1	1A+436920

续表

投红球数	投蓝球数	投注金额	中红球数	中蓝球数	中奖金额
17	1	24752	6	0	1B+21450
17	1	24752	5	1	173170
17	1	24752	5	0	5700
17	1	24752	4	1	82810
17	1	24752	4	0	780
17	1	24752	3	1	63700
17	1	24752	2	1	61880
17	1	24752	1	1	61880
17	1	24752	0	1	61880
17	2	49504	6	1	1A+1B+458370
17	2	49504	6	0	2B+42900
17	2	49504	5	1	178870
17	2	49504	5	0	11400
17	2	49504	4	1	83590
17	2	49504	4	0	1560
17	2	49504	3	1	63700
17	2	49504	2	1	61880
17	2	49504	1	1	61880
17	2	49504	0	1	61880
17	3	74256	6	1	1A+2B+479820
17	3	74256	6	0	3B+64350
17	3	74256	5	1	184570
17	3	74256	5	0	17100
17	3	74256	4	1	84370
17	3	74256	4	0	2340
17	3	74256	3	1	63700
17	3	74256	2	1	61880

投红球数	投蓝球数	投注金额	中红球数	中蓝球数	中奖金额
17	3	74256	1	1	61880
17	3	74256	0	1	61880
17	4	99008	6	1	1A+3B+501270
17	4	99008	6	0	4B+85800
17	4	99008	5	1	190270
17	4	99008	5	0	22800
17	4	99008	4	1	85150
17	4	99008	4	0	3120
17	4	99008	3	1	63700
17	4	99008	2	1	61880
17	4	99008	1	1	61880
17	4	99008	0	1	61880
17	5	123760	6	1	1A+4B+522720
17	5	123760	6	0	5B+107250
17	5	123760	5	1	195970
17	5	123760	5	0	28500
17	5	123760	4	1	85930
17	5	123760	4	0	3900
17	5	123760	3	1	63700
17	5	123760	2	1	61880
17	5	123760	1	1	61880
17	5	123760	0	1	61880
17	6	148512	6	1	1A+5B+544170
17	6	148512	6	0	6B+128700
17	6	148512	5	1	201670
17	6	148512	5	0	34200
17	6	148512	4	1	86710

续表

投红球数	投蓝球数	投注金额	中红球数	中蓝球数	中奖金额
17	6	148512	4	0	4680
17	6	148512	3	1	63700
17	6	148512	2	1	61880
17	6	148512	1	1	61880
17	6	148512	0	1	61880
17	7	173264	6	1	1A+6B+565620
17	7	173264	6	0	7B+150150
17	7	173264	5	1	207370
17	7	173264	5	0	39900
17	7	173264	4	1	87490
17	7	173264	4	0	5460
17	7	173264	3	1	63700
17	7	173264	2	1	61880
17	7	173264	1	1	61880
17	7	173264	0	1	61880
17	8	198016	6	1	1A+7B+587070
17	8	198016	6	0	8B+171600
17	8	198016	5	1	213070
17	8	198016	5	0	45600
17	8	198016	4	1	88270
17	8	198016	4	0	6240
17	8	198016	3	1	63700
17	8	198016	2	1	61880
17	8	198016	1	1	61880
17	8	198016	0	1	61880
17	9	222768	6	1	1A+8B+608520
17	9	222768	6	0	9B+193050

投红球数	投蓝球数	投注金额	中红球数	中蓝球数	中奖金额
17	9	222768	5	1	218770
17	9	222768	5	0	51300
17	9	222768	4	1	89050
17	9	222768	4	0	7020
17	9	222768	3	1	63700
17	9	222768	2	1	61880
17	9	222768	1	1	61880
17	9	222768	0	1	61880
17	10	247520	6	1	1A+9B+629970
17	10	247520	6	0	10B+214500
17	10	247520	5	1	224470
17	10	247520	5	0	57000
17	10	247520	4	1	89830
17	10	247520	4	0	7800
17	10	247520	3	1	63700
17	10	247520	2	1	61880
17	10	247520	1	1	61880
17	10	247520	0	1	61880
17	11	272272	6	1	1A+10B+651420
17	11	272272	6	0	11B+235950
17	11	272272	5	1	230170
17	11	272272	5	0	62700
17	11	272272	4	1	90610
17	11	272272	4	0	8580
17	11	272272	3	1	63700
17	11	272272	2	1	61880
17	11	272272	1	1	61880

投红球数	投蓝球数	投注金额	中红球数	中蓝球数	中奖金额
17	11	272272	0	1	61880
17	12	297024	6	1	1A+11B+672870
17	12	297024	6	0	12B+257400
17	12	297024	5	1	235870
17	12	297024	5	0	68400
17	12	297024	4	1	91390
17	12	297024	4	0	9360
17	12	297024	3	1	63700
17	12	297024	2	1	61880
17	12	297024	1	1	61880
17	12	297024	0	1	61880
17	13	321776	6	1	1A+12B+694320
17	13	321776	6	0	13B+278850
17	13	321776	5	1	241570
17	13	321776	5	0	74100
17	13	321776	4	1	92170
17	13	321776	4	0	10140
17	13	321776	3	1	63700
17	13	321776	2	1	61880
17	13	321776	1	1	61880
17	13	321776	0	1	61880
17	14	346528	6	1	1A+13B+715770
17	14	346528	6	0	14B+300300
17	14	346528	5	1	247270
17	14	346528	5	0	79800
17	14	346528	4	1	92950
17	14	346528	4	0	10920

投红球数	投蓝球数	投注金额	中红球数	中蓝球数	中奖金额
17	14	346528	3	1	63700
17	14	346528	2	1	61880
17	14	346528	1	1	61880
17	14	346528	0	1	61880
17	15	371280	6	1	1A+14B+737220
17	15	371280	6	0	15B+321750
17	15	371280	5	1	252970
17	15	371280	5	0	85500
17	15	371280	4	1	93730
17	15	371280	4	0	11700
17	15	371280	3	1	63700
17	15	371280	2	1	61880
17	15	371280	1	1	61880
17	15	371280	0	1	61880
17	16	396032	6	1	1A+15B+758670
17	16	396032	6	0	16B+343200
17	16	396032	5	1	258670
17	16	396032	5	0	91200
17	16	396032	4	1	94510
17	16	396032	4	0	12480
17	16	396032	3	1	63700
17	16	396032	2	1	61880
17	16	396032	1	1	61880
17	16	396032	0	1	61880
18	1	37128	6	1	1A+523505
18	1	37128	6	0	1B+24300
18	1	37128	5	1	222105

投红球数	投蓝球数	投注金额	中红球数	中蓝球数	中奖金额
18	1	37128	5	0	6500
18	1	37128	4	1	117845
18	1	37128	4	0	910
18	1	37128	3	1	95095
18	1	37128	2	1	92820
18	1	37128	1	1	92820
18	1	37128	0	1	92820
18	2	74256	6	1	1A+1B+547805
18	2	74256	6	0	2B+48600
18	2	74256	5	1	228605
18	2	74256	5	0	13000
18	2	74256	4	1	118755
18	2	74256	4	0	1820
18	2	74256	3	1	95095
18	2	74256	2	1	92820
18	2	74256	1	1	92820
18	2	74256	0	1	92820
18	3	111384	6	1	1A+2B+572105
18	3	111384	6	0	3B+72900
18	3	111384	5	1	235105
18	3	111384	5	0	19500
18	3	111384	4	1	119665
18	3	111384	4	0	2730
18	3	111384	3	1	95095
18	3	111384	2	1	92820
18	3	111384	1	1	92820
18	3	111384	0	1	92820

投红球数	投蓝球数	投注金额	中红球数	中蓝球数	中奖金额
18	4	148512	6	1	1A+3B+596405
18	4	148512	6	0	4B+97200
18	4	148512	5	1	241605
18	4	148512	5	0	26000
18	4	148512	4	1	120575
18	4	148512	4	0	3640
18	4	148512	3	1	95095
18	4	148512	2	1	92820
18	4	148512	1	1	92820
18	4	148512	0	1	92820
18	5	185640	6	1	1A+4B+620705
18	5	185640	6	0	5B+121500
18	5	185640	5	1	248105
18	5	185640	5	0	32500
18	5	185640	4	1	121485
18	5	185640	4	0	4550
18	5	185640	3	1	95095
18	5	185640	2	1	92820
18	5	185640	1	1	92820
18	5	185640	0	1	92820
18	6	222768	6	1	1A+5B+645005
18	6	222768	6	0	6B+145800
18	6	222768	5	1	254605
18	6	222768	5	0	39000
18	6	222768	4	1	122395
18	6	222768	4	0	5460
18	6	222768	3	1	95095

续表

投红球数	投蓝球数	投注金额	中红球数	中蓝球数	中奖金额
18	6	222768	2	1	92820
18	6	222768	1	1	92820
18	6	222768	0	1	92820
18	7	259896	6	1	1A+6B+669305
18	7	259896	6	0	7B+170100
18	7	259896	5	1	261105
18	7	259896	5	0	45500
18	7	259896	4	1	123305
18	7	259896	4	0	6370
18	7	259896	3	1	95095
18	7	259896	2	1	92820
18	7	259896	1	1	92820
18	7	259896	0	1	92820
18	8	297024	6	1	1A+7B+693605
18	8	297024	6	0	8B+194400
18	8	297024	5	1	267605
18	8	297024	5	0	52000
18	8	297024	4	1	124215
18	8	297024	4	0	7280
18	8	297024	3	1	95095
18	8	297024	2	1	92820
18	8	297024	1	1	92820
18	8	297024	0	1	92820
18	9	334152	6	1	1A+8B+717905
18	9	334152	6	0	9B+218700
18	9	334152	5	1	274105
18	9	334152	5	0	58500

投红球数	投蓝球数	投注金额	中红球数	中蓝球数	中奖金额
18	9	334152	4	1	125125
18	9	334152	4	0	8190
18	9	334152	3	1	95095
18	9	334152	2	1	92820
18	9	334152	1	1	92820
18	9	334152	0	1	92820
18	10	371280	6	1	1A+9B+742205
18	10	371280	6	0	10B+243000
18	10	371280	5	1	280605
18	10	371280	5	0	65000
18	10	371280	4	1	126035
18	10	371280	4	0	9100
18	10	371280	3	1	95095
18	10	371280	2	1	92820
18	10	371280	1	1	92820
18	10	371280	0	1	92820
18	11	408408	6	1	1A+10B+766505
18	11	408408	6	0	11B+267300
18	11	408408	5	1	287105
18	11	408408	5	0	71500
18	11	408408	4	1	126945
18	11	408408	4	0	10010
18	11	408408	3	1	95095
18	11	408408	2	1	92820
18	11	408408	1	1	92820
18	11	408408	0	1	92820
18	12	445536	6	1	1A+11B+790805

投红球数	投蓝球数	投注金额	中红球数	中蓝球数	中奖金额
18	12	445536	6	0	12B+291600
18	12	445536	5	1	293605
18	12	445536	5	0	78000
18	12	445536	4	1	127855
18	12	445536	4	0	10920
18	12	445536	3	1	95095
18	12	445536	2	1	92820
18	12	445536	1	1	92820
18	12	445536	0	1	92820
18	13	482664	6	1	1A+12B+815105
18	13	482664	6	0	13B+315900
18	13	482664	5	1	300105
18	13	482664	5	0	84500
18	13	482664	4	1	128765
18	13	482664	4	0	11830
18	13	482664	3	1	95095
18	13	482664	2	1	92820
18	13	482664	1	1	92820
18	13	482664	0	1	92820
18	14	519792	6	1	1A+13B+839405
18	14	519792	6	0	14B+340200
18	14	519792	5	1	306605
18	14	519792	5	0	91000
18	14	519792	4	1	129675
18	14	519792	4	0	12740
18	14	519792	3	1	95095
18	14	519792	2	1	92820

续表

投红球数	投蓝球数	投注金额	中红球数	中蓝球数	中奖金额
18	14	519792	1	1	92820
18	14	519792	0	1	92820
18	15	556920	6	1	1A+14B+863705
18	15	556920	6	0	15B+364500
18	15	556920	5	1	313105
18	15	556920	5	0	97500
18	15	556920	4	1	130585
18	15	556920	4	0	13650
18	15	556920	3	1	95095
18	15	556920	2	1	92820
18	15	556920	1	1	92820
18	15	556920	0	1	92820
18	16	594048	6	1	1A+15B+888005
18	16	594048	6	0	16B+388800
18	16	594048	5	1	319605
18	16	594048	5	0	104000
18	16	594048	4	1	131495
18	16	594048	4	0	14560
18	16	594048	3	1	95095
18	16	594048	2	1	92820
18	16	594048	1	1	92820
18	16	594048	0	1	92820
19	1	54264	6	1	1A+626015
19	1	54264	6	0	1B+27300
19	1	54264	5	1	284515
19	1	54264	5	0	7350
19	1	54264	4	1	165235

投红球数	投蓝球数	投注金额	中红球数	中蓝球数	中奖金额
19	1	54264	4	0	1050
19	1	54264	3	1	138460
19	1	54264	2	1	135660
19	1	54264	1	1	135660
19	1	54264	0	1	135660
19	2	108528	6	1	1A+1B+653315
19	2	108528	6	0	2B+54600
19	2	108528	5	1	291865
19	2	108528	5	0	14700
19	2	108528	4	1	166285
19	2	108528	4	0	2100
19	2	108528	3	1	138460
19	2	108528	2	1	135660
19	2	108528	1	1	135660
19	2	108528	0	1	135660
19	3	162792	6	1	1A+2B+680615
19	3	162792	6	0	3B+81900
19	3	162792	5	1	299215
19	3	162792	5	0	22050
19	3	162792	4	1	167335
19	3	162792	4	0	3150
19	3	162792	3	1	138460
19	3	162792	2	1	135660
19	3	162792	1	1	135660
19	3	162792	0	1	135660
19	4	217056	6	1	1A+3B+707915
19	4	217056	6	0	4B+109200

续表

投红球数	投蓝球数	投注金额	中红球数	中蓝球数	中奖金额
19	4	217056	5	1	306565
19	4	217056	5	0	29400
19	4	217056	4	1	168385
19	4	217056	4	0	4200
19	4	217056	3	1	138460
19	4	217056	2	1	135660
19	4	217056	1	1	135660
19	4	217056	0	1	135660
19	5	271320	6	1	1A+4B+735215
19	5	271320	6	0	5B+136500
19	5	271320	5	1	313915
19	5	271320	5	0	36750
19	5	271320	4	1	169435
19	5	271320	4	0	5250
19	5	271320	3	1	138460
19	5	271320	2	1	135660
19	5	271320	1	1	135660
19	5	271320	0	1	135660
19	6	325584	6	1	1A+5B+762515
19	6	325584	6	0	6B+163800
19	6	325584	5	1	321265
19	6	325584	5	0	44100
19	6	325584	4	1	170485
19	6	325584	4	0	6300
19	6	325584	3	1	138460
19	6	325584	2	1	135660
19	6	325584	1	1	135660

投红球数	投蓝球数	投注金额	中红球数	中蓝球数	中奖金额
19	6	325584	0	1	135660
19	7	379848	6	1	1A+6B+789815
19	7	379848	6	0	7B+191100
19	7	379848	5	1	328615
19	7	379848	5	0	51450
19	7	379848	4	1	171535
19	7	379848	4	0	7350
19	7	379848	3	1	138460
19	7	379848	2	1	135660
19	7	379848	1	1	135660
19	7	379848	0	1	135660
19	8	434112	6	1	1A+7B+817115
19	8	434112	6	0	8B+218400
19	8	434112	5	1	335965
19	8	434112	5	0	58800
19	8	434112	4	1	172585
19	8	434112	4	0	8400
19	8	434112	3	1	138460
19	8	434112	2	1	135660
19	8	434112	1	1	135660
19	8	434112	0	1	135660
19	9	488376	6	1	1A+8B+844415
19	9	488376	6	0	9B+245700
19	9	488376	5	1	343315
19	9	488376	5	0	66150
19	9	488376	4	1	173635
19	9	488376	4	0	9450

投红球数	投蓝球数	投注金额	中红球数	中蓝球数	中奖金额
19	9	488376	3	1	138460
19	9	488376	2	1	135660
19	9	488376	1	1	135660
19	9	488376	0	1	135660
19	10	542640	6	1	1A+9B+871715
19	10	542640	6	0	10B+273000
19	10	542640	5	1	350665
19	10	542640	5	0	73500
19	10	542640	4	1·	174685
19	10	542640	4	0	10500
19	10	542640	3	1	138460
19	10	542640	2	1	135660
19	10	542640	1	1	135660
19	10	542640	0	1	135660
19	11	596904	6	1	1A+10B+899015
19	11	596904	6	0	11B+300300
19	11	596904	5	1	358015
19	11	596904	5	0	80850
19	11	596904	4	1	175735
19	11	596904	4	0	11550
19	11	596904	3	1	138460
19	11	596904	2	1	135660
19	11	596904	1	1	135660
19	11	596904	0	1	135660
19	12	651168	6	1	1A+11B+926315
19	12	651168	6	0	12B+327600
19	12	651168	5	1	365365

投红球数	投蓝球数	投注金额	中红球数	中蓝球数	中奖金额
19	12	651168	5	0	88200
19	12	651168	4	1	176785
19	12	651168	4	0	12600
19	12	651168	3	1	138460
19	12	651168	2	1	135660
19	12	651168	1	1	135660
19	12	651168	0	1	135660
19	13	705432	6	1	1A+12B+953615
19	13	705432	6	0	13B+354900
19	13	705432	5	1	372715
19	13	705432	5	0	95550
19	13	705432	4	1	177835
19	13	705432	4	0	13650
19	13	705432	3	1	138460
19	13	705432	2	1	135660
19	13	705432	1	1	135660
19	13	705432	0	1	135660
19	14	759696	6	1	1A+13B+980915
19	14	759696	6	0	14B+382200
19	14	759696	5	1	380065
19	14	759696	5	0	102900
19	14	759696	4	1	178885
19	14	759696	4	0	14700
19	14	759696	3	1	138460
19	14	759696	2	1	135660
19	14	759696	1	1	135660
19	14	759696	0	1	135660

投红球数	投蓝球数	投注金额	中红球数	中蓝球数	中奖金额
19	15	813960	6	1	1A+14B+1008215
19	15	813960	6	0	15B+409500
19	15	813960	5	1	387415
19	15	813960	5	0	110250
19	15	813960	4	1	179935
19	15	813960	4	0	15750
19	15	813960	3	1	138460
19	15	813960	2	1	135660
19	15	813960	1	1	135660
19	15	813960	0	1	135660
19	16	868224	6	1	1A+15B+1035515
19	16	868224	6	0	16B+436800
19	16	868224	5	1	394765
19	16	868224	5	0	117600
19	16	868224	4	1	180985
19	16	868224	4	0	16800
19	16	868224	3	1	138460
19	16	868224	2	1	135660
19	16	868224	1	1	135660
19	16	868224	0	1	135660
20	1	77520	6	1	1A+747950
20	1	77520	6	0	1B+30450
20	1	77520	5	1	363850
20	1	77520	5	0	8250
20	1	77520	4	1	228400
20	1	77520	4	0	1200
20	1	77520	3	1	197200

投红球数	投蓝球数	投注金额	中红球数	中蓝球数	中奖金额
20	1	77520	2	1	193800
20	1	77520	1	1	193800
20	1	77520	0	1	193800
20	2	155040	6	1	1A+1B+778400
20	2	155040	6	0	2B+60900
20	2	155040	5	1	372100
20	2	155040	5	0	16500
20	2	155040	4	1	229600
20	2	155040	4	0	2400
20	2	155040	3	1	197200
20	2	155040	2	1	193800
20	2	155040	1	1	193800
20	2	155040	0	1	193800
20	3	232560	6	1	1A+2B+808850
20	3	232560	6	0	3B+91350
20	3	232560	5	1	380350
20	3	232560	5	0	24750
20	3	232560	4	1	230800
20	3	232560	4	0	3600
20	3	232560	3	1	197200
20	3	232560	2	1	193800
20	3	232560	1	1	193800
20	3	232560	0	1	193800
20	4	310080	6	1	1A+3B+839300
20	4	310080	6	0	4B+121800
20	4	310080	5	1	388600
20	4	310080	5	0	33000

投红球数	投蓝球数	投注金额	中红球数	中蓝球数	中奖金额
20	4	310080	4	1	232000
20	4	310080	4	0	4800
20	4	310080	3	1	197200
20	4	310080	2	1	193800
20	4	310080	1	1	193800
20	4	310080	0	1	193800
20	5	387600	6	1	1A+4B+869750
20	5	387600	6	0	5B+152250
20	5	387600	5	1	396850
20	5	387600	5	0	41250
20	5	387600	4	1	233200
20	5	387600	4	0	6000
20	5	387600	3	1	197200
20	5	387600	2	1	193800
20	5	387600	1	1	193800
20	5	387600	0	1	193800
20	6	465120	6	1	1A+5B+900200
20	6	465120	6	0	6B+182700
20	6	465120	5	1	405100
20	6	465120	5	0	49500
20	6	465120	4	1	234400
20	6	465120	4	0	7200
20	6	465120	3	1	197200
20	6	465120	2	1	193800
20	6	465120	1	1	193800
20	6	465120	0	1	193800
20	7	542640	6	1	1A+6B+930650

续表

投红球数	投蓝球数	投注金额	中红球数	中蓝球数	中奖金额
20	7	542640	6	0	7B+213150
20	7	542640	5	1	413350
20	7	542640	5	0	57750
20	7	542640	4	1	235600
20	7	542640	4	0	8400
20	7	542640	3	1	197200
20	7	542640	2	1	193800
20	7	542640	1	1	193800
20	7	542640	0	1	193800
20	8	620160	6	1	1A+7B+961100
20	8	620160	6	0	8B+243600
20	8	620160	5	1	421600
20	8	620160	5	0	66000
20	8	620160	4	1	236800
20	8	620160	4	0	9600
20	8	620160	3	1	197200
20	8	620160	2	1	193800
20	8	620160	1	1	193800
20	8	620160	0	1	193800
20	9	697680	6	1	1A+8B+991550
20	9	697680	6	0	9B+274050
20	9	697680	5	1	429850
20	9	697680	5	0	74250
20	9	697680	4	1	238000
20	9	697680	4	0	10800
20	9	697680	3	1	197200
20	9	697680	2	1	193800

投红球数	投蓝球数	投注金额	中红球数	中蓝球数	中奖金额
20	9	697680	1	1	193800
20	9	697680	0	1	193800
20	10	775200	6	1	1A+9B+1022000
20	10	775200	6	0	10B+304500
20	10	775200	5	1	438100
20	10	775200	5	0	82500
20	10	775200	4	1	239200
20	10	775200	4	0	12000
20	10	775200	3	1	197200
20	10	775200	2	1	193800
20	10	775200	1	1	193800
20	10	775200	0	1	193800
20	11	852720	6	1	1A+10B+1052450
20	11	852720	6	0	11B+334950
20	11	852720	5	1	446350
20	11	852720	5	0	90750
20	11	852720	4	1	240400
20	11	852720	4	0	13200
20	11	852720	3	1	197200
20	11	852720	2	1	193800
20	11	852720	1	1	193800
20	11	852720	0	1	193800
20	12	930240	6	1	1A+11B+1082900
20	12	930240	6	0	12B+365400
20	12	930240	5	1	454600
20	12	930240	5	0	99000
20	12	930240	4	1	241600

投红球数	投蓝球数	投注金额	中红球数	中蓝球数	中奖金额
20	12	930240	4	0	14400
20	12	930240	3	1	197200
20	12	930240	2	1	193800
20	12	930240	1	1	193800
20	12	930240	0	1	193800
20	13	1007760	6	1	1A+12B+1113350
20	13	1007760	6	0	13B+395850
20	13	1007760	5	1	462850
20	13	1007760	5	0	107250
20	13	1007760	4	1	242800
20	13	1007760	4	0	15600
20	13	1007760	3	1	197200
20	13	1007760	2	1	193800
20	13	1007760	1	1	193800
20	13	1007760	0	1	193800
20	14	1085280	6	1	1A+13B+1143800
20	14	1085280	6	0	14B+426300
20	14	1085280	5	1	471100
20	14	1085280	5	0	115500
20	14	1085280	4	1	244000
20	14	1085280	4	0	16800
20	14	1085280	3	1	197200
20	14	1085280	2	1	193800
20	14	1085280	1	1	193800
20	14	1085280	0	1	193800
20	15	1162800	6	1	1A+14B+1174250
20	15	1162800	6	0	15B+456750
20	15	1162800	5	1	479350

续表

投红球数	投蓝球数	投注金额	中红球数	中蓝球数	中奖金额
20	15	1162800	5	0	123750
20	15	1162800	4	1	245200
20	15	1162800	4	0	18000
20	15	1162800	3	1	197200
20	15	1162800	2	1	193800
20	15	1162800	1	1	193800
20	15	1162800	0	1	193800
20	16	1240320	6	1	1A+15B+1204700
20	16	1240320	6	0	16B+487200
20	16	1240320	5	1	487600
20	16	1240320	5	0	132000
20	16	1240320	4	1	246400
20	16	1240320	4	0	19200
20	16	1240320	3	1	197200
20	16	1240320	2	1	193800
20	16	1240320	1	1	193800
20	16	1240320	0	1	193800

三、旋转矩阵公式

双色球红球号码专业旋转矩阵根据备选号码数量的不同以及中几保几的级别不同，有很多个公式。本书限于篇幅，只节录彩民在实战中应用最广泛的、价值最大的 8~15 个红球号码的中 6 保 5 矩阵公式。如果读者在实战中需要其他号码数量的中 6 保 5 型矩阵公式，可以直接登录中奖快线网站（http：//www.51caishen.com）下载使用【彩霸王】双色球富豪版软件，软件内置 7~28 个球的所有中 6 保 5 型矩阵公式并且自动给出结果。

读者在使用相应的旋转矩阵公式进行组号时，可以手工用铅笔把备选号码按照上表内系统序号对应的位置顺序填写，然后根据下表内旋转矩阵公式系统序号代入其对应的备选号码填写右边的前区投注号码，每次开奖后不用时可以用橡皮擦涂掉，非常方便。

（一）双色球8-6-5-4型（中6保5）旋转矩阵公式

表5-6　双色球8-6-5-4型旋转矩阵公式

系统序号	1	2	3	4	5	6	7	8
备选号码								
出现次数	4	3	3	3	3	3	3	2

注　号	旋转矩阵系统序号						备　选　号　码
1	1	2	3	6	7	8	
2	1	2	4	5	6	7	
3	1	3	4	5	6	7	
4	1	2	3	4	5	8	

（二）双色球9-6-5-7型（中6保5）旋转矩阵公式

表5-7　双色球9-6-5-7型旋转矩阵公式

系统序号	1	2	3	4	5	6	7	8	9
备选号码									
出现次数	5	5	5	5	5	5	5	4	3

注　号	旋转矩阵系统序号						备　选　号　码
1	1	2	3	4	8	9	
2	1	5	6	7	8	9	
3	1	2	3	4	5	6	
4	1	2	3	4	5	7	
5	1	2	3	4	6	7	
6	3	5	6	7	8	9	
7	2	4	5	6	7	8	

（三）双色球10-6-5-14型（中6保5）旋转矩阵公式

表5-8 双色球10-6-5-14型旋转矩阵公式

系统序号	1	2	3	4	5	6	7	8	9	10
备选号码										
出现次数	9	9	9	9	8	8	8	8	8	8

注 号	旋转矩阵系统序号						备 选 号 码					
1	1	2	5	6	7	9						
2	2	4	6	7	9	10						
3	3	6	7	8	9	10						
4	1	2	3	6	8	9						
5	4	5	6	8	9	10						
6	1	3	4	7	9	10						
7	1	3	4	5	8	9						
8	2	3	4	5	9	10						
9	1	3	4	5	6	7						
10	1	2	4	6	7	8						
11	1	2	3	5	6	10						
12	1	2	5	7	8	10						
13	2	3	4	5	7	8						
14	1	2	3	4	8	10						

（四）双色球11-6-5-22型（中6保5）旋转矩阵公式

表5-9 双色球11-6-5-22型旋转矩阵公式

系统序号	1	2	3	4	5	6	7	8	9	10	11
备选号码											
出现次数	12	12	12	12	12	12	12	12	12	12	12

续表

注 号	旋转矩阵系统序号						备 选 号 码					
1	1	2	3	4	8	9						
2	1	2	3	6	7	10						
3	1	2	4	5	6	10						
4	1	2	4	6	8	11						
5	1	2	5	7	9	11						
6	1	2	5	8	9	10						
7	1	3	4	5	7	8						
8	1	3	4	6	7	11						
9	1	3	5	6	9	11						
10	1	3	5	8	10	11						
11	1	4	7	9	10	11						
12	1	6	7	8	9	10						
13	2	3	4	5	10	11						
14	2	3	5	6	7	8						
15	2	3	6	9	10	11						
16	2	3	7	8	9	11						
17	2	4	5	6	7	9						
18	2	4	7	8	10	11						
19	3	4	5	7	9	10						
20	3	4	6	8	9	10						
21	4	5	6	8	9	11						
22	5	6	7	8	10	11						

(五)双色球 12-6-5-38 型(中6保5)旋转矩阵公式

表 5-10 双色球 12-6-5-38 型旋转矩阵公式

系统序号	1	2	3	4	5	6	7	8	9	10	11	12
备选号码												
出现次数	19	19	19	19	19	19	19	19	19	19	19	19

注 号	旋转矩阵系统序号						备 选 号 码					
1	1	2	3	4	5	7						
2	1	2	3	4	5	12						
3	1	2	3	4	6	10						
4	1	2	3	6	8	12						
5	1	2	3	7	9	10						
6	1	2	4	8	9	11						
7	1	2	5	6	9	11						
8	1	2	5	10	11	12						
9	1	2	6	7	8	10						
10	1	3	4	8	9	11						
11	1	3	5	6	7	11						
12	1	3	5	8	10	11						
13	1	3	6	9	10	12						
14	1	4	5	6	8	10						
15	1	4	5	6	9	10						
16	1	4	6	7	11	12						
17	1	4	7	8	9	12						
18	1	4	7	10	11	12						
19	1	5	7	8	9	12						
20	2	3	4	6	10	11						
21	2	3	5	6	8	9						

注号	旋转矩阵系统序号						备选号码						
22	2	3	5	6	10	11							
23	2	3	5	8	9	10							
24	2	3	7	8	11	12							
25	2	3	7	9	11	12							
26	2	4	5	7	8	11							
27	2	4	6	7	9	12							
28	2	4	8	9	10	12							
29	2	5	6	7	10	12							
30	3	4	5	9	11	12							
31	3	4	6	7	8	9							
32	3	4	7	8	10	12							
33	3	5	6	7	10	12							
34	4	5	6	8	11	12							
35	4	5	7	9	10	11							
36	5	7	8	9	11	12							
37	6	7	8	9	10	11							
38	6	8	9	10	11	12							

（六）双色球 13-6-5-61 型（中 6 保 5）旋转矩阵公式

表 5-11　双色球 13-6-5-61 型旋转矩阵公式

系统序号	1	2	3	4	5	6	7	8	9	10	11	12	13
备选号码													
出现次数	29	29	29	28	28	28	28	28	28	28	28	28	27

续表

注 号	旋转矩阵系统序号						备 选 号 码					
1	1	2	4	5	9	12						
2	1	2	4	8	10	12						
3	1	2	3	6	11	12						
4	1	2	7	9	12	13						
5	1	4	5	8	11	12						
6	1	4	6	7	8	12						
7	1	3	4	8	9	12						
8	1	4	9	10	11	12						
9	1	5	6	10	12	13						
10	1	3	5	7	10	12						
11	1	3	6	8	9	12						
12	1	7	8	11	12	13						
13	1	2	3	4	5	13						
14	1	2	4	6	7	11						
15	1	2	4	8	9	11						
16	1	2	4	10	11	13						
17	1	2	3	4	10	13						
18	1	2	5	6	8	13						
19	1	2	3	5	7	8						
20	1	2	5	7	10	11						
21	1	2	3	6	9	10						
22	1	4	5	8	9	10						
23	1	3	4	6	7	13						
24	1	3	4	10	11	13						
25	1	5	6	7	9	10						
26	1	5	6	9	11	13						
27	1	3	5	7	9	11						

续表

注号	旋转矩阵系统序号						备选号码					
28	1	3	6	8	10	11						
29	1	7	8	9	10	13						
30	2	4	6	9	12	13						
31	2	3	4	7	11	12						
32	2	5	6	7	9	12						
33	2	3	5	11	12	13						
34	2	6	7	8	10	12						
35	2	3	8	10	12	13						
36	3	4	5	6	10	12						
37	4	5	7	10	12	13						
38	4	6	8	11	12	13						
39	3	4	7	8	9	12						
40	5	6	7	8	9	12						
41	5	6	7	8	11	12						
42	3	5	8	9	12	13						
43	6	7	9	10	11	12						
44	3	6	7	9	12	13						
45	3	9	10	11	12	13						
46	2	3	4	5	6	8						
47	2	4	5	6	10	11						
48	2	4	5	7	8	13						
49	2	3	4	7	9	10						
50	2	5	8	9	10	11						
51	2	3	5	9	10	13						
52	2	6	7	8	9	11						
53	2	6	7	10	11	13						
54	2	3	6	7	11	13						

续表

注 号	旋转矩阵系统序号						备 选 号 码						
55	2	3	8	9	11	13							
56	3	4	5	6	9	11							
57	4	5	7	9	11	13							
58	4	6	8	9	10	13							
59	3	4	7	8	10	11							
60	3	5	6	7	8	10							
61	3	5	8	10	11	13							

（七）双色球14-6-5-98型（中6保5）旋转矩阵公式

表5-12　双色球14-6-5-98型旋转矩阵公式

系统序号	1	2	3	4	5	6	7	8	9	10	11	12	13	14
备选号码														
出现次数	40	40	41	42	42	42	42	44	42	42	44	43	41	43

注 号	旋转矩阵系统序号						备 选 号 码						
1	1	2	3	4	5	9							
2	1	2	3	5	7	10							
3	1	2	3	6	8	11							
4	1	2	3	8	11	14							
5	1	2	3	12	13	14							
6	1	2	4	6	7	12							
7	1	2	4	8	9	13							
8	1	2	4	10	11	13							
9	1	2	5	6	13	14							
10	1	2	5	8	11	12							
11	1	2	5	11	12	14							

注 号	旋转矩阵系统序号						备 选 号 码					
12	1	2	6	9	10	12						
13	1	2	7	8	10	13						
14	1	2	7	9	11	13						
15	1	3	4	5	7	14						
16	1	3	4	6	10	14						
17	1	3	4	7	8	11						
18	1	3	4	10	12	13						
19	1	3	5	6	8	12						
20	1	3	5	6	11	13						
21	1	3	5	8	9	10						
22	1	3	6	7	9	14						
23	1	3	7	9	12	13						
24	1	3	8	11	12	14						
25	1	3	9	10	11	14						
26	1	4	5	7	8	13						
27	1	4	5	10	11	12						
28	1	4	6	8	10	13						
29	1	4	6	9	11	13						
30	1	4	7	9	10	14						
31	1	4	7	11	13	14						
32	1	4	8	9	12	14						
33	1	5	6	8	12	14						
34	1	5	7	9	11	12						
35	1	5	9	10	13	14						
36	1	6	7	8	9	13						
37	1	6	7	10	11	13						
38	1	6	8	11	12	14						

续表

注号	旋转矩阵系统序号						备选号码				
39	1	7	8	10	12	14					
40	1	8	9	10	11	13					
41	2	3	4	6	7	13					
42	2	3	4	8	10	12					
43	2	3	4	9	11	12					
44	2	3	4	10	12	14					
45	2	3	5	6	12	14					
46	2	3	5	8	11	13					
47	2	3	5	11	13	14					
48	2	3	6	9	10	13					
49	2	3	7	8	9	12					
50	2	3	7	9	12	14					
51	2	3	7	10	11	12					
52	2	4	5	6	7	11					
53	2	4	5	6	8	10					
54	2	4	5	8	10	14					
55	2	4	5	9	12	13					
56	2	4	6	7	8	14					
57	2	4	6	9	11	14					
58	2	4	7	9	10	11					
59	2	5	6	7	8	9					
60	2	5	6	9	10	11					
61	2	5	7	8	9	14					
62	2	5	7	10	12	13					
63	2	6	7	10	11	14					
64	2	6	8	9	10	14					
65	2	6	8	11	12	13					

注 号	旋转矩阵系统序号						备选号码					
66	2	8	11	12	13	14						
67	3	4	5	7	8	12						
68	3	4	5	10	11	13						
69	3	4	6	8	9	12						
70	3	4	6	10	11	12						
71	3	4	7	11	12	14						
72	3	4	8	9	13	14						
73	3	5	6	8	13	14						
74	3	5	7	9	11	13						
75	3	5	9	10	12	14						
76	3	6	7	8	10	12						
77	3	6	7	9	11	12						
78	3	6	8	11	13	14						
79	3	7	8	10	13	14						
80	3	8	9	10	11	12						
81	4	5	6	7	9	10						
82	4	5	6	8	9	11						
83	4	5	6	9	11	14						
84	4	5	6	9	12	13						
85	4	5	7	12	13	14						
86	4	5	8	10	11	14						
87	4	6	10	12	13	14						
88	4	7	8	9	10	12						
89	4	7	8	11	12	13						
90	4	7	9	10	13	14						
91	5	6	7	8	10	11						
92	5	6	7	10	11	14						

续表

注号	旋转矩阵系统序号						备选号码
93	5	6	7	10	12	13	
94	5	6	8	11	13	14	
95	5	7	8	9	11	14	
96	5	8	9	10	12	13	
97	6	7	9	12	13	14	
98	9	10	11	12	13	14	

（八）双色球 15-6-5-142 型（中6保5）旋转矩阵公式

表 5-13 双色球 15-6-5-142 型旋转矩阵公式

系统序号	1	2	3	4	5	6	7	8	9	10	11	12	13	14	15
备选号码															
出现次数	63	56	54	53	53	56	55	63	54	62	56	57	55	54	61

注号	旋转矩阵系统序号						备选号码
1	1	2	3	4	9	10	
2	1	2	3	5	10	11	
3	1	2	3	6	8	9	
4	1	2	3	6	8	13	
5	1	2	3	7	10	14	
6	1	2	3	7	12	15	
7	1	2	3	8	9	11	
8	1	2	4	5	7	15	
9	1	2	4	6	11	15	
10	1	2	4	8	9	13	
11	1	2	4	8	11	14	
12	1	2	4	8	12	14	

注 号	旋转矩阵系统序号						备 选 号 码					
13	1	2	5	6	10	14						
14	1	2	5	7	10	13						
15	1	2	5	8	12	13						
16	1	2	5	9	14	15						
17	1	2	6	7	8	11						
18	1	2	6	8	10	15						
19	1	2	6	9	10	12						
20	1	2	6	13	14	15						
21	1	2	7	8	9	12						
22	1	2	10	11	12	13						
23	1	2	11	12	13	15						
24	1	3	4	5	7	8						
25	1	3	4	6	7	10						
26	1	3	4	6	14	15						
27	1	3	4	8	11	12						
28	1	3	4	12	13	15						
29	1	3	5	6	11	15						
30	1	3	5	8	12	14						
31	1	3	5	9	10	12						
32	1	3	5	9	13	15						
33	1	3	6	8	9	14						
34	1	3	6	8	12	13						
35	1	3	7	9	10	13						
36	1	3	7	11	14	15						
37	1	3	8	10	11	15						
38	1	3	10	11	13	14						
39	1	4	5	6	8	9						

续表

注 号	旋转矩阵系统序号						备 选 号 码						
40	1	4	5	6	10	13							
41	1	4	5	10	12	14							
42	1	4	5	11	13	15							
43	1	4	6	9	12	15							
44	1	4	7	8	13	14							
45	1	4	7	9	11	15							
46	1	4	7	10	11	12							
47	1	4	8	10	13	15							
48	1	4	9	10	13	14							
49	1	5	6	7	12	15							
50	1	5	6	10	11	12							
51	1	5	7	8	9	14							
52	1	5	7	8	10	12							
53	1	5	7	9	10	11							
54	1	5	8	11	13	14							
55	1	6	7	8	11	13							
56	1	6	7	8	12	14							
57	1	6	7	9	13	15							
58	1	6	7	10	12	14							
59	1	6	9	10	11	14							
60	1	7	12	13	14	15							
61	1	8	9	10	14	15							
62	1	8	9	11	12	13							
63	1	9	11	12	14	15							
64	2	3	4	5	6	12							
65	2	3	4	5	13	14							
66	2	3	4	7	11	13							

注 号	旋转矩阵系统序号						备 选 号 码					
67	2	3	4	8	9	15						
68	2	3	5	6	7	9						
69	2	3	5	8	11	15						
70	2	3	6	10	13	15						
71	2	3	6	11	12	14						
72	2	3	7	8	10	12						
73	2	3	7	8	14	15						
74	2	3	9	10	11	15						
75	2	3	9	12	13	14						
76	2	4	5	7	8	10						
77	2	4	5	9	11	12						
78	2	4	6	7	9	14						
79	2	4	6	7	12	13						
80	2	4	6	8	10	11						
81	2	4	9	10	13	15						
82	2	4	10	11	14	15						
83	2	4	10	12	14	15						
84	2	5	6	8	14	15						
85	2	5	6	9	11	13						
86	2	5	7	8	13	15						
87	2	5	7	11	12	14						
88	2	5	8	9	10	14						
89	2	5	10	12	13	15						
90	2	6	7	10	11	15						
91	2	6	8	9	12	15						
92	2	6	8	10	13	14						
93	2	7	9	10	12	15						

续表

注 号	旋转矩阵系统序号						备 选 号 码					
94	2	7	9	11	13	14						
95	2	8	10	11	12	13						
96	2	8	11	12	13	15						
97	3	4	5	7	10	15						
98	3	4	5	9	11	14						
99	3	4	6	7	8	15						
100	3	4	6	8	10	14						
101	3	4	6	9	11	13						
102	3	4	7	9	12	14						
103	3	4	8	10	12	13						
104	3	4	10	11	12	15						
105	3	5	6	7	13	14						
106	3	5	6	8	10	11						
107	3	5	7	11	12	13						
108	3	5	8	9	10	13						
109	3	5	8	9	12	15						
110	3	5	10	12	14	15						
111	3	6	7	9	11	12						
112	3	6	9	10	14	15						
113	3	6	10	12	13	15						
114	3	7	8	9	13	15						
115	3	7	8	10	11	14						
116	3	8	11	13	14	15						
117	4	5	6	7	11	14						
118	4	5	6	8	13	15						
119	4	5	6	9	10	15						
120	4	5	7	9	12	13						

注 号	旋转矩阵系统序号						备 选 号 码					
121	4	5	8	10	11	13						
122	4	5	8	12	14	15						
123	4	6	8	9	10	12						
124	4	6	11	12	13	14						
125	4	7	8	9	10	11						
126	4	7	8	11	12	15						
127	4	7	10	13	14	15						
128	4	8	9	13	14	15						
129	5	6	7	8	10	12						
130	5	6	8	11	12	15						
131	5	6	9	12	13	14						
132	5	7	8	9	11	15						
133	5	7	9	10	14	15						
134	5	10	11	13	14	15						
135	6	7	8	9	10	13						
136	6	7	8	12	14	15						
137	6	7	10	11	12	15						
138	6	7	10	11	13	15						
139	6	8	9	11	14	15						
140	7	8	10	12	13	14						
141	8	9	10	11	12	14						
142	9	10	11	12	13	15						

附　录

一、中奖快线网简介

中奖快线彩票网成立于 2008 年 1 月，简称"中奖快线"，是专业彩票技术门户网站，是国内首家自主研发彩票技术、出版彩票图书、开发彩票软件的顶级彩票网站。

网站以服务彩民为宗旨，围绕国内数亿彩民，打造一个职业化、专业化的彩票技术平台。网站秉承"一切为了彩民快速中奖"的服务方向，为彩民提供专业级别的彩票技术、软件和信息咨询服务。

中奖快线网设有"最新技术"、"软件中心"、"图书出版"、"金牌服务"、"官方论坛"等专业精品栏目，面向广大的彩民朋友提供彩票软件开发、彩票图书出版、图书软件销售、彩票资讯服务、彩票合买操盘、彩票教程讲座、彩票业务咨询等优质服务。

中奖快线网旗下"大智彩票研究工作室"拥有"彩票均衡论"、"排序精选法"、"直选定位法"、"两胆王速算法"、"排序定位法"、"断区转换法"等诸多核心彩票理论，自主研发的彩票技术及彩票软件是彩票技术及软件行业当之无愧的领跑者。目前已经开发出来的【彩霸王】系列软件有【彩霸王】数字三专业版、【彩霸王】乾坤定位大师、【彩霸王】双色球富豪版、【彩霸王】大乐透富豪版、【彩霸王】时时彩智能版，这五款精品软件已经成为众多职业彩民必备的专业选号工具。

自主创作并全国热销的"职业彩民"彩票系列丛书，目前已经出版了《3D/排列 3 精准选号大揭秘》（第二版）、《3D 中奖精妙战术》（第三版）、《双色球擒号绝技》（第二版）、《双色球终极战法》（第二版）、《双色球蓝球中奖绝技》、《超级大乐透终极战法》（第二版）、《时时彩技巧与实战攻略》。实用彩票技术图书的出版，在彩民中获得极大的反响，好评如潮。在这些图书给彩民带来技术和收益的同时，其他的技术专著也在陆续创作和出版中。

走近我们，了解我们，您不仅可以领会到最新的、最前沿的设计理念和独特的专业技术，更可以亲身感受专业、完美、周到的服务。

中奖快线网是彩民获得博彩技术的真正殿堂！

因为专注，所以专业。

中奖快线网网址：http：//www.51caishen.com。

二、图书软件介绍

（一）"职业彩民"系列丛书导读

"职业彩民"系列丛书是以作者多年实战经验总结及技术研发为蓝本，为广大彩民精心打造的最实用的专业彩票技术专著系列书籍，一切以实战为中心，帮助彩民朋友走向技术博彩、专业博彩之路。

1.《3D/排列3精准选号大揭秘——排序精选法实战分析》

《3D/排列3精准选号大揭秘——排序精选法实战分析》为"职业彩民"系列丛书的第一本。

它深入浅出地详细讲解了作者独创的"排序精选法"，力求破解困扰无数彩民的数字3型彩票选号难题。

排序法是经过无数彩民实战验证的具有科学性和权威性的中奖技术，适用于福彩3D、排列3、时时乐和时时彩等所有数字3型彩票玩法。

排序法完全颠覆了福彩3D、排列3等数字3型彩票的传统战术战法，通过独特的角度透视中奖号码规律，完美融汇了6大类技术指标、13小类分指标，以史鉴今，直击彩票选号机密。

只要严格地遵循书中介绍的原理和方法进行学习领悟，不断地模拟实战和复盘训练，作者可以断言——中奖是轻而易举的事情！作者更敢断言，只要熟悉掌握并融会贯通地运用排序法技术，"时常中奖"不再是梦想！

2. 《双色球擒号绝技》

《双色球擒号绝技》为"职业彩民"系列丛书的第二本。

博彩，需要机会，更需要分析与把握；中奖，需要运气，更需要方法与技巧。

《双色球擒号绝技》一书独创双色球立体高层次实战技术，从红球选号技术、红球组号技术以及红球优化技术三大战略出发，再结合独特的"一码定蓝"的蓝球选号绝技，深入浅出地详解双色球擒号绝技，是彩民进行双色球投注时必备的中奖宝典。

3. 《3D中奖精妙战术——胆码·合值·跨度》

《3D中奖精妙战术——胆码·合值·跨度》为"职业彩民"系列丛书的

第三本。

　　本书详细介绍了目前彩民最关注的"定胆码、选合值、选跨度"三种锁定中奖号码的关键技术。作者凭借多年研究心得和实战经验，首次向广大彩民披露如何在一分钟之内快速确定两个高概率的胆码，如何利用合值、跨度精选中奖号码的神奇方法。

　　本书配备了大量的实战统计数据，开发了一整套实战性极强的对照图表，便于彩民准确查找，快捷使用。此外，书中提供的经典、正宗的胆、合、跨实战技术，弥补了国内外彩票书籍重理论、轻实战的缺陷，让彩民朋友在学习掌握精准选号技术的同时，真正体会到中奖的无限乐趣，是彩民购彩的必备工具书。

　　4.《超级大乐透终极战法》

　　《超级大乐透终极战法》为"职业彩民"系列丛书的第四本。

　　超级大乐透玩法自从在中国上市发行以来，以"2元也中1000万元"的巨额奖金吸引了所有人的眼球。在实战中，使用什么技术、如何进行选号才能高概率地中得大奖也自然成了所有彩民朋友最为关心的焦点问题。

　　《超级大乐透终极战法》一书就是从真正的、绝对的实战的角度出发，利用科学系统的概率统计方法，通俗易懂地阐述了独特的排序定位技术、断区转换技术以及后区选号技术。其中最珍贵的是作者首次公开的历经多年研究、不断淬炼而集成的最前沿的、最核心的、最科学的终极选号技术——断区转换法，是帮助彩民采用3D的模式并且低于3D的难度来轻松玩转超级大乐透，堪称典范的终极技术，也一定会成为技术型彩民的最爱。

　　本书秉承"统计是生命，概率是科学，永远靠数据说话"的理念宗旨，详尽地告诉了广大彩民"千万大奖是怎样炼成的"，同时也揭示了一个永远不变的真理：只有"技术博彩"才是成就"千万富翁"的必然成功之路！

中奖才是硬道理，终极战法是决胜超级大乐透的不二法宝！

5.《双色球终极战法》

《双色球终极战法》为"职业彩民"系列丛书的第五本。

作者通过本书首次公开了通俗易懂、简约神奇的利用3D模式轻松玩转双色球玩法的顶级选号技术——断区转换法。应用断区转换法，不但可以轻松地降低双色球红球的选号难度，而且可以极大地提高双色球红球号码的中奖概率，帮助彩民把中大奖的概率从1/17800000提高到1/10000，把中二等奖的概率从1/1100000提高到1/625，与中奖概率为1/1000的3D玩法相比，其中奖难度降低了许多。

《双色球终极战法》还展示了独家成功研发的双色球"断层覆盖算法"，在选择同等数量红球号码的前提下，可以把组合后的投注号码数量极度压缩掉48%~98%，最为神奇的是，在达到极高压缩率的同时却依然保证100%的中奖概率。

断区转换法是目前彩票界最新的、最前沿的顶级双色球红球选号技术。以断区转换法为核心的终极战法，再配合使用书中的高级蓝球选号技术，最终能立体化地帮助彩民打造"围剿"双色球大奖的"天罗地网"，堪称双色球选号技术的终结者。

百舸争流，群雄争霸；千万大奖，花落谁家？能让彩民中大奖的方法就是好方法、好技术。事实会证明一切！

《双色球终极战法》是《双色球擒号绝技》的伴侣书，如能珠联璧合地结合运用，一定威力无比，受益无穷！

6. 《双色球蓝球中奖绝技》

《双色球蓝球中奖绝技》为"职业彩民"系列丛书的第六本。

《双色球蓝球中奖绝技》一书是作者对根据多年实战经验提炼并经过众多彩民验证的"一码定蓝"高效实战技术的详细讲解。

作者从独家汇总的八大类"蓝球走势图"入手，由浅入深地逐步介绍蓝球走势图的规律特征、指标实战攻略以及"一码定蓝"实战案例。它是帮助彩民降低双色球投注风险、保证投资收益、冲击千万大奖的必备的蓝球中奖宝典。

7. 《时时彩技巧与实战攻略》

《时时彩技巧与实战攻略》为"职业彩民"系列丛书的第七本。

《时时彩技巧与实战攻略》从实战的角度出发，对时时彩选号技巧、时时彩投注攻略两大核心技术进行了由浅入深的剖析，简明易懂地展示出一整套稳定、高效并经过大量验证的时时彩实战技术。

本书不但是每个时时彩玩家必看的选号投注指南，更是每个职业玩家必备的投资盈利宝典。如果玩家能真正地融会贯通并学以致用，那么在高效规避投资风险的同时，一定能最大化地获得稳定的投资收益。

（二）"彩霸王"系列彩票软件

1. "彩霸王"系列彩票软件之一：【彩霸王】数字三专业版

软件设计开发：

【彩霸王】数字三专业版是根据《3D/排列3精准选号大揭秘》和《3D中奖精妙战术》两本书中核心选号技术理念而设计，由"中奖快线网"旗下的大智彩票工作室精心开发的彩票软件，配套图书使用效果最佳。

本软件被众多的读者和中奖用户冠以"排序中奖之王"、"彩民救星"、"中奖利器"等赞誉，堪称是"拓展彩民选号思路"、"解决彩民选号难题"的最新武器。

不论获得什么样的赞誉，为彩民打造最实用的彩票选号软件是我们永远不变的宗旨。

因为专注，所以专业。

软件综合特点：

精简易用：界面友好，操作简单，好懂易用。

功能强大：软件的特色功能精简强大、朴实高效。

智能高概：内置的智能推荐功能实用无比，概率极高。

综合来说，运用本软件可以帮助用户使用最简单的条件选择最精简的号码，不但轻松地降低了失误率，更是极大地提高了彩民的中奖概率。

软件适用范围：

软件适用于福彩3D、体彩排列3、上海时时乐、重庆时时彩四种玩法。

软件特色功能：

（1）强大科学的数据统计功能。用户通过软件内的"排序定位"功能，可以轻松进行高端选号技术——"排序精选法"的分析使用，实用高效。

软件内置独特的排序图表、合值图表、跨度图表以及直选图表，并且每种图表都附有精准的遗漏和惯性的统计分析。这些图表通过科学的统计数据，可以帮助彩民高效精准地选择排序号码、合值、跨度以及百位、十位、个位等决定性条件，是彩民中奖的绝佳助手。

例如，彩民在实战中如果能通过"排序精选法"精准定位1个排序2号码，那么凭借这个条件的选择，就可以把当期中奖号码轻松锁定在10~30注组选以内。

（2）高效精准的智能推荐功能，包括以下两种：

智能超级稳定底推荐：高概率的智能超级稳定底推荐，不但可以智能化地为用户的每次选号保驾护航，更可以在每期帮助用户过滤掉大量垃圾号码，从而节省不必要的资金浪费。

智能杀号分解式推荐：软件内置数种 80% 以上高概率的智能杀号分解式推荐，期期可以高概率使用，简单方便，威力强大。选号、杀号一键完成，高效快捷。

（3）精简实用的超级过滤功能。软件实用工具内包含组选和直选过滤器，过滤器的所有内置功能精简实用，过滤功能精准强大，运算速度堪称一流。

精简强大的过滤器不但可以进行排序号码和直选号码的超级过滤，而且对胆码、合值、跨度、和值、组型、智能大底、自定义两码、自定义分解式等在选号中占有重要位置的超级条件同样可以实现快速精准过滤，帮助彩民最大限度地层层过滤出现概率极低的号码，从而在最小范围内选择中奖号码；超级过滤器内置的高级限量容错功能，更是为彩民撑起了一顶大大的"保护伞"，在允许的范围内，即使出现条件选择错误的情况，也同样可以确保中奖号码的存在。

（4）方便快捷的辅助功能。包括以下四个方面：①开奖数据支持手动和自动更新，快捷方便；②软件具有在线版本升级功能，也可以手动升级最新版本；③软件具有可信度计算功能，轻松计算指标中出可信度；④软件具有投资计算器功能，支持制订三种模式的投资计划。

2. "彩霸王"系列彩票软件之二：【彩霸王】乾坤定位大师

软件设计开发：

【彩霸王】乾坤定位大师是以科学独特的乾坤图、定位理论为技术核心，并完美地融合了概率论、数理统计、软件工程等科学为一体而精心开发的用于直选定位选号的专业彩票软件。

【彩霸王】乾坤定位大师可以帮助彩民朋友通过独特的角度科学高效地进行"直选定位"选号从而达到中奖的目的，经过大量的用户长期验证，它无愧于"直选定位王"的称号。

软件综合特点：

精简易用：界面友好，操作简单，好懂易用。

功能强大：软件的特色功能精简强大、实用高效。

综合来说，使用【彩霸王】乾坤定位大师可以帮助彩民高概率地选用最精简的条件，并通过强大的过滤功能获得最少的直选号码，不但降低了选号的难度，而且也极大地提高了彩民的中奖率。

软件适用范围：

软件适用于福彩3D、体彩排列3、排列5、上海时时乐、重庆时时彩五种玩法。

软件特色功能：

（1）强大独特的统计功能。软件具有强大的数据统计功能，可以快速进行"乾坤定位图"的数据统计。

软件内置独特的定位乾坤图、两码合乾坤图、两码差乾坤图、两码积乾坤图，每种图形均附有精准的数据分析；乾坤图内天、地、人三条趋势线在乾坤定位论的精确导航下，再结合科学的统计数据和统计规律，可以帮助彩民高效精准地选择百位、十位、个位及各个位置和积差等决定性中奖条件，是帮助彩民直选中奖的绝佳助手。

千招会不如一招精。只要应用得法，通过软件准确分析选择条件并过滤，在10注内即可命中直选中奖号码。

（2）精简实用的过滤功能。软件内置乾坤过滤器，功能精简实用，过滤功能精准强大，运算速度堪称一流。

乾坤过滤器不但可以进行定位号码的超级过滤，而且百十、百个、十个等任意两码和、积、差等在选号中占有极其重要位置的超级条件同样可以实现快速精准过滤，帮助彩民最大限度地层层过滤掉出现概率极低的号码，从而在最小范围内锁定直选中奖号码。

（3）软件其他功能。包括以下两点：①软件支持手动和自动更新开奖数据，快捷方便。②软件支持在线自动升级最新版本功能。

3."彩霸王"系列彩票软件之三：【彩霸王】时时彩智能版

软件设计开发：

【彩霸王】时时彩智能版是一款集成了独家算法，并完美融合了概率论、数理统计、软件工程、投资学等科学理论于一体，专门针对数字型彩种研发的囊括独特"当期求中方案"和高概率"智能追号计划"两大核心功能的高级智能化彩票软件。

【彩霸王】时时彩智能版软件是每个时时彩玩家的必备工具。

软件综合特点：

（1）界面友好，操作简单，好懂易用。

（2）软件基础功能强大，各种图表、走势、过滤器、投资计算等工具一应俱全。

（3）软件智能化程度极高，可实时自动更新图表数据，自动推荐投注计划方案，中奖概率极高。

软件适用范围：

软件适用于福彩 3D、体彩排列 3、重庆时时彩、新疆时时彩、江西时时彩五种玩法。

软件特色功能：

（1）独特的当期求中方案。软件内置独特、科学的数据图表及强大的智能推荐功能，可帮助用户一目了然、高效率、高概率地判断选择当期选号的条件，仅需几个简单的步骤即可高命中率地锁定几注至十几注组选号码；如结合直选分析，投注号码更是少之又少，可极大地提高号码命中率和投资收益率。

（2）智能高概率追号计划。软件内置独特算法的前二直选、后二直选、前三直选、后三直选、前三组六、后三组六、前三双胆、后三双胆、前三独胆、后三独胆、各个位置定位胆等多种模式的追号计划方案，均为一键智能出号，实时验证，计划成功率极高；灵活使用计划方案，即可获得一定收益。

（3）软件其他功能。软件内置便捷的过滤工具，科学的投资计算器以及开奖报警器等一应俱全。软件高度智能，自动更新开奖数据，与官方永远保持同步，各种图表、方案均自动实时更新。

4.“彩霸王”系列彩票软件之四：【彩霸王】大乐透富豪版

【彩霸王】大乐透富豪版是专门用于超级大乐透玩法，配合本书内“排序定位法”、“断区转换法”两大核心选号技术独用的一款智能化彩票软件。

软件内配置先进的排序定位和行列断区图表统计系统，对各种图表有价值的各项数据参数进行精确、科学、完整的统计，帮助广大用户在实战中精确分析、高效使用。

软件内的“排序定位”和“断区转换”两大高级过滤功能采用独创的排序算法与断层覆盖算法，其科学、精密的极限算法由大智彩票工作室独创并首次应用于乐透型彩票软件。

"排序定位"功能是通过对投注号码中每个排序号码尾数的定位限定来缩小中奖号码的选择范围，从而帮助彩民提高中奖概率，是运用"排序定位法"的彩民实现功效最大化的专业运算平台。

"断区转换"功能是帮助彩民通过特殊的转换方式，把几十万注的超级大乐透前区号码转化为简易的几十注断区 3D 号码的形式进行科学分析，从而高概率选择中奖号码范围的高级过滤功能。用户只要针对几十注断区 3D 号码做到正确的分析判断，即可达到在最小范围内以最高概率锁定超级大乐透前区中奖号码，因而这个功能也被形象地称为"乾坤大挪移"。

更为神奇和核心的是，该过滤程序采用自创的超越常规的"断层覆盖算法"，在压缩率高达 40% ~98% 的极限情况下，只要用户正确选择断区 3D 号码，在极少的号码范围内同样可以保证中出超级大乐透前区中奖号码，如果再辅以精准的后区号码选择，同样可以在最小的范围内中得近千万元奖金的一等奖。

软件不但拥有"排序定位"和"断区转换"这样强大的过滤系统，还内嵌了保证程度最高、矩阵算法最优化、矩阵结果最少的"超级大乐透旋转矩阵公式"。旋转矩阵是投注乐透型彩票必不可少的实用工具，可以帮助彩民在节省大量投注资金的情况下同样可以获得相应的奖项。超级大乐透前区选五型的"中 5 保 4"矩阵公式，可以帮助彩民任意操作 6 ~34 个前区号码进行旋转矩阵，随心所欲，游刃有余；独有的后区"中 2 保 1"矩阵公式，也可以帮助用户在最少的号码范围内中得最大的奖项。

用户综合使用"排序定位"、"断区转换"与"旋转矩阵"三大过滤功能，完全可以实现"定位旋转矩阵"、"断层旋转矩阵"的战术运用，这也是本款软件的一大专业特色。在 100% 地达到相应旋转矩阵保证程度的前提下，可以极大地缩小中奖号码的选择范围，功效之巨大，绝无仅有。在帮助彩民极限缩减投注数量、节省大量投注资金的情况下，却丝毫不会降低中得大奖的概率。

5 "彩霸王"系列彩票软件之五：【彩霸王】双色球富豪版

【彩霸王】双色球富豪版是一款专业用于双色球玩法，配合"排序定位法"、"断区转换法"两大核心选号技术专用的智能化彩票软件。

软件内置的"排序定位"和"断区转换"高级过滤功能采用独特的排序

算法与断层覆盖算法，其科学、精密的极限算法由大智彩票工作室独创并首次应用于乐透型彩票软件。

"排序定位"功能是通过对投注号码中每个排序号码的定位限定来缩小中奖号码的选择范围，从而帮助彩民提高中奖概率，是运用"排序定位法"的彩民实现功效最大化的专业运算平台。

"断区转换"功能是帮助彩民在几十注断区 3D 号码与 110 万注双色球红球号码之间任意转换，从而高概率选择中奖号码范围的高级过滤功能。用户只要针对几十注断区 3D 号码做到正确的分析判断，即可达到在最小范围内以最高概率锁定双色球红球中奖号码，因而这个功能也被形象地称为"乾坤大挪移"，是名副其实的二等奖选号之王。更为神奇的是，该过滤程序采用超越常规的"断层覆盖算法"，在压缩率高达 40% ~98% 的极限情况下，只要用户正确选择断区 3D 号码，在极少的号码范围内同样可以保证双色球二等奖的中出。

软件不但拥有"排序定位"和"断区转换"这样强大的过滤系统，还内嵌了保证程度最高、矩阵算法最优化、矩阵结果最少的"双色球旋转矩阵公式"。旋转矩阵是投注乐透型彩票必不可少的实用工具，可以帮助彩民在节省大量投注资金的情况下同样可以获得相应的奖项。选六型的"中 6 保 5"矩阵公式，可以帮助彩民任意操作 8 ~28 个红球号码，进行旋转矩阵，随心所欲，游刃有余!

用户综合使用"排序定位"、"断区转换"与"旋转矩阵"三大过滤功能，完全可以实现"定位旋转矩阵"、"断层旋转矩阵"的战术运用，这也是本款软件的独特之处。在 100% 地达到相应旋转矩阵保证程度的前提下，可以极大限度地缩小中奖号码的选择范围，功效之巨大，绝无仅有。在帮助彩民极限缩减投注数量、节省大量投注资金的情况下，丝毫不会降低中得大奖的概率。

作为一款智能化的软件，"智能排序"、"智能冷号"、"智能热号"也是本软件的亮点功能。一键点击后，不但自动统计相关数据，并且智能推荐超过 90% 准确概率的参数范围，方便、快捷、高概率，小小的功能可以发挥出巨大的能量，极大地缩小了中奖号码的选择范围。

软件取精华、去糟粕，操作简易流畅，功能强悍精妙，运算速度极快，绝对是双色球投资者最佳的中奖助手。软件不但可以实时在线升级版本、数据更新，而且具有图表分析、参数查询、组号过滤、投注条件的导入导出、投注结果的保存打印、中奖查询等功能，全方位为用户提供贴心周到的一条龙服务，让用户操作起来得心应手、方便灵活。

软件秉承"科学分析指标，高概率选择号码"的博彩原则，根据统计学、概率学原理详尽地统计指标，利用图表直观地显示各项统计数据及相关参数，通过独特的视角展示各种技术指标的规律，从而帮助彩民高概率地把握指标的趋势动态，精准地选择号码，为中奖保驾护航。

三、双色球游戏规则

中国福利彩票双色球游戏规则

第一章　总　则

第一条　本规则依据财政部《彩票发行与销售管理暂行规定》和《中国福利彩票（电脑型）联合发行与销售管理暂行办法》（以下简称"《管理办法》"）制定。

第二条　中国福利彩票"双色球"（以下简称"双色球"）是一种联合发行的"乐透型"福利彩票。采用计算机网络系统发行销售，定期电视开奖。

第三条　"双色球"由中国福利彩票发行管理中心（以下简称"中福彩中心"）统一组织发行，在全国销售。

第四条　参与"双色球"销售的省级行政区域福利彩票发行中心（以下称"省中心"）在中福彩中心的直接领导下，负责对本地区的"双色球"销售活动实施具体的组织和管理。

第五条　"双色球"彩票实行自愿购买，凡购买者均被视为同意并遵守本规则。

第二章　游　戏

第六条　"双色球"彩票投注区分为红色球号码区和蓝色球号码区。

第七条　"双色球"每注投注号码由 6 个红色球号码和 1 个蓝色球号码

组成。红色球号码从 1 ~ 33 中选择；蓝色球号码从 1 ~ 16 中选择。

第八条　"双色球"每注 2 元。

第九条　"双色球"采取全国统一奖池计奖。

第十条　"双色球"每周销售三期，每周二、四、日开奖，期号以开奖日界定，按日历年度编排。

第三章　投　注

第十一条　"双色球"的投注方法可分为自选号码投注和机选号码投注；其投注方式有单式投注和复式投注。

第十二条　自选号码投注是指由投注者自行选定投注号码的投注。

第十三条　机选号码投注是指由投注机为投注者随机产生投注号码的投注。

第十四条　单式投注是从红色球号码中选择 6 个号码，从蓝色球号码中选择 1 个号码，组合为一注投注号码的投注。

第十五条　复式投注有三种：

（一）红色球号码复式：从红色球号码中选择 7 ~ 20 个号码，从蓝色球号码中选择 1 个号码，组合成多注投注号码的投注。

（二）蓝色球号码复式：从红色球号码中选择 6 个号码，从蓝色球号码中选择 2 ~ 16 个号码，组合成多注投注号码的投注。

（三）全复式：从红色球号码中选择 7 ~ 20 个号码，从蓝色球号码中选择 2 ~ 16 个号码，组合成多注投注号码的投注。

第四章　设　奖

第十六条　"双色球"设奖奖金为销售总额的 50%，其中当期奖金为销售总额的 49%，调节基金为销售总额的 1%。

第十七条　"双色球"奖级设置分为高等奖和低等奖。一等奖和二等奖为高等奖，三至六等奖为低等奖。高等奖采用浮动设奖，低等奖采用固定设奖。当期奖金减去当期低等奖奖金为当期高等奖奖金。设奖如下：

奖级	中奖条件		奖金分配	说明
	红色球号码	蓝色球号码		
一等奖	●●●●●●	●	当奖池资金低于1亿元时，奖金总额为当期高等奖奖金的70%与奖池中累积的奖金之和，单注奖金按注均分，单注最高限额封顶1000万元 当奖池资金高于1亿元（含）时，奖金总额包括两部分，一部分为当期高等奖奖金的50%与奖池中累积的奖金之和，单注奖金按注均分，单注最高限额封顶500万元；另一部分为当期高等奖奖金的20%，单注奖金按注均分，单注最高限额封顶1000万元	选6+1 中 6+1
二等奖	●●●●●●		当期高等奖奖金的30%	选6+1 中 6+0
三等奖	●●●●●	●	单注奖金额固定为3000元	选6+1 中 5+1
四等奖	●●●●●		单注奖金额固定为200元	选6+1 中 5+0 或中 4+1
	●●●●	●		
五等奖	●●●●		单注奖金额固定为10元。	选6+1 中 4+0 或中 3+1
	●●●	●		
六等奖	●●	●	单注奖金额固定为5元	选6+1 中 2+1 或中 1+1 或中 0+1
	●	●		
		●		

第十八条　根据国家有关规定，"双色球"彩票单注奖金封顶的最高限额为1000万元。

第十九条　"双色球"设立奖池。奖池资金来源：未中出的高等奖奖金和超出单注封顶限额部分的奖金。奖池资金计入下期一等奖。

第二十条　当一等奖的单注奖额低于二等奖的单注奖额时，将一、二等奖的奖金相加，由一、二等奖中奖者平分；当一、二等奖的单注奖额低于三等奖单注奖额的两倍时，补足为三等奖单注奖额的两倍。当期奖金不足的部分由调节基金补充，调节基金不足时，从发行费列支。

第五章　开　奖

第二十一条　"双色球"由中福彩中心统一开奖，每周开奖三次。开奖前，省中心将当期投注的全部数据刻入不可改写的光盘，作为查验的依据。

第二十二条　"双色球"通过摇奖器确定中奖号码。摇奖时先摇出 6 个红色球号码，再摇出 1 个蓝色球号码，摇出的红色球号码按从小到大的顺序和蓝色球号码一起公布。

第二十三条　开奖公告在各地主要媒体公布，并在各投注站张贴。

第二十四条　"双色球"的开奖结果以中国福利彩票发行管理中心公布的开奖公告为准。

第六章　中　奖

第二十五条　"双色球"彩票以投注者所选单注投注号码（复式投注按所覆盖的单注计）与当期开出中奖号码相符的球色和个数确定中奖等级：

一等奖：7 个号码相符（6 个红色球号码和 1 个蓝色球号码）（红色球号码顺序不限，下同）；

二等奖：6 个红色球号码相符；

三等奖：5 个红色球号码和 1 个蓝色球号码相符；

四等奖：5 个红色球号码或 4 个红色球号码和 1 个蓝色球号码相符；

五等奖：4 个红色球号码或 3 个红色球号码和 1 个蓝色球号码相符；

六等奖：1 个蓝色球号码相符（有无红色球号码相符均可）。

第二十六条　一等奖和二等奖中奖者按各奖级的中奖注数均分该奖级的奖金；三至六等奖按各奖级的单注固定奖额获得奖金。

第二十七条　当期每注投注号码只有一次中奖机会，不能兼中兼得（另行设奖按设奖规定执行）。

第七章　兑　奖

第二十八条　"双色球"彩票兑奖当期有效。每期开奖次日起，兑奖期限为 60 天，逾期未兑奖者视为弃奖，弃奖奖金进入调节基金。

第二十九条　中奖人须提交完整的兑奖彩票，因玷污、损坏等原因造成不能正确识别的，不能予以兑奖。

第三十条 一等奖中奖者，需持中奖彩票和本人有效身份证明，在兑奖期限内到各地省中心验证、登记和兑奖。其他奖级的兑奖办法由省中心规定并公布。

第三十一条 按国家有关规定，单注奖金额超过 1 万元者，须缴纳个人偶然所得税。

第八章 附 则

第三十二条 本规则未尽事宜，均按《管理办法》和有关规定执行。

第三十三条 本规则由中国福利彩票发行管理中心负责解释。

第三十四条 本规则自发布之日起施行。

中国福利彩票发行管理中心

四、如何做合格的彩民

"2 元可中 1000 万"是国家福彩中心用于彩票双色球玩法的官方宣传口号。彩民为什么购买彩票？答案也就不言而喻了。抛开人所共知的公益性目的不说，吸引彩民"义无反顾"地投身彩票行业的一个巨大的动力，就是"高额奖金"的诱惑。

购买彩票是一个"以小搏大"的行为，即期望用较小的投入获得巨大的回报。从某种意义上说，投注彩票可算是一种投资行为，因为它符合"将收入不用于消费，而是出于增值的目的去运作"的投资概念。

彩票投注具有范围性、灵活性和可操作性的优势，并不逊于历史悠久的股票行业，且越来越被广大彩民所看好，尤其是奖金几十万元、百万元乃至千万元的超级大乐透、双色球等大盘玩法，更为彩民朋友所追捧。

不论何种彩票玩法，掌握一种最佳的选号投注技术，只是向成功迈出的重要环节，而良好的博彩心态、风险控制意识、投注计划也是成功过程中必不可少的关键要素。

选号、组号的技术前面已经详细讲解，那么在购买彩票之前，每个彩民首先要从心态、风险控制以及制订投注计划三方面进行自我评定，选择最适合自己的方法并长期坚持下去。

如果您做不到下面的第一点，您可能是个问题彩民，接下来要修正和调整自己的心态；如果您做不到第二点，您要十分小心您的资金链会断裂或因此影响到您的正常生活；如果您做不到第三点，您只能算一个最普通的初级彩民而已。如果这三点您都做到了，那么恭喜您，您一定是一名合格的职业彩民。

第一点，心态最重要。

买彩票，也是在买快乐，更是一种投资理财的方式。既然是投资理财，就要遵循一定的原则。

要理智购彩并理智地看待彩票输赢。购买彩票，可能梦想成真，也可能血本无归，所以，保持一个良好的心态，量力而行，理智地购买彩票是第一位的。输与赢辩证统一，相伴相生，彩票投注者千万不能将输赢看得太重，功利性也不可太强，一味贪图不劳而获，结果可能适得其反。

不想当将军的士兵不是个好士兵，同样，不想中大奖的彩民也不是一个标准的彩民。想中奖反映了彩民积极向上的心态，它是一种动力，支撑着每一位彩民继续朝自己既定的目标前进。这时，每个彩民千万要端正自己的心态，不能痴迷、盲目、不顾一切地追求大奖而成为问题彩民。

问题彩民的心理处于应激性的不健康状态，我们称之为"彩票中奖综合征"。这些彩民平日里满脑子想的都是彩票号码，看到车牌号、房间号的瞬间都能和彩票号码联系起来，整天思考的也都是如何才能中大奖以及中了大奖后怎么办的问题，严重的甚至影响了工作和家庭的生活。他们普遍具有一个共同的特点就是在每期选择投注号码时总是信心百倍、底气十足，认为自己选择的号码一定会中奖，赋予极高的期望值；在等待开奖的时候总是心急如焚、坐立不安、患得患失，既想中奖又怕不中奖的复杂心理交织、碰撞在一起；开奖后突然发现没有中奖，立即变得垂头丧气，心理受到很大的打击。如果某一次因为小小的失误与大奖失之交臂，更是捶胸顿足、自责不已。

想中奖固然是好事情，但是把中奖看得太重乃至影响了正常的工作生活，那说明心态已经转变了，已经往极端的、不健康的趋势发展，而此时也会因为心态的变化使得思维和分析问题的角度出现偏执，从而会严重影响正确的思维和判断能力，这时必然会影响技术的使用和发挥，想一想又怎么会中奖呢？

作为一个合格的彩民，最重要的就是必须时刻保持头脑的冷静和思维的理性，而这些都是在良好的、正确的心态上才能建立的。虽然每个人都是为中大奖的目的而去，但是具有良好的心态，就可以用清醒的头脑、理性的思维，再结合最佳的选号技术去正确地分析判断当期中奖号码的各种趋势变化，最后制订周密的购买计划，这样才能高概率地达到中奖的目的。因此，拥有和保持良好的心态是保证中奖的重要基础。

这里强烈建议彩民一定要保持"心静自然"的健康心态去研究彩票号码、分析彩票号码、投注彩票号码，那样会受益无穷。

第二点，风险要控制。

"2元可中1000万"，高收益一定伴随着高风险，它们是孪生兄弟。高风险、高收益使彩票市场成为一个风险与收益共存、挑战与机遇共生的地方。这时，充满挑战和机遇的博彩活动更需要理性的投资策略来进行指导。

投机是人的天性，无论是谁，无论在哪，都有某种投机性。投机是博彩者存有的普遍心态，这也无可厚非，毕竟不是每个人都能发现彩票的中奖规律。彩市复杂多变，既为投资者提供了盈利的机会，也给投机者带来了获利的可能性。投机者遵循的是风险原则，而投资者遵循安全大于风险的原则。投机的结果不可预知，而投资则要评估项目的风险和收益。投资是战略，投机是战术，赌博则是盲目蛮干。因此，投资眼光远比投机心理好。

众所周知，买彩票是有风险的，而且风险还不小。彩票的风险在于，如果没有中奖，那么投资就会颗粒无收。既然有风险，那么我们从投资开始就必须要想办法控制风险，而控制风险的过程其实就是提高中奖概率的过程。只有中奖概率提高了，投注的风险才会降低。

从控制风险的角度来说，一是彩民的投注资金要控制好。一般的工薪阶层每个月投入的购彩资金以不超过月收入的5%为宜，这样就不会因为购彩资金的支出而影响工作和生活，更不会引起心态上的连锁反应。有些人总想进行一次大的投入来进行翻本盈利，或总想投入所有资金达到中奖目的来改变目前的人生状态，那样只会导致越陷越深不能自拔。二是彩民的投注方法要控制好。双色球玩法中的蓝球"16选1"因为中奖率高，彩民每期可选择2～3个蓝球进行投注来回收投入资金、控制风险，这不失为一种好的办法。

目前，分散投资风险也是最常用的手法。"不要把所有的鸡蛋都放在一个篮子里"，应该是博彩者的格言。宁可收益少点儿，也要使资金安全一些。

第三点，计划要周密。

购买彩票，必须行之有法。法就是彩民在彩票投资时所使用的技法、战法。没有规矩，难成方圆。没有计划，难有成果。彩票游戏之所以深受彩民朋友喜爱，不仅由于它简单有趣、天天开奖，更重要的是，彩票的中奖号码具有可预测性。正如足彩、进球彩游戏，在了解了赛事、球队、教练、队员等相关情况后，极可能对胜、平、负以及进球量有一定的判断把握，从而选对比赛结果，赢得奖金。彩民在购买彩票时，同样可以通过良好的选号技术分析历史中奖号码，判断近期或当期极有可能出现的号码，以此制订彩票投注计划，在有计划的投资过程中获得回报。

以双色球玩法为例，每个彩民不但可以制订单式投注、复式投注的投注计划，更可以制订胆拖投注计划、旋转矩阵投注计划以及根据套餐制订计划进行投注。合买是目前网络上流行的一种由多个人合伙购买彩票的方式，不但降低风险，而且中奖概率还能得到很大提高，值得彩民在实战中推广使用。彩民完全可以根据自己的实际情况或资金的使用情况，制订适合自己的计划实施。

"彩票是智者的游戏，不是愚者的赌局"，通过以上分析可以清楚地知道，如果掌握良好的技术，再配合正确的心态、严格的风险控制、周密的投注计划，那么你一定是一个合格的彩民，也会在以后的博彩游戏中获得更大的收益。

图书在版编目（CIP）数据

双色球终极战法（第二版）/刘大军著．—北京：经济管理出版社，2014.7
ISBN 978-7-5096-3165-2

Ⅰ.①双…　Ⅱ.①刘…　Ⅲ.①社会福利–彩票–基本知识–中国　Ⅳ.①F832.5

中国版本图书馆 CIP 数据核字（2014）第 125640 号

组稿编辑：郝光明　张　达
责任编辑：张　达
责任印制：司东翔
责任校对：陈　颖

出版发行：经济管理出版社
　　　　　（北京市海淀区北蜂窝 8 号中雅大厦 A 座 11 层　100038）
网　　址：www. E-mp. com. cn
电　　话：(010) 51915602
印　　刷：保定金石印刷有限公司
经　　销：新华书店
开　　本：720mm×1000mm/16
印　　张：18. 75
字　　数：327 千字
版　　次：2014 年 7 月第 2 版　2014 年 7 月第 1 次印刷
书　　号：ISBN 978-7-5096-3165-2
定　　价：53. 00 元